강정훈
감평행정법

강정훈 편저

2차 | 암기장 제4판

8년 연속
전체
수석
합격자 배출

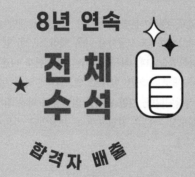

박문각 감정평가사

그동안 감평행정법 암기장을 사랑해 주신 수험생 여러분들에게 감사 인사드립니다. 그동안의 감평행정법 암기장은 책 편재를 그대로 따르면서 그 내용을 요약·정리하였습니다. 보기에는 좋았지만 수험목적으로 답안지에 담기에는 그 내용이 많다는 지적이 있었습니다. 그래서 감평행정법 암기장을 전면 개정하여 다음과 같은 특징이 있습니다.

1. 모든 쟁점을 감정평가사 2차 감정평가 및 보상법규 답안지에 쓸 수 있도록 기승전결 형태로 구성하여 답안의 호환에 만전을 기하였습니다. 그동안 행정법 책 편재를 따르다 보니 그냥 쭉 늘어지는 내용이어서 수험생 입장에서는 이것을 단답형으로 답안지에 구성해야 하는데 그런 어려움을 해소하는 데 집중하였습니다. 특히 이번에는 감평행정법 기본서 제7판을 재편재하면서 함께 감평행정법 암기장 제4판을 교과서 순서대로 편재하여 수험자가 찾아보기 쉽도록 하였습니다. 책의 내용을 압축·정리하면서도 답안에 쓰는데 효과적인 방법으로 편재한 특징이 있습니다.

2. 감평행정법 교과서에서 중요도 순서를 A, B, C 등급으로 나누어 공부하는 입장에서 힘 조절을 할 수 있도록 하였습니다. 평면적인 공부보다는 더 중요한 쟁점에 대하여 공부를 하는 것이 수험의 효율성 측면에서 매우 중요하므로 이러한 부분을 강조하기 위해서 중요도 등급을 분류하였으며, 이 등급을 감정평가사 2차 감정평가 및 보상법규 출제빈도로 보시면 됩니다.

3. 최근 행정소송규칙이 신설되었고, 행정기본법이 새로이 제정되어 해당 내용 중에서 중요한 부분은 감평행정법 암기장에 모두 반영하였습니다. 2025년도 2월까지 나온 행정소송법, 행정절차법, 행정기본법, 행정소송규칙 등 중요한 법률규정을 모두 반영하였습니다. 최근 2025년 2월 현재 나온 대법원 판례도 모두 반영하였습니다. 과거에 있었던 판례들은 모두 새로운 최근 판례로 업그레이드하여 반영하였으므로 감정평가사 2차 행정법 대비에는 최상의 암기장으로 생각됩니다. 지면 관계상 암기장이 너무 두꺼우면 안 되어서 손실보상 파트는 많이 반영을 하지 못했습니다. 손실보상 각론은 감정평가 및 보상법규 기본서와 감정평가 및 보상법규 암기장에서 충실히 더 반영하도록 하겠습니다.

4. 이책은 요약서로 암기장에 불과합니다. 항상 감평행정법 기본서의 흐름을 익히면서 이를 보상법규 답안지에 녹일 때 어떻게 하는지 활용하시면 좋겠습니다. 그동안 본 감평행정법 암기장 출판에 많은 힘을 실어주신 박용 회장님과 노일구 부장님 등 출판사 관계자분들께 진심으로 감사 인사드립니다. 지면을 빌어 사랑하는 아내 김설현, 딸 강서은, 아들 강동윤에게 무한한 사랑을 전하며, 고군분투하는 감정평가사 도전 수험생분들에게 신의 가호가 함께 하시길 기도드립니다. "내 인생에 포기는 없다. 될 때까지 한다."는 자세로 임하시면 꼭 감정평가사 시험에 최종 합격하시리라 믿습니다. 고맙습니다.

편저자 강정훈

囲 감정평가사란?

감정평가란 토지 등의 경제적 가치를 판정하여 그 결과를 가액으로 표시하는 것을 말한다. 감정평가사(Certified Appraiser)는 부동산 · 동산을 포함하여 토지, 건물 등의 유무형의 재산에 대한 경제적 가치를 판정하여 그 결과를 가액으로 표시하는 전문직업인으로 국토교통부에서 주관, 산업인력관리공단에서 시행하는 감정평가사시험에 합격한 사람으로 일정기간의 수습과정을 거친 후 공인되는 직업이다.

囲 시험과목 및 시험시간

가. 시험과목(감정평가 및 감정평가사에 관한 법률 시행령 제9조)

시험구분	시험과목
제1차 시험	① 「민법」 중 총칙, 물권에 관한 규정 ② 경제학원론 ③ 부동산학원론 ④ 감정평가관계법규(「국토의 계획 및 이용에 관한 법률」, 「건축법」, 「공간정보의 구축 및 관리 등에 관한 법률」 중 지적에 관한 규정, 「국유재산법」, 「도시 및 주거환경정비법」, 「부동산등기법」, 「감정평가 및 감정평가사에 관한 법률」, 「부동산 가격공시에 관한 법률」 및 「동산 · 채권 등의 담보에 관한 법률」) ⑤ 회계학 ⑥ 영어(영어시험성적 제출로 대체)
제2차 시험	① 감정평가실무 ② 감정평가이론 ③ 감정평가 및 보상법규(「감정평가 및 감정평가사에 관한 법률」, 「공익사업을 위한 토지 등의 취득 및 보상에 관한 법률」, 「부동산 가격공시에 관한 법률」)

나. 과목별 시험시간

시험구분	교시	시험과목	입실완료	시험시간	시험방법
제1차 시험	1교시	① 민법(총칙, 물권) ② 경제학원론 ③ 부동산학원론	09:00	09:30~11:30(120분)	객관식 5지 택일형
	2교시	④ 감정평가관계법규 ⑤ 회계학	11:50	12:00~13:20(80분)	

제2차 시험	1교시	❶ 감정평가실무	09:00	09:30~11:10(100분)	과목별 4문항 (주관식)
	중식시간 11:10 ~ 12:10(60분)				
	2교시	❷ 감정평가이론	12:10	12:30~14:10(100분)	
	휴식시간 14:10 ~ 14:30(20분)				
	3교시	❸ 감정평가 및 보상법규	14:30	14:40~16:20(100분)	

※ 시험과 관련하여 법률·회계처리기준 등을 적용하여 정답을 구하여야 하는 문제는 시험시행일 현재 시행 중인 법률·회계처리기준 등을 적용하여 그 정답을 구하여야 함

※ 회계학 과목의 경우 한국채택국제회계기준(K-IFRS)만 적용하여 출제

다. 출제영역 : 큐넷 감정평가사 홈페이지(www.Q-net.or.kr/site/value) 자료실 게재

응시자격 및 결격사유

가. 응시자격 : 없음

※ 단, 최종 합격자 발표일 기준, 감정평가 및 감정평가사에 관한 법률 제12조의 결격사유에 해당하는 사람 또는 같은 법 제16조 제1항에 따른 처분을 받은 날부터 5년이 지나지 아니한 사람은 시험에 응시할 수 없음

나. 결격사유(감정평가 및 감정평가사에 관한 법률 제12조, 2023.8.10. 시행)

다음 각 호의 어느 하나에 해당하는 사람

1. 파산선고를 받은 사람으로서 복권되지 아니한 사람
2. 금고 이상의 실형을 선고받고 그 집행이 종료(집행이 종료된 것으로 보는 경우를 포함한다)되거나 그 집행이 면제된 날부터 3년이 지나지 아니한 사람
3. 금고 이상의 형의 집행유예를 받고 그 유예기간이 만료된 날부터 1년이 지나지 아니한 사람
4. 금고 이상의 형의 선고유예를 받고 그 선고유예기간 중에 있는 사람
5. 제13조에 따라 감정평가사 자격이 취소된 후 3년이 지나지 아니한 사람. 다만 제6호에 해당하는 사람은 제외한다.
6. 제39조 제1항 제11호 및 제12호에 따라 자격이 취소된 후 5년이 지나지 아니한 사람

합격자 결정

가. 합격자 결정(감정평가 및 감정평가사에 관한 법률 시행령 제10조)
- 제1차 시험

  영어 과목을 제외한 나머지 시험과목에서 과목당 100점을 만점으로 하여 모든 과목 40점 이상이고, 전 과목 평균 60점 이상인 사람
- 제2차 시험
  - 과목당 100점을 만점으로 하여 모든 과목 40점 이상, 전 과목 평균 60점 이상을 득점한 사람
  - 최소합격인원에 미달하는 경우 최소합격인원의 범위에서 모든 과목 40점 이상을 득점한 사람 중에서 전 과목 평균점수가 높은 순으로 합격자를 결정
  ※ 동점자로 인하여 최소합격인원을 초과하는 경우에는 동점자 모두를 합격자로 결정. 이 경우 동점자의 점수는 소수점 이하 둘째 자리까지만 계산하며, 반올림은 하지 아니함

나. 제2차 시험 최소합격인원 결정(감정평가 및 감정평가사에 관한 법률 시행령 제10조)

공인어학성적

가. 제1차 시험 영어 과목은 영어시험성적으로 대체
- 기준점수(감정평가 및 감정평가사에 관한 법률 시행령 별표 2)

시험명	토플		토익	텝스	지텔프	플렉스	토셀	아이엘츠
	PBT	IBT						
일반응시자	530	71	700	340	65 (level-2)	625	640 (Advanced)	4.5 (Overall Band Score)
청각장애인	352	–	350	204	43 (level-2)	375	145 (Advanced)	–

- 제1차 시험 응시원서 접수마감일부터 역산하여 2년이 되는 날 이후에 실시된 시험으로, 제1차 시험 원서 접수 마감일까지 성적발표 및 성적표가 교부된 경우에 한해 인정함

※ 이하 생략(공고문 참조)

차례

CONTENTS | PREFACE | GUIDE

주요쟁점

차례

주요 쟁점

쟁점 01   법치행정의 원리   B급

> **행정기본법 제8조(법치행정의 원칙)**
> 행정작용은 법률에 위반되어서는 아니 되며, 국민의 권리를 제한하거나 의무를 부과하는 경우와 그 밖에 국민생활에 중요한 영향을 미치는 경우에는 법률에 근거하여야 한다.

I   법률우위의 원칙 – 행정기본법 제8조 제1문 성문화

법률우위의 원칙이란 행정활동은 법률의 규정에 위반하여 행하여져서는 안 되며, 이 점은 모든 행정작용에 적용된다는 행정작용의 법률종속성을 의미한다.

II   법률유보의 원칙 – 행정기본법 제8조 제2문 성문화

법률유보의 원칙이란 행정이 법률에 근거하여, 법률의 수권에 의하여 행해져야 함을 의미하며, 적극적 의미의 법률적합성의 원칙이라고도 한다.

1. 문제점

법률유보는 현대행정의 급부행정의 비중 등을 고려할 때 법률유보의 적용확대라는 민주주의의 요청과 행정의 탄력성 확보라는 현실적 한계 사이의 갈등이 있는바, 그 적용범위가 문제된다.

2. 학설

① **침해유보설** : 국민의 자유 권리를 제한 또는 침해하거나 새로운 의무를 부과하는 행정작용은 반드시 법률의 근거를 요한다는 견해이다.

② **권력행정유보설** : 행정주체의 행정작용의 성격이 수익적인지 침익적인지와 상관없이 모든 권력적 행정작용에는 법률의 근거를 요한다는 견해이다.

③ **전부유보설** : 모든 행정작용은 그 성질이나 종류를 불문하고 법률의 근거를 요한다는 견해이다.

④ **급부행정유보설** : 침해행정뿐만 아니라 급부행정의 전반에 대해서도 법률의 근거를 요한다는 견해이다.

⑤ **본질성설**(중요사항유보설) : 기본적인 규범영역에서 모든 중요한 결정은 적어도 입법자 스스로가 법률로 정하여야 한다는 견해이다.

3. 판례

대법원은 국민의 권리·의무에 관련되는 것일 경우에는 적어도 국민의 권리·의무에 기본적이고 본질적인 사항은 국회가 정하여야 한다고 판시(2006두14476)하고, 헌법재판소도 고급오락장, 고급주택에 대한 중과세사건이나 KBS 수신료 사건 등에서 본질성설에 의해 판단하고 있다.

4. 검토

민주주의의 요청과 행정의 탄력성을 조화시키며 국민의 기본권의 보장을 고려하여야 한다는 점에서 중요사항유보설이 타당하다. 단, 그 기준이 불분명하다는 단점이 있으므로 그 범위는 행위형식과 행정유형별로 기본권관련성 등을 고려하여 개별적으로 검토해야 할 것이다.[1]

---

1) 오늘날에는 법치행정의 원리의 요소로는 법률우위의 원칙과 법률유보의 원칙만을 언급하는 것이 통설적 입장이다. 법률의 법규창조력이란 의회에서 제정한 법률만이 국민을 구속한다는 것은 과거의 논의이고, 이제는 시대가 바뀌어 행정부가 제정한 법규명령이나 행정법 일반원칙 등도, 국민생활을 직접 기속하는 효력을 갖기 때문에 법치행정의 원리 3요소에서 빠지게 되었다.

쟁점 **02** 통치행위[2]   C급

Ⅰ 의의

통치행위란 입법·사법·행정 어느 것에도 해당되지 않는 제4의 국가작용으로서 고도의 정치성 때문에 사법심사의 대상에서 제외되는 행위를 말한다.

Ⅱ 통치행위의 인정 여부에 관한 학설

1. 사법심사의 대상이 되는지 문제점

우리나라를 포함한 대부분의 국가가 행정소송의 대상에 대하여 개괄주의(概括主義)를 취하고 있으므로 통치행위를 재판통제의 대상으로 포함시킬 것인지에 대하여 견해의 대립이 있다.

2. 학설

(1) 통치행위를 인정하는 견해

① **사법자제설** : 고도의 정치성을 띤 타국가기관의 행위에 대해서는 사법부가 심사를 자제하는 것이 바람직하다는 견해

② **재량행위설** : 통치행위는 정치적 문제로서 국가최고기관의 자유재량에 속하는 사항이므로 사법심사의 대상에서 제외된다는 견해

③ **권력분립설(내재적 한계설)** : 고도의 정치성을 띤 행위는 정부나 의회에 의하여 정치적으로 해결되어야 하지 정치적으로 아무런 책임을 지지 않는 법원에 의한 소송절차를 통하여 해결할 것이 아니라는 견해

(2) 통치행위를 부인하는 견해

실질적 법치주의가 확립되고 국민의 재판청구권이 보장되고 있으며 행정소송에 있어서 개괄주의가 채택된 현대국가에서는 사법심사의 대상에서 제외되는 영역을 인정할 수 없다는 견해

3. 헌법재판소와 대법원의 태도

우리 대법원과 헌법재판소는 모두 통치행위의 관념을 인정하고 있다. 다만 헌법재판소는 대통령의 긴급재정경제명령 사건에서, 통치행위라도 국민의 기본권과 관련이 있는 경우에는 쟁송의 대상이 된다는 입장이다.

---

2) 대통령의 통치행위를 위주로 정리하였고, 국회의 통치행위의 범위로 국회의원의 자격심사 및 징계(헌법 제64조), 국회의 국무총리 또는 국무위원의 해임건의(헌법 제63조) 등은 해당 논의에서 論外로 한다.

Ⅲ 대통령의 통치행위에 대한 범위와 판례

1. 대통령이 통치행위를 할 수 있는 범위

외교에 관한 행위(헌법 제73조), 군사에 관한 행위(헌법 제74조), 긴급명령 및 긴급재정경제명령·처분권의 행사(헌법 제76조), 계엄의 선포(헌법 제77조), 사면권의 행사(헌법 제79조), 영전의 수여(헌법 제80조), 국무총리·국무위원의 임면(헌법 제86조·제87조), 법률안거부권행사(헌법 제53조 제2항), 중요정책의 국민투표부의권(헌법 제72조) 등.

2. 대통령의 통치행위에 대한 대법원 판례

(1) 비상계엄선포행위(대판 1997.4.17, 96도3376)

(2) 남북정상회담의 개최(대판 2004.3.26, 2003도7878)

다만, 대법원은 남북정상회담의 개최과정에서 불법적으로 북한 측에 송금한 행위는 사법심사의 대상이 된다고 판시함.

(3) 독립유공자 서훈수여(대판 2015.4.23, 2012두26920)

다만, 대법원은 서훈취소의 통치행위성은 부정한다고 판시함.

3. 대통령의 통치행위에 대한 헌법재판소 결정례

(1) 대통령의 긴급재정·경제명령(금융실명제 사건)

국민의 기본권 침해와 직접 관련되는 경우에는 당연히 헌법재판소의 심판대상이 된다고 보며, 통치행위가 사법심사의 대상이라고 봄.

(2) 외국에의 국군파견결정

(3) 대통령의 국민투표부의여부에 관한 의사결정

Ⅳ 대통령의 통치행위에 대한 법적 효과

대통령의 통치행위에 해당한다면 사법심사의 대상에서 제외되어 통치행위에 대한 소송은 각하된다. 다만 대통령의 통치행위로 인한 후속조치나 기타 통치행위로부터 분리될 수 있는 행정작용은 당연히 사법심사의 대상이 된다고 판례는 보고 있음.

쟁점 03 행정법의 법원   C급

Ⅰ 개설

행정법의 법원이란 행정권의 조직과 작용 및 그 규제에 관한 법의 존재형식 또는 법의 선험적인 인식근거를 말한다. 행정법은 원칙적으로 성문법의 형식으로 존재하나 불문법의 형식으로 존재하는 경우도 있다.

Ⅱ 성문법원

우리나라의 행정법은 성문법주의를 취하고 있으며, 그 형식으로는 헌법, 법률, 조약, 명령, 자치법규 등이 있다.

Ⅲ 불문법원

행정법은 원칙적으로 성문법주의에 입각하고 있으므로 성문법이 중심적인 법원이며, 불문법은 예외적인 것에 그친다. 성문법이 정비되지 아니한 행정분야에 있어서는 불문법원으로서 관습법, 판례법, 조리법 등이 적용된다.

Ⅳ 행정법의 법원의 상하관계

행정법의 법원 간에는 '헌법 – 법률 – 명령 – 자치법규' 순의 상하관계에 있다. 일반법 원칙은 내용에 따라 헌법적 또는 법률적 지위를 가진다.

쟁점 04   평등의 원칙   B급

> **행정기본법 제9조(평등의 원칙)**
> 행정청은 합리적 이유 없이 국민을 차별하여서는 아니 된다.

I 의의 및 근거

평등의 원칙이란 행정작용에 있어서 특별한 합리적인 사유가 없는 한 상대방인 국민을 공평하게 대우하여야 한다는 원칙을 말한다. 이는 헌법 제11조로부터 도출되는 원칙으로, 평등의 원칙에 반하는 행정작용은 위법하다. 평등의 원칙은 최근 행정기본법 제9조에서 구체화되었다.

II 요건

행정청의 행정작용이 평등의 원칙에 위반되었는지 여부를 판단하기 위해서는 ① 동일한 행정작용일 것, ② 행정작용이 국민을 차별할 것, ③ 행정작용에 의한 차별이 합리적인 사유가 있지 아니할 것 등의 요건을 충족해야 한다.

III 한계

불법 앞의 평등 요구는 인정되지 않는다.

IV 효력

평등의 원칙은 헌법 제11조에서 규율하고 있어 헌법적 효력을 갖고 평등의 원칙에 반하는 행정작용은 위법하게 되고, 평등의 원칙을 위반한 법률은 위헌적 법률이다.

쟁점 05 행정의 자기구속의 법리(평등의 원칙에서 파생) B급

Ⅰ 의의 및 근거

자기구속의 원칙이란, 행정관행이 성립된 경우 행정청은 특별한 사정이 없는 한 같은 사안에서 행정관행과 같은 결정을 하여야 한다는 원칙을 말한다. 이 원칙은 헌법상 평등권에 근거하여 파생된 행정법상의 일반원칙이며, 동 원칙에 반하는 행정작용은 위법하다.

Ⅱ 내용(적용요건) - 재/선/동

① 재량영역에서의 행정작용이어야 한다.
② 행정선례가 존재하여야 한다.
③ 동종 사안에서 적용하여야 한다.

Ⅲ 한계

동일한 사안이라 하더라도 다른 결정을 하여야 할 공익상 필요가 심히 큰 경우에는 동 법리의 적용이 배제될 수 있으며, 불법에 있어서의 평등대우는 인정되지 않는다. 중대한 사정변경이 있는 경우와 위법한 관행인 경우에는 행정의 자기구속의 법리가 적용되지 않는 한계가 있다.

Ⅳ 효력

자기구속의 법리도 평등의 원칙에서 파생된 헌법적 효력으로 자기구속의 원칙에 반하는 행정작용은 위법하고, 자기구속의 원칙을 위배한 법령은 위헌 위법하게 된다.

쟁점 06 ｜ 비례의 원칙(과잉조치금지의 원칙) A급

> **행정기본법 제10조(비례의 원칙)**
> 행정작용은 다음 각 호의 원칙에 따라야 한다.
> 1. 행정목적을 달성하는 데 유효하고 적절할 것
> 2. 행정목적을 달성하는 데 필요한 최소한도에 그칠 것
> 3. 행정작용으로 인한 국민의 이익 침해가 그 행정작용이 의도하는 공익보다 크지 아니할 것

Ⅰ 의의 및 근거

비례의 원칙이란 과잉조치금지의 원칙이라고도 하는데, 행정작용에 있어서 행정목적과 행정수단 사이에는 합리적인 비례관계가 있어야 한다는 원칙을 말한다. 비례의 원칙은 헌법상의 기본권 보장규정, 법치국가원칙, 헌법 제37조 제2항, 행정기본법 제10조에 근거를 두고 있으며, 동 원칙에 반하는 행정작용은 위법하다.

Ⅱ 내용(요건)

아래의 적합성의 원칙, 필요성의 원칙, 상당성의 원칙은 단계적 심사구조를 이룬다.
① **적합성의 원칙(행정기본법 제10조 제1호)** : 행정작용은 "행정목적을 달성하는 데 유효하고 적절할 것"을 규정하고 있다. 적합성의 원칙이란 행정은 추구하는 행정목적의 달성에 적합한 수단을 선택하여야 한다는 원칙을 말한다.
② **필요성의 원칙**(최소침해의 원칙)**(행정기본법 제10조 제2호)** : 행정작용은 "행정목적을 달성하는 데 필요한 최소한도에 그칠 것"을 규정하고 있다. 필요성의 원칙이란 적합한 수단이 여러 가지인 경우에 국민의 권리를 최소한으로 침해하는 수단을 선택하여야 한다는 원칙이다.
③ **상당성의 원칙(행정기본법 제10조 제3호)** : "행정작용으로 인한 국민의 이익 침해가 그 행정작용이 의도하는 공익보다 크지 아니할 것"을 규정하고 있다. 상당성의 원칙이란 행정조치를 취함에 따른 불이익이 그것에 의해 달성되는 이익보다 큰 경우에는 그 행정조치를 취해서는 안 된다는 원칙을 말한다.

Ⅲ 위반의 효과와 판단

행정청의 처분이 비례의 원칙에 위반된 경우 법원은 재량권의 일탈 남용을 이유로 그 처분은 위법하게 된다. 또한 비례의 원칙에 위반한 행정청의 행정작용을 통하여 상대방에게 손해가 발생한 경우에는 국가배상청구소송을 통해서 배상을 받을 수도 있다. 토지보상법에서는 공공필요를 판단하는 경우에도 비례의 원칙을 적용하고, 감정평가 및 감정평가사에 관한 법률에서 징계처분이 재량행위인 경우에도 비례의 원칙으로 위법성을 고찰하게 된다.

쟁점 07 신뢰보호의 원칙 A급

> **행정기본법 제12조(신뢰보호의 원칙)**
> ① 행정청은 공익 또는 제3자의 이익을 현저히 해칠 우려가 있는 경우를 제외하고는 행정에 대한 국민의 정당하고 합리적인 신뢰를 보호하여야 한다.

I 의의 및 근거

신뢰보호의 원칙이란 행정기관의 어떠한 적극적 또는 소극적 언동에 대해 국민이 신뢰를 갖고 행위를 한 경우 그 국민의 신뢰가 보호가치 있는 경우에 그 신뢰를 보호하여 주어야 한다는 원칙을 말한다. 신뢰보호원칙의 법적 근거로 법치국가의 한 내용인 법적 안정성을 드는 것이 일반적인 견해이다. 행정기본법 제12조 제1항, 행정절차법 제4조 제2항 및 국세법 제18조 제3항에 실정법상 근거를 두고 있다.

II 내용(적용요건)

행정청의 행위에 대하여 신뢰보호의 원칙이 적용되기 위해서는,
① 행정청이 개인에 대하여 신뢰의 대상이 되는 공적인 견해표명을 하여야 하고,
② 행정청의 견해표명이 정당하다고 신뢰한 데 대하여 개인에게 귀책사유가 없어야 하며,
③ 그 개인이 그 견해표명을 신뢰하고 이에 어떠한 행위를 하였어야 하고,
④ 행정청이 위 견해표명에 반하는 처분을 함으로써 그 견해표명을 신뢰한 개인의 이익이 침해되는 결과가 초래되어야 한다.

■ 공적 견해표명과 귀책사유가 없을 것에 대한 판례의 태도

㉮ 공적 견해표명
판례는 이때의 견해표명은 명시적인 경우뿐만 아니라 묵시적인 경우도 포함된다고 한다. 다만 묵시적 견해표명을 인정하기 위해서는 일정한 의사표시를 한 것으로 볼 수 있는 사정이 요구된다. 판례는 상대방의 질의에 대한 국세청의 회신은 공적 견해표명에 해당한다고 보고 있다. 공적 견해표명의 판단과 관련하여 판례는 행정조직상의 형식적인 권한분장에 구애될 것은 아니고 당사자의 조직상의 지위와 임무, 해당 언동을 하게 된 경위 및 그에 대한 상대방의 신뢰가능성에 비추어 실질에 의하여 판단해야 한다고 판시하고 있다.

㉯ 귀책사유가 없을 것
귀책사유란 행정청의 공적견해표명의 하자가 사실은폐나 사위(詐僞)와 같은 상대방의 부정행위에 의한 것이거나, 부정행위가 없더라도 상대방이 공적견해표명에 하자가 있음을 알았거나 중과실로 알지 못한 경우를 의미한다. 또한 이러한 귀책사유의 유무는 상대방뿐만 아니라 상대방으로부터 신청행위를 위임받은 수임인 등 관계자 모두를 기준으로 판단하여야 한다.

(출처: 대판 2019.11.28. 2018두227[보상금])

Ⅲ 한계

신뢰보호의 원칙은 법적 안정성을 위한 것이지만, 법치국가원리의 또 하나의 내용인 행정의 법률 적합성의 원리와 충돌되는 문제점을 갖는다. 결국 양자의 충돌은 법적 안정성과 법률적합성의 비교형량에 의해 문제를 해결해야 한다.

Ⅳ 관련판례

대판 1998.5.8, 98두4061(폐기물처리업허가신청에 대한 불허가처분 취소사건)
① 행정청이 개인에 대하여 신뢰의 대상이 되는 공적인 견해표명을 하여야 하고, ② 행정청의 견해표명이 정당하다고 신뢰한 데에 대하여 그 개인에게 귀책사유가 없어야 하며, ③ 그 개인이 견해표명을 신뢰하고 이에 어떠한 행위를 하였어야 하고, ④ 행정청이 위 견해표명에 반하는 처분을 함으로써 그 견해표명을 신뢰한 개인의 이익이 침해되는 결과가 초래되어야 하며, 어떠한 행정처분이 이러한 요건을 충족할 때에는, ⑤ 공익 또는 제3자의 이익을 현저히 해할 우려가 있는 경우가 아닌 한 신뢰보호의 원칙에 반하는 행위로서 위법하게 된다.

쟁점 08   실권의 원칙[신뢰보호의 원칙에서 파생]   B급

> **행정기본법 제12조(신뢰보호의 원칙)**
> ② 행정청은 권한 행사의 기회가 있음에도 불구하고 장기간 권한을 행사하지 아니하여 국민이 그 권한이 행사되지 아니할 것으로 믿을 만한 정당한 사유가 있는 경우에는 그 권한을 행사해서는 아니 된다. 다만, 공익 또는 제3자의 이익을 현저히 해칠 우려가 있는 경우는 예외로 한다.

I   의의 및 근거

실권의 법리란 행정청에게 취소권, 철회권, 영업정지권 등 권리의 행사의 기회가 있음에도 불구하고 행정청이 장기간에 걸쳐 그 권리를 행사하지 아니하였기 때문에 상대방인 국민이 행정청이 그 권리를 행사하지 아니할 것으로 신뢰할 만한 정당한 사유가 있게 되는 경우에는 그 권리를 행사할 수 없다는 법리를 말한다. 실권의 법리는 신뢰보호원칙의 파생법리이며, 동 원칙에 반하는 행정작용은 위법하다. 행정기본법 제12조 제2항에 직접적인 근거를 두고 있다.

II   내용(요건)

① 행정청이 취소사유나 철회사유를 앎으로써 권리행사 가능성을 알았어야 한다.
② 행정권 행사가 가능함에도 불구하고 행정청이 장기간 권리행사를 하지 않았어야 한다.
③ 상대방인 국민이 행정청이 더 이상 권리를 행사하지 않을 것으로 신뢰하고 그에 대한 정당한 사유가 있어야 한다.
④ 공익 또는 제3자의 이익을 현저히 해칠 우려가 없어야 한다.

III   실권의 법리 판단

행정기본법 제23조 제1항은 제재처분의 제척기간으로 5년을 정하고 있는바, 법위반에 대한 제재로서 가해지는 제재처분(인허가의 정지·취소·철회나 과징금 부과)에 대해서는 위반행위가 종료된 날부터 5년이 지나면 제재처분을 할 수 없으나, 그 밖의 행정작용의 경우에는 실권의 법리가 적용되어 3년이 지나면 실권된 것으로 판단할 수 있다고 보여진다. 다만 감정평가 및 감정평가사에 관한 법률에서도 징계 시효기간이 5년으로 정하고는 있지만 더 이상 권리행사를 하지 않는 것으로 신뢰할 정당한 사유가 있다면 실권의 법리 적용도 가능하다고 생각된다.

쟁점 09   부당결부금지의 원칙   B급

> **행정기본법 제13조(부당결부금지의 원칙)**
> 행정청은 행정작용을 할 때 상대방에게 해당 행정작용과 실질적인 관련이 없는 의무를 부과해서는 아니 된다.

Ⅰ   의의 및 근거

부당결부금지의 원칙이란 행정기관이 행정권을 행사함에 있어 그것과 실질적인 관련이 없는 반대급부를 결부시켜서는 안 된다는 원칙을 말한다. 근거와 관련하여 부당결부금지원칙이 헌법적 효력을 지니는지, 아니면 법률적 효력을 가지는지가 문제되나, 통설은 헌법적 효력을 가진 원칙이라 본다. 동 원칙에 반하는 행정작용은 위법하다. 행정기본법 제13조에 직접적인 근거규정을 두고 있다.

Ⅱ   내용(요건)

① 행정기관의 권한행사가 있어야 한다.
② 행정청의 권한행사와 상대방의 반대급부가 결부 또는 의존되어 있어야 한다.
③ 행정청의 권한행사와 반대급부 사이에 실체적 관련성이 없어야 한다.

Ⅲ   실체적 관련성의 의미

① **원인적 관련성** : 수익적 내용인 주된 행정행위와 불이익한 의무를 부과하는 부관 사이에 직접적인 인과관계가 있을 것을 요하는 것이다.
② **목적적 관련성** : 행정권한의 수권 목적의 범위 내에서 반대급부가 부과되어야 한다는 것을 의미한다.

Ⅳ   부당결부금지의 원칙 적용례 : 사업인정과 기부채납 부관 등

부관은 해당 법령이 추구하는 목적범위 내에서만 붙일 수 있다. 토지보상법상 사업인정(주택사업계획승인)을 하면서 그 주택사업과는 아무런 관련이 없는 토지를 기부채납하도록 하는 부관은 부당결부금지원칙에 반하여 위법하고 대법원 판례에서는 그 하자의 정도는 취소사유에 불과하다고 판시하고 있다.

Ⅴ 위반시 효과 및 권리구제방법

행정청의 처분이 부당결부금지의 원칙에 위반된 경우, 법원은 그 위법성의 정도에 따라 처분을 취소하거나 무효임을 확인할 수 있다. 부당결부금지의 원칙에 위반한 행정청의 행정작용을 통하여 상대방에게 손해가 발생한 경우에는 국가배상청구소송을 통해서 권리구제를 받을 수 있다. 토지보상법에서는 사업인정과 기부채납으로 주로 부관 중 부담에서 많이 논의되고 있으며, 이때 부담의 독립쟁송가능성(소송요건의 문제)과 독립취소가능성(본안판단의 문제)이 논의된다.

쟁점 10　성실의무 및 권한남용금지의 원칙　　C급

> **행정기본법 제11조(성실의무 및 권한남용금지의 원칙)**
> ① 행정청은 법령 등에 따른 의무를 성실히 수행하여야 한다.
> ② 행정청은 행정권한을 남용하거나 그 권한의 범위를 넘어서는 아니 된다.

Ⅰ　의의 및 근거

성실의무 및 권한남용금지의 원칙이란 행정청은 법령 등에 따른 의무를 성실히 수행하여야 하고, 행정권한을 남용하거나 그 권한의 범위를 넘어서는 아니 된다는 원칙을 말한다. 법적 근거로는 행정기본법 제11조에서 규율하고 있다.

Ⅱ　내용(요건)

① 행정청은 법령 등에 따른 의무를 성실히 수행하여야 한다.
② 행정청은 행정권한을 남용하거나 그 권한의 범위를 넘어서는 아니 된다.

Ⅲ　위반의 효과와 권리구제

① 행정청이 법령등에 따른 의무를 성실히 수행하지 않거나, 행정권한을 남용하거나, 그 권한의 범위를 넘어서는 처분등을 하는 경우에는 위법을 면치 못할 것이다.
② 이러한 행정청의 위법한 처분등에 대하여 국민은 행정쟁송을 통하여 권리구제를 도모할 수 있고, 위법한 처분등으로 손해를 입은 경우에는 국가배상청구도 가능하다고 판단된다.

쟁점 11   행정법의 효력   **B급**

> **행정기본법 제14조(법 적용의 기준)**
> ① 새로운 법령 등은 법령 등에 특별한 규정이 있는 경우를 제외하고는 그 법령 등의 효력 발생 전에 완성되거나 종결된 사실관계 또는 법률관계에 대해서는 적용되지 아니한다.
> ② 당사자의 신청에 따른 처분은 법령 등에 특별한 규정이 있거나 처분 당시의 법령 등을 적용하기 곤란한 특별한 사정이 있는 경우를 제외하고는 처분 당시의 법령 등에 따른다.
> ③ 법령 등을 위반한 행위의 성립과 이에 대한 제재처분은 법령 등에 특별한 규정이 있는 경우를 제외하고는 법령 등을 위반한 행위 당시의 법령 등에 따른다. 다만, 법령 등을 위반한 행위 후 법령 등의 변경에 의하여 그 행위가 법령 등을 위반한 행위에 해당하지 아니하거나 제재처분 기준이 가벼워진 경우로서 해당 법령 등에 특별한 규정이 없는 경우에는 변경된 법령 등을 적용한다.
>
> **행정기본법 제15조(처분의 효력)**
> 처분은 권한이 있는 기관이 취소 또는 철회하거나 기간의 경과 등으로 소멸되기 전까지는 유효한 것으로 통용된다. 다만, 무효인 처분은 처음부터 그 효력이 발생하지 아니한다.

Ⅰ 시간적 효력

1. 효력발생시기

행정법령은 시행일로부터 그 효력이 발생한다. 법령을 제정·개정할 때 시행일을 규정함이 일반적이나, 시행일을 규정하지 않은 경우에는 공포한 날로부터 20일이 경과함으로써 효력이 발생한다(법령 등 공포에 관한 법률 제13조). 법령 등의 공포일은 그 법령 등을 게재한 관보 또는 신문이 발행된 날로 한다(동법 제12조).

2. 불소급의 원칙 – 행정기본법 제14조 제1항

> **행정기본법 제14조(법 적용의 기준)**
> ① 새로운 법령 등은 법령 등에 특별한 규정이 있는 경우를 제외하고는 그 법령 등의 효력 발생 전에 완성되거나 종결된 사실관계 또는 법률관계에 대해서는 적용되지 아니한다.

① 소급적용금지의 원칙 : 소급적용금지의 원칙이란 법령은 그 효력이 생긴 때부터 그 후에 발생한 사실에 대해서만 적용된다는 원칙을 말한다.
② 소급입법금지의 원칙 : 소급입법금지의 원칙이란 법령을 이미 종결된 사실관계 또는 법률관계에 적용하는 것으로 입법하는 것은 금지된다는 원칙을 말한다.
③ 소급입법금지 원칙의 예외 : 국민이 소급입법을 예상할 수 있었거나 보호할 만한 신뢰이익이 적은 경우, 그리고 신뢰보호의 요청에 우선하는 심히 중대한 공익상의 사유가 소급입법을 정당화하는 경우 허용될 수 있다.

II 지역적 효력

행정법령의 효력은 해당 법령을 제정한 기관의 권한이 미치는 지역에만 효력을 가지는 것이 원칙이다. 국가의 법령은 대한민국 영토 전역에 걸쳐 효력을 가지고, 지방자치단체의 조례·규칙은 지방자치단체의 관할구역에서 효력을 가진다.

III 대인적 효력

속지주의 원칙상 행정법령은 해당 지역 내의 모든 사람에 적용된다. 여기에는 자연인·법인, 내외국민을 불문한다.

IV 행정법 적용의 기준(행정기본법 제14조 제2항 및 제3항)

당사자의 신청에 따른 처분은 법령 등에 특별한 규정이 있거나 처분 당시의 법령 등을 적용하기 곤란한 특별한 사정이 있는 경우를 제외하고는 처분 당시의 법령 등에 따른다(행정기본법 제14조 제2항).

법령 등을 위반한 행위의 성립과 이에 대한 제재처분은 법령 등에 특별한 규정이 있는 경우를 제외하고는 법령 등을 위반한 행위 당시의 법령 등에 따른다. 다만, 법령 등을 위반한 행위 후 법령 등의 변경에 의하여 그 행위가 법령 등을 위반한 행위에 해당하지 아니하거나 제재처분 기준이 가벼워진 경우로서 해당 법령 등에 특별한 규정이 없는 경우에는 변경된 법령 등을 적용한다(행정기본법 제14조 제3항).

쟁점 12 행정법규정의 흠결과 보충   C급

I 문제점

공법관계와 사법관계는 각기 다른 법·법원리가 적용된다. 그런데 공법은 통일적 법전이나 총칙 규정이 없으므로 법의 흠결이 있게 된다. 이와 같이 행정법관계에 적용할 법규가 없는 경우에 그 흠결을 어떻게 보충할 것인지가 문제된다.

II 행정법규정의 유추적용

성문의 행정법규정에 흠결이 있는 경우에는 우선 유사한 행정법규정(공법규정)을 유추적용하여야 한다. 유추적용이라 함은 적용할 법령이 없는 경우에 유사한 법령규정을 적용하는 것을 말한다.

III 다른 법령 및 법의 일반원칙의 적용

유추적용할 행정법규정이 없는 경우에는 헌법규정 및 법의 일반원칙을 적용할 수 있다. 행정법관계를 규율할 어떠한 공법도 존재하지 않는 경우에는 사법규정을 적용 또는 유추적용할 수 있다.

IV 조리의 적용

조리는 최종적인 법원으로서, 행정법관계에 적용할 어떠한 공법이나 사법도 없는 경우 이것을 적용한다. 법원은 적용할 법이 없다는 이유로 재판을 거부할 수 없고, 이 경우에는 조리에 따라 재판하여야 한다.

쟁점 13 행정상 법률관계   C급

Ⅰ 행정상 법률관계의 의의

행정상 법률관계란 행정 주체(국가, 지방자치단체 등)와 국민(또는 다른 행정 주체) 간에 행정법에 따라 성립하는 권리와 의무의 관계를 말한다. 이는 공법적 성격을 가지며, 행정 활동의 법적 근거와 한계를 설정하는 중요한 개념이다. 행정작용법 관계에서는 공법관계와 사법관계로 나누어 볼 수 있다.

Ⅱ 행정상 법률관계의 주요 특징

1. 공법적 성격

행정상 법률관계는 행정법의 규율을 받으며, 일반 민법상 법률관계와는 구별된다.

2. 일방적 · 강행적 요소

행정 주체는 공익 실현을 목적으로 행정 권한을 행사하며, 국민의 의사와 무관하게 일방적 결정을 내릴 수 있는 경우가 많다.

3. 공익 추구

행정상 법률관계는 개인의 이익보다 공익을 우선적으로 고려한다.

Ⅲ 행정상 법률관계의 구분과 주요 사례, 고려사항

1. 행정상 법률관계는 그 성격에 따라 다음과 같이 구분한다.
   ① 행정주체와 국민 간 관계
      예 과세, 영업허가, 복지급여 지급 등
   ② 행정주체 상호 간 관계
      예 국가와 지방자치단체 간 재정적 지원 관계
   ③ 국민 상호 간 관계에서 행정의 개입
      예 행정기관이 조정하거나 규제하는 분쟁

2. 주요 사례

① **조세부과** : 국민이 납세 의무를 지고, 국가는 이를 부과 · 징수하는 관계

② **특허 및 허가** : 특정 행위를 하기 위한 행정기관의 특허나 허가를 받는 과정에서 발생하는 관계

③ **공법상 계약** : 국가가 특정 사업을 수행하기 위해 개인 또는 법인과 계약을 체결하는 경우

3. 고려사항

행정상 법률관계는 국민의 권리와 의무에 직접 영향을 미치므로 법적 안정성과 예측 가능성이 중요하게 고려된다.

쟁점 14 공법과 사법 B급

Ⅰ 공법과 사법의 구별실익

특정한 법률관계에 적용될 법규 또는 법원리가 법에서 명문으로 규정되어 있지 않은 경우에 적용 법규 및 적용법원리의 결정, 소송형식 및 소송절차의 결정에 있어 구별실익이 있다.

Ⅱ 공법과 사법의 구별기준

1. 학설

① **주체설** : 법률관계의 주체를 기준으로 구별하고자 하는 견해로, 이 설에 의하면 법률관계의 일방 당사자가 행정주체인 경우에는 공법관계로 본다.

② **신주체설**(귀속설) : 공권력의 담당자인 국가 등의 행정주체에 대하여만 권한을 부여하거나 의무를 부과하는 법률관계를 공법관계로 본다.

③ **종속설**(지배관계설, 복종설) : 해당 법률관계가 지배복종관계인 경우에는 공법관계로 본다.

④ **이익설** : 공익목적에 봉사하는 법률관계를 공법관계로 본다.

⑤ **복수기준설** : 앞의 여러 기준을 통하여 공법과 사법을 구별하여야 한다는 견해이다.

2. 검토

각 학설은 모두 공법과 사법을 구별하는 데 필요한 일면의 기준을 제시하고 있으나, 완벽한 기준을 제시하지 못하고 있다. 따라서 상술한 여러 학설들의 일면적 타당성들을 종합하여 이론적 준거점으로 활용함으로써 제도적 구별의 기준을 삼아야 한다.

쟁점 15 · 행정상 법률관계의 당사자 · B급

▌ 행정주체

1. 의의

법률상 자기의 명의로 행정권을 행사하고 자기에게 그 법률효과가 귀속될 경우에 이를 행정주체 또는 행정권의 주체라 한다.

2. 행정주체의 종류

(1) 국가

국가는 법인격을 가진 법인으로서 행정법관계의 법주체가 된다.

(2) 공공단체

① **지방자치단체** : 지방자치단체는 국가영토의 일부분인 일정한 지역을 기초로 하여 그 지역 내에 있어 일정한 통치권을 행사하는 단체이다.

② **공공조합** : 특정한 국가목적을 위하여 법적 자격을 가진 사람(조합원)의 결합으로 설립된 사단법인을 공공조합이라 한다.

③ **영조물법인** : 영조물법인이란 행정목적을 달성하기 위하여 설립된 인적·물적 결합체에 공법상의 법인격을 부여한 경우를 말한다.

(3) 공무수탁사인

공무수탁사인이란 자신의 이름으로 일정한 행정권을 행사할 수 있는 행정주체로서의 사인을 말한다. 공무수탁사인의 예로는 토지수용에 있어서의 사업시행자, 교육법에 의해 학위를 수여하는 사립대학, 공증인 등이 있다.

▌▌ 행정객체

행정의 상대방을 행정객체라 하며, 이에는 사인과 공공단체가 있다. 공공단체는 사인에 대한 관계에서 행정주체의 지위에 서게 되지만 국가나 다른 공공단체에 대한 관계에서는 행정객체가 된다.

쟁점 16 개인적 공권 B급

Ⅰ 공권의 의의와 종류

공권이란 공법관계에서 직접 자기를 위하여 일정한 이익을 주장할 수 있는 법률상의 힘을 말한다. 공권에는 국가적 공권과 개인적 공권이 있으며, 행정법에서 통상 공권이라 함은 개인적 공권을 의미한다.

Ⅱ 개인적 공권

1. 의의

개인적 공권이란 개인이 자신의 이익을 위하여 행정주체에게 일정한 행위(작위 · 부작위 · 급부 · 수인)를 요구할 수 있는 공법상의 힘을 말한다.

2. 개인적 공권의 성립요소

① **강행규범의 존재** : 행정주체에 대해 일정한 행위의무를 부과하는 강행규범이 존재해야 한다.
② **사익보호의 인정** : 해당 행정법규가 공익의 실현과 함께 사익의 보호를 목적으로 하고 있어야 한다. 관련 법규의 목적이 전적으로 공익의 보호만을 향하고 있는 경우, 사익은 반사적 이익에 지나지 않기 때문이다.

Ⅲ 공권의 확대화 현상

오늘날 복지국가행정에서는 종래의 이론에서는 권리로 평가되지 않았던 것을 법적 이익 내지 재판상 주장할 수 있는 권리로 파악하는 적극적인 시도가 이루어지고 있으며, 이러한 공권의 확대는 여러 측면에서 행해졌다. 반사적 이익의 보호이익화, 제3자 원고적격, 무하자재량행사청구권, 행정개입청구권 등 새로운 주관적 공권의 등장이 그것이다.

쟁점 17   무하자재량행사청구권   C급

I   의의

무하자재량행사청구권이란 사인이 행정청에 대하여 재량행사를 하자 없이 행사해 줄 것을 청구할 수 있는 권리를 말한다.

II   법적 성질

무하자재량행사청구권을 ① 형식적 권리 내지 절차적 권리로 보는 입장과 ② 실체법적 권리로서 형식적 권리(절차적 권리)로 보는 입장, ③ 형식적 권리로 보는 입장 등이 대립된다. 무하자재량행사청구권은 특정한 내용의 처분을 하여 줄 것을 청구하는 권리인 점에서 형식적 권리로 보는 것이 타당하다.

III   무하자재량행사청구권의 독자적 인정 여부

① 학설 : 무하자재량행사청구권을 독자적 권리로 인정할 필요가 있는가에 관하여 그 권리의 독자적인 존재 의의를 부정하는 견해와 긍정하는 견해가 있다.

② 판례 : 무하자재량행사청구권을 원칙적으로 부정하였으나, 예외적으로 검사임용거부처분취소소송과 관련하여서는 무하자재량행사청구권의 개념을 인정하였다.

> "검사의 임용에 있어서...재량권의 한계 일탈이나 남용이 없는 위법하지 않은 응답을 할 의무가 임용권자에게 있고 이에 대응하여 임용신청자로서도 재량권의 한계 일탈이나 남용이 없는 적법한 응답을 요구할 권리가 있다."(대판 1991.2.12, 90누5825)

③ 검토 : 재량행위에서도 공권이 인정될 수 있다는 것과 인정되는 권리가 어떠한 권리인지를 설명하여 줄 수 있고, 의무이행심판이나 의무이행소송에서 적법재량행사를 명하는 재결이나 판결의 실체법적 근거가 된다는 점에서 그 인정실익이 있으므로 긍정설이 타당하다.

IV   무하자재량행사청구권의 성립요건

① 강행법규성(하자 없는 재량행사를 발동할 의무)이 있고, ② 해당 법규가 사익보호성이 있어야 한다.

V 무하자재량행사청구권의 행사

무하자재량행사청구권이 인정되는 경우는 행정청에게 그의 재량권을 올바르게 행사하여 처분할 의무가 있고 이에 대응하여 관계 개인은 재량권의 올바른 행사에 근거한 처분을 받을 권리를 갖게 된다. '재량권이 영으로 수축'하는 경우에는 무하자재량행사청구권은 특정한 내용의 처분을 하여 줄 것을 청구할 수 있는 행정행위발급청구권 또는 행정개입청구권으로 전환된다.

VI 무하자재량행사청구권과 원고적격의 관계

무하자재량행사청구권은 재량법규가 사익을 보호하는 경우에 인정되는 실체적 권리이므로 무하자재량행사청구권이 인정되는 경우 원고적격이 인정된다. 다만, 원고적격을 인정하기 위해 무하자재량행사청구권이라는 개념이 반드시 필요한 것은 아니다.

| 쟁점 18 | 행정개입청구권 | C급 |

Ⅰ 의의

행정개입청구권이란 자기를 위하여 행정청으로 하여금 자기 또는 제3자에게 행정권을 발동할 것을 요구하는 것을 내용으로 하는 주관적 공권이다. 형식적 권리에 불과한 무하자재량행사청구권과는 달리 특정한 행위의 발급을 요구하는 실체적 권리에 해당한다고 보고 있다.

Ⅱ 성립요건

① 행정청에게 개입의무를 부과하는 강행법규가 존재하여야 한다. 즉 기속법규의 경우에는 바로 개입의무가 인정되지만, 재량법규의 경우에 개입의무가 인정되기 위해서는 재량이 0으로 수축하여야 한다.
② 해당 법규가 공익뿐만 아니라 사익보호도 의도할 것을 요구한다.

Ⅲ 대법원 판례의 태도

1. 행정소송의 경우

대법원은 "건축법 등 관계 법령에 국민이 행정청에 대하여 제3자에 대한 건축허가의 취소나 준공검사의 취소 또는 제3자 소유의 건축물에 대한 철거 등의 조치를 요구할 수 있다는 취지의 규정이 없고, 그 밖에 조리상으로도 이러한 권리가 인정될 수 없다"고 하여 원칙적으로 행정개입청구권에 대하여 부정적으로 판시하였지만, 새만금간척종합개발사업에 관한 판결에서는 행정개입청구권의 존재를 전제로 하여 공유수면매립면허처분취소신청거부처분의 처분성을 긍정한 판시가 있다.

2. 국가배상청구소송의 경우(민사소송)

대법원은 행정개입의 요구에 대한 경찰공무원의 부작위로 인하여 손해가 발생한 사안에서, "경찰관직무집행법 제5조가 형식상 경찰관에게 재량에 의한 직무수행권한을 부여한 것처럼 되어 있으나, 경찰관이 그 권한을 행사하여 필요한 조치를 취하지 않는 것이 현저히 불합리하다고 인정되는 경우에는 그러한 권한의 불행사는 위법한 것이 된다"고 판시하여 행정개입청구권에 근거한 국가배상청구를 인정한 판례가 있다.

IV 권리구제방법론

1. 행정쟁송

개인의 행정개입청구권에 근거한 행정개입의 요구에 대하여 행정청의 거부나 부작위가 있는 경우, 행정심판으로는 의무이행 심판이나 거부처분취소심판, 행정소송으로는 거부처분취소소송이나 부작위 위법 확인소송 방법으로 권리구제를 받을 수 있다.

2. 국가배상

개인의 행정개입청구권에 근거한 행정개입의 요구에 대하여 공무원의 거부나 부작위로 인하여 손해가 발생한 경우, 국가배상청구소송의 방법으로 권리구제를 받을 수 있다.

쟁점 19   행정법상의 행위(신고)   B급

Ⅰ 신고의 의의

신고라 함은 사인이 행정기관에 일정한 사항에 대하여 알려야 하는 의무가 있는 경우에 그것을 알리는 것을 말한다.

Ⅱ 신고의 종류 및 구별실익

사인의 공법행위로서의 신고는 자기완결적 신고와 수리를 요하는 신고가 있으며, 양자는 신고수리의 거부처분의 성질에 따라 항고소송의 대상 여부가 결정되는 구별실익이 있다.

Ⅲ 자기완결적 신고

1. 의의

자기완결적 신고는 신고의 요건을 갖춘 신고만 하면 신고의무를 이행한 것이 되는 신고를 말하며, 자족적 신고라고도 한다. 신고행위 그 자체로 법적 효과를 완성시키는 것이므로 따로 행정청의 수리를 상정하지 않는 개념이다(건축법상의 건축신고).

2. 적법한 신고의 효과

자기완결적 신고의 경우에 적법한 신고가 있으면 행정청의 수리 여부에 관계없이 신고서가 접수기관에 도달한 때에 신고의무가 이행된 것으로 본다(행정절차법 제40조 제2항). 따라서 행정청이 신고서를 접수하지 않고 반려하여도 신고의무는 이행된 것으로 본다.

3. 권리구제

자기완결적 신고의 수리는 단순한 접수행위에 불과하여, 법적 효과를 발생시키지 않는 사실행위이다. 따라서 자기완결적 신고의 수리행위나 수리거부행위는 항고소송이 대상이 되지 않는다. 다만, 건축신고와 같은 금지해제적 신고의 경우에 신고가 반려된 경우 신고의 대상이 되는 행위를 하면 추후에 시정명령, 이행강제금, 벌금 등의 대상이 될 수 있어, 신고인이 법적 불이익을 받을 위험이 있기 때문에 그 위험을 제거할 수 있도록 하기 위하여 신고거부(반려)행위의 처분성을 인정한 판례가 있다(대판 2010.11.18, 2008두167 全合).

Ⅳ 수리를 요하는 신고

1. 의의

수리를 요하는 신고란 수리되어야 신고의 효과가 발생하는 신고를 말한다.

2. 적법한 신고의 효과

신고의 요건을 갖춘 신고가 있었다 하더라도 수리되지 않으면 신고가 되지 않은 것으로 보는 것이 다수설과 판례의 입장이다.

3. 대법원 판례(대법원 2010두14954 판결) - 수리를 요하는 신고

건축법에서 인·허가의제 제도를 둔 취지는, 인·허가의제사항과 관련하여 건축허가 또는 건축신고의 관할 행정청으로 그 창구를 단일화하고 절차를 간소화하며 비용과 시간을 절감함으로써 국민의 권익을 보호하려는 것이지, 인·허가의제사항 관련 법률에 따른 각각의 인·허가 요건에 관한 일체의 심사를 배제하려는 것으로 보기는 어렵다. 왜냐하면, 건축법과 인·허가의제사항 관련 법률은 각기 고유한 목적이 있고, 건축신고와 인·허가의제사항도 각각 별개의 제도적 취지가 있으며 그 요건 또한 달리하기 때문이다. 나아가 인·허가의제사항 관련 법률에 규정된 요건 중 상당수는 공익에 관한 것으로서 행정청의 전문적이고 종합적인 심사가 요구되는데, 만약 건축신고만으로 인·허가의제사항에 관한 일체의 요건 심사가 배제된다고 한다면, 중대한 공익상의 침해나 이해관계인의 피해를 야기하고 관련 법률에서 인·허가 제도를 통하여 사인의 행위를 사전에 감독하고자 하는 규율체계 전반을 무너뜨릴 우려가 있다. 또한 무엇보다도 건축신고를 하려는 자는 인·허가의제사항 관련 법령에서 제출하도록 의무화하고 있는 신청서와 구비서류를 제출하여야 하는데, 이는 건축신고를 수리하는 행정청으로 하여금 인·허가의제사항 관련 법률에 규정된 요건에 관하여도 심사를 하도록 하기 위한 것으로 볼 수밖에 없다. 따라서 인·허가의제 효과를 수반하는 건축신고는 일반적인 건축신고와는 달리, 특별한 사정이 없는 한 행정청이 그 실체적 요건에 관한 심사를 한 후 수리하여야 하는 이른바 '수리를 요하는 신고'로 보는 것이 옳다.

(대판 2011.1.20, 2010두14954 全合[건축(신축)신고불가취소])

4. 권리구제

수리를 요하는 신고의 경우에 수리는 행정행위의 수리행위이고, 수리거부는 거부처분에 해당하며 항고소송의 대상이 될 수 있다는 것이 일반적인 견해이다.

V 감정평가사법상 사무소 개설 등(감정평가법 제21조) – 신고제 폐지

> **■ 행정법의 규제의 순서 – 감정평가사 사무소 개설신고 폐지 취지**
> 1. 특허
> 2. 허가
> 3. 등록
> 4. 신고
>
> 행정법의 규제의 순서는 크게 4단계로 구분되는데 감정평가사는 합격하고 실무수습 1년을 받으면 국토교통부 자격등록부에 등록이 되는데 다시 국토교통부에 신고하도록 하는 것은 이중규제로 사무소 개설신고는 폐지하고 종전의 등록된 상태이므로 협회에서 관리토록 함.

감정평가 및 감정평가사에 관한 법률 [법률 제13782호, 2016.1.19, 제정]	감정평가 및 감정평가사에 관한 법률 [법률 제18309호, 2021.7.20, 일부개정]

제21조(사무소 개설신고 등)
① 제17조에 따라 등록을 한 감정평가사가 감정평가업을 하려는 경우에는 국토교통부장관에게 감정평가사사무소의 개설신고를 하여야 한다. 신고사항을 변경하거나 감정평가업을 휴업 또는 폐업한 경우에도 또한 같다.
② 다음 각 호의 어느 하나에 해당하는 사람은 제1항에 따른 개설신고를 할 수 없다.
  1. 제18조 제1항 각 호의 어느 하나에 해당하는 사람
  2. 제32조 제1항(제1호, 제7호 및 제15호는 제외한다)에 따라 설립인가가 취소되거나 업무가 정지된 감정평가법인의 설립인가가 취소된 후 1년이 지나지 아니하였거나 업무정지 기간이 지나지 아니한 경우 그 감정평가법인의 사원 또는 이사였던 사람
  3. 제32조 제1항(제1호 및 제7호는 제외한다)에 따라 업무가 정지된 감정평가사로서 업무정지 기간이 지나지 아니한 사람
③ 감정평가사는 그 업무를 효율적으로 수행하고 공신력을 높이기 위하여 필요한 경우에는 대통령령으로 정하는 수 이상의 감정평가사로 구성된 합동사무소를 설치할 수 있다.
④ 감정평가사는 감정평가업을 하기 위하여 1개의 사무소만을 설치할 수 있다.
	제21조(사무소 개설 등)
	① 제17조에 따라 등록을 한 감정평가사가 감정평가업을 하려는 경우에는 감정평가사사무소를 개설할 수 있다. 〈개정 2021.7.20〉
	② 다음 각 호의 어느 하나에 해당하는 사람은 제1항에 따른 개설을 할 수 없다. 〈개정 2021.7.20〉
	  1. 제18조 제1항 각 호의 어느 하나에 해당하는 사람
	  2. 제32조 제1항(제1호, 제7호 및 제15호는 제외한다)에 따라 설립인가가 취소되거나 업무가 정지된 감정평가법인의 설립인가가 취소된 후 1년이 지나지 아니하였거나 업무정지 기간이 지나지 아니한 경우 그 감정평가법인의 사원 또는 이사였던 사람
	  3. 제32조 제1항(제1호 및 제7호는 제외한다)에 따라 업무가 정지된 감정평가사로서 업무정지 기간이 지나지 아니한 사람
	③ 감정평가사는 그 업무를 효율적으로 수행하고 공신력을 높이기 위하여 합동사무소를 대통령령으로 정하는 바에 따라 설치할 수 있다. 이 경우 합동사무소는 대통령령으로 정하는 수 이상의 감정평가사를 두어야 한다. 〈개정 2021.7.20〉
	④ 감정평가사는 감정평가업을 하기 위하여 1개의 사무소만을 설치할 수 있다.

지

⑤ 감정평가사사무소에는 소속 감정평가사를 둘 수
있다. 이 경우 소속 감정평가사는 제18조 제1항
각 호의 어느 하나에 해당하는 사람이 아니어야 하
며, 감정평가사사무소의 개설신고를 한 감정평가
사는 소속 감정평가사가 아닌 사람에게 제10조에
따른 업무를 하게 하여서는 아니 된다.
⑥ 감정평가사사무소의 개설신고 절차 및 그 밖에 필
요한 사항은 대통령령으로 정한다.

⑤ 감정평가사사무소에는 소속 감정평가사를 둘 수
있다. 이 경우 소속 감정평가사는 제18조 제1항
각 호의 어느 하나에 해당하는 사람이 아니어야
하며, 감정평가사사무소를 개설한 감정평가사는
소속 감정평가사가 아닌 사람에게 제10조에 따른
업무를 하게 하여서는 아니 된다. 〈개정 2021.7.20〉
⑥ 삭제 〈2021.7.20〉
[제목개정 2021.7.20]

쟁점 20 법규명령   A급

Ⅰ 법규명령의 의의

법규명령이라 함은 행정권이 제정하는 일반적·추상적 명령으로서 법규의 성질을 가지는 것을 말한다. 실무에서는 통상 명령이라는 용어를 사용하며, 법규명령은 행정권이 제정하는 법인 점에서 행정입법이라고도 부른다.

Ⅱ 법규명령의 근거

헌법 제76조는 대통령의 긴급명령 및 긴급재정·경제명령의 근거를, 제75조는 대통령령(위임명령과 집행명령)의 근거를, 제95조는 총리령과 부령(위임명령과 집행명령)의 근거를 두고 있다.

Ⅲ 법규명령의 종류

① 수권의 근거에 따른 분류로, 법률 또는 상위명령의 위임에 의해 제정되는 위임명령과, 상위법령의 집행을 위하여 필요한 사항의 법령의 위임없이 직권으로 발하는 집행명령이 있다.
② 권한의 소재를 근거에 따른 분류로 대통령령이 제정하는 명령인 대통령령(시행령), 총리가 발하는 명령인 총리령(시행규칙), 행정각부의 장이 발하는 명령인 부령(시행규칙)이 있다.

Ⅳ 법규명령의 한계

1. 위임명령의 한계

(1) 수권의 한계(포괄위임의 금지)

법률의 명령에 대한 수권은 일반적이고 포괄적인 위임은 금지되며, 구체적인 위임이어야 한다. 따라서 수권법률의 규정만으로 누구라도 위임명령에 규정될 내용을 대강 예측할 수 있어야 한다.

(2) 위임명령의 제정상 한계

위임명령은 수권의 범위 내에서 제정되어야 하며, 수권의 범위를 일탈하거나 상위법령에 위반하여서는 안 된다.

2. 집행명령의 한계

집행명령은 상위법령의 집행에 필요한 절차나 형식을 정하는 데 그쳐야 하며, 새로운 법규사항을 정하여서는 안 된다. 집행명령은 새로운 법규사항을 규정하지 않으므로 법령의 수권 없이 제정될 수 있다.

쟁점 **21**　법규명령의 사법적 통제　　　　　　　　　　　　　　B급

Ⅰ　의의

행정입법에 대한 사법적 통제라 함은 사법기관인 법원에 의한 통제 및 헌법재판소에 의한 통제를 말한다.

Ⅱ　법원에 의한 통제(구체적 규범통제)

1. 의의 및 내용

① 구체적 규범통제란 다른 구체적 사건에 대하여 소송을 제기하였을 때 그 사안의 근거가 된 법규명령이 재판의 전제가 된 경우에 법규명령의 위법성을 심사하는 제도를 말한다.

② 우리나라는 헌법 제107조 제1항에서 헌법재판소의 위헌법률심판, 동조 제2항에서 법원의 명령·규칙심사권을 규정하고 있어 구체적 규범통제 제도를 취한다. 통제의 주체로서 각급 법원이 통제하고, 대법원이 최종적인 심사권을 갖는다. 대상은 명령, 규칙이 통제 대상이 된다.

2. 재판의 전제성

구체적 규범통제를 위해서는 재판의 전제가 되어야 하는데 재판의 전제성이란 처분의 위법성이 법규명령 등에 기한 것일 때, 처분의 위법성 판단에 앞서 처분의 근거 법령인 법규명령의 위헌, 위법성을 먼저 결정하는 것을 말한다.

3. 통제의 효력

① 개별적 효력설은 위법한 명령은 당해 사건에 한하여 적용되지 않는 것으로 보며, ② 일반적 효력설은 위법한 명령의 경우 당해 명령은 효력이 상실하는 것으로 본다. ③ 대법원 판례는 "명령이 위법하다"라는 판결이 난 경우 당해 사건에서만 적용이 배제되는 것으로 보고 있다. ④ 따라서, 법령의 공백상태의 초래를 막기 위하여 개별적 효력설 및 대법원 판례 입장이 타당하다고 판단된다.

> ★ **처분적 법규명령에 대한 항고소송(직접적 통제, 법규명령 자체에 대한 항고소송)**
> → 법규명령(법령보충적 행정규칙 포함) 중 처분적 성질을 갖는 명령(처분적 명령)은 항고소송의 대상이 된다는 것이 대법원 판례 및 일반적 학계의 견해이다.

III 헌법재판소에 의한 통제(권리구제형 헌법소원)

1. 법규명령에 대한 헌법소원 인정 여부

(1) 문제점

현행 헌법상 법규명령에 대한 헌법소원(헌법재판소법 제68조 제1항의 헌법소원)이 가능한가에 대한 학계의 견해가 대립하고 있다.

(2) 학설

① 긍정설은 헌법소원은 기존의 구제제도에 대한 보충적인 구제제도이므로 법규명령이 국민의 기본권을 직접 침해한 경우 헌법소원을 통하여 다툴 수 있다고 본다. ② 부정설은 헌법상의 관할권의 배분의 관점 등을 고려할 때 법규명령의 헌법소원을 부정한다.

(3) 판례의 태도

헌법재판소는 명령, 규칙 그 자체에 의한 직접적인 기본권 침해 여부가 문제되었을 경우에는 바로 헌법소원을 청구할 수 있다(헌재결 1990.10.15, 89헌마178 全合)고 판시하고 있어 헌법재판소는 법규명령이 헌법소원의 대상이 되는지에 대하여 긍정하고 있다. 헌법소원제도의 기본권보장 제도로서의 기능을 보장하기 위하여 명령·규칙에 대한 헌법소원을 인정하는 것이 타당하다.

2. 헌법소원의 요건

법규명령이 국민의 기본권을 직접 침해한 경우 헌법소원을 통하여 다툴 수 있는 것이 원칙이다. 다만, 예외적으로 법규명령의 처분성이 인정되어 항고소송을 통해 법규명령의 효력을 직접 다툴 수 있는 경우에는 헌법소원의 보충성에 의해 헌법소원을 제기할 수 없다.

■ 구체적 규범통제에 대한 대법원 최근 판례

○ 대판 2015.1.15, 2013두14238(위임명령의 한계 및 그 판단기준)

위임명령에 규정될 내용 및 범위의 기본사항이 구체적으로 규정되어 있어서 누구라도 당해 법률이나 상위법령으로부터 위임명령에 규정될 내용의 대강을 예측할 수 있어야 하나, 이 경우 그 예측가능성의 유무는 당해 위임조항 하나만을 가지고 판단할 것이 아니라 그 위임조항이 속한 법률의 전반적인 체계와 취지 및 목적, 당해 위임조항의 규정형식과 내용 및 관련 법규를 유기적·체계적으로 종합하여 판단하여야 하며, 나 아가 각 규제 대상의 성질에 따라 구체적·개별적으로 검토함을 요한다.

○ 대판 2013.9.27, 2012두15234(위법한 법규명령의 효력)

대통령령에서 정한 '점용료 산정기준'은 각 지방자치단체 조례가 규정할 수 있는 점용료의 상한을 뜻하는 것으로 볼 수 있다. 그렇다면 구 양천구 조례 규정이 겉보기에 (구)도로법 시행령 규정과 일치하지 아니한다고 하여 바로 구 양천구 조례 규정이 위 법·무효라고 볼 수는 없고, 구 양천구 조례 규정은 (구)도로법 시행령이 정한 산정기준에 따른 점용료 상한의 범위 내에서 유효하고, 이를 벗어날 경우 그 상한이 적용된다는 취지에서 유효하다고 할 것이다.

쟁점 **22**　행정규칙　　　　　　　　　　　　　　　　　　　　　　　B급

I　의의

행정규칙이라 함은 행정조직 내부에서의 행정의 사무처리기준으로서 제정된 일반적·추상적 규범을 말한다. 실무에서의 훈령·통첩·예규 등이 행정규칙에 해당한다.

II　행정규칙의 외부적 구속력과 법적 성질

1. 학설

① **긍정설** : 행정규칙은 내부공무원을 구속하고 국가기관이 제정한 법률로 대외적 구속력을 인정하는 견해이다.

② **부정설** : 행정규칙은 단순 내부사무처리규정으로 대외적 구속력을 부정하는 견해이다.

2. 판례

판례는 원칙상 행정규칙을 행정청 내부사무처리규정으로 보아 대외적 구속력을 부정하였다. 감정평가실무기준의 법규성에 대하여 판례(대법원 2013두4620 판결)는 법규성이 없는 것으로 판시하고 있다.

> 감정평가에 관한 규칙에 따른 '감정평가 실무기준'(2013.10.22. 국토교통부 고시 제2013-620호)은 감정평가의 구체적 기준을 정함으로써 감정평가업자가 감정평가를 수행할 때 이 기준을 준수하도록 권장하여 감정평가의 공정성과 신뢰성을 제고하는 것을 목적으로 하는 것이고, 한국감정평가업협회가 제정한 '토지보상평가지침'은 단지 한국감정평가업협회가 내부적으로 기준을 정한 것에 불과하여 어느 것도 일반 국민이나 법원을 기속하는 것이 아니다(대판 2010.3.25. 2009다97062 등 참조)(대판 2014.6.12. 2013두4620).

3. 검토

상위법률의 위임 없는 행정청의 법률 입법은 3권분립 위반으로, 행정규칙의 대외적 구속력을 부정하는 것이 타당하다. 다만 재량준칙의 경우 자기구속의 원칙을 매개로 하여 간접적으로 대외적 구속력을 갖는다.

쟁점 23 법규명령 형식의 행정규칙　　　　　　　　　　　　　　A급

Ⅰ 의의

법규명령의 형식을 취하고 있지만 그 내용이 행정규칙의 실질을 가지는 것을 법규명령 형식의 행정규칙이라 한다.

Ⅱ 법적 성질

1. 문제점

제재적 처분기준이 법규명령의 형식으로 제정되었으나, 실질이 행정규칙인 경우 대외적 구속력 인정 여부가 문제된다.

2. 학설

① 법규명령설 : 규범의 형식을 중시하고, 국민의 법적 안정성과 예측가능성 등을 고려하여 그 실질이 법규로서의 성질을 지니게 된다고 보는 견해이다.

② 행정규칙설 : 규범의 실질과 구체적 타당성을 중시하여 행정규칙으로 보는 견해이다.

③ 수권여부기준설 : 상위법령의 수권이 있는지 여부에 따라 판단하는 견해이다.

④ 독자적 법형식설 : 법규명령도 행정규칙도 아닌 제3의 법형식이라는 견해이다.

3. 판례

① (구)식품위생법 시행규칙(부령)상 제재적 처분기준은 행정규칙으로 보아 법규성을 부정하였다.

② (구)청소년보호법 시행령(대통령령)상 과징금처분기준을 법규명령으로 보면서 그 처분기준은 최고한도로 보아 법규성을 긍정하였다.

4. 검토

부령의 경우에도 국민의 권리·의무에 영향을 주며 절차, 내용상 법규성을 인정할 필요가 있다. 따라서 상위법률의 구체적 타당성에 기여하는바 법규성을 인정하는 것이 타당하다.

쟁점 24   법령보충적 행정규칙   A급

Ⅰ 의의 및 인정 여부

법령보충적 행정규칙이란 법령의 위임에 의해 법령을 보충하는 법규사항을 정하는 행정규칙을 말한다. 법령보충적 행정규칙이라는 입법형식을 인정하는 것이 헌법상 가능한지에 관하여 견해의 대립이 있다.

Ⅱ 법적 성질

1. 학설

① **형식설**(행정규칙설) : 행정규칙 형식은 헌법에 규정된 법규의 형식이 아니므로 행정규칙으로 보아야 한다는 견해이다.

② **실질설**(법규명령설) : 이는 실질적으로 법의 내용을 보충함으로써 국민에게 직접적인 영향을 미치는 법규명령으로 보아야 한다는 견해이다.

③ **규범구체화 행정규칙설** : 행정규칙과는 달리 상위규범을 구체화하는 내용의 행정규칙이므로 법규성을 긍정해야 한다는 견해이다.

④ **위헌무효설** : 헌법에 명시된 법규명령은 대통령령, 총리령, 부령만을 인정하고 있으므로 행정규칙 형식의 법규명령은 헌법에 위반되어 위헌무효라는 견해이다.

⑤ **법규명령의 효력을 갖는 행정규칙설** : 법규와 같은 효력을 인정하더라도 행정규칙의 형식으로 제정되어 있으므로 법적 성질은 행정규칙으로 보는 견해이다.

2. 판례

판례는 국세청장훈령의 재산세사무처리규정은 상위법인 소득세법 시행령과 결합하여 법규성을 갖는다고 판시하였다. 토지가격비준표는 집행명령인 개별토지합동조사지침과 더불어 법령보충적 구실을 하는 법규적 성질을 갖는 것으로 보아야 한다고 판시하여 법규성을 인정하였다.

> 구 지가공시 및 토지 등의 평가에 관한 법률(1995.12.29. 법률 제5108호로 개정되기 전의 것) 제10조 제2항에 근거하여 건설부장관이 표준지와 지가산정대상 토지의 지가형성요인에 관한 표준적인 비교표로서 매년 관계 행정기관에 제공하는 토지가격비준표는 같은 법 제10조의 시행을 위한 집행명령인 개별토지가격합동조사지침과 더불어 법률보충적인 구실을 하는 법규적 성질을 가지고 있는 것으로 보아야 할 것인바, … (대판 1998.5.26. 96누17103 판결)
> 공익사업을 위한 토지 등의 취득 및 보상에 관한 법률(이하 '공익사업법'이라 한다) 제68조 제3항은 협의취득의 보상액 산정에 관한 구체적 기준을 시행규칙에 위임하고 있고, 위임 범위 내에서 공익사업

을 위한 토지 등의 취득 및 보상에 관한 법률 시행규칙 제22조는 토지에 건축물 등이 있는 경우에는 건축물 등이 없는 상태를 상정하여 토지를 평가하도록 규정하고 있는데, 이는 비록 행정규칙의 형식이나 공익사업법의 내용이 될 사항을 구체적으로 정하여 내용을 보충하는 기능을 갖는 것이므로, 공익사업법 규정과 결합하여 대외적인 구속력을 가진다(대판 2012.3.29, 2011다104253 판결).

3. 검토

법령보충적 행정규칙은 법령의 위임을 받아 제정되는 것으로, 수권법령과 결합하여 대외적 구속력을 지니므로 상위법령의 위임이 있는 경우 법규성을 인정함이 타당하다.

참고	위헌결정의 효력	B급

Ⅰ. 위헌인 법률에 근거한 처분의 효력

행정처분의 근거법률이 헌법재판소에 의하여 위헌결정을 받은 경우, 그 행정처분은 위헌인 법률에 근거한 처분이므로 당연히 위법하다.

문제는 위헌인 법률에 근거한 처분의 효력인데, 대법원은 처분에 근거가 되는 법률이 헌법에 위반된다는 점은 결과적으로 법률에 근거 없이 처분이 행하여진 것과 마찬가지이므로 하자의 중대성이 인정되나, 그것이 헌법재판소에 의하여 확정되기 전에는 일반인에게 명백한 것이라 할 수 없으므로 취소사유에 해당한다고 보고 있다.

Ⅱ. 위헌결정의 소급효 인정 여부

헌법재판소법 제47조 제2항은 위헌결정에 대하여 장래효를 인정하고 있는바, 개인의 권리구제차원에서 예외적으로 소급효를 인정할 수 있는지 문제된다.

이에 대해 대법원은 헌법재판소의 위헌결정의 효력은,

① 해당사건 : 위헌제청을 한 해당 사건
② 동종사건 : 위헌결정이 있기 전에 이와 동종사건의 위헌 여부에 관하여 헌법재판소에 위헌여부심판제청을 하였거나 법원에 위헌여부심판제청신청을 한 경우의 해당 사건
③ 병행사건 : 따로 위헌제청신청은 하지 아니하였지만 해당 법률 또는 법률의 조항이 재판의 전제가 되어 법원에 계속 중인 사건
④ 일반사건 : 위헌결정 이후에 제소된 일반사건에도 미친다고 하여 소급효의 인정범위를 확대하고 있다. 다만 일반사건 중 제소기간을 경과하여 불가쟁력이 발생한 행정처분은 위헌결정의 소급효가 미치지 않아 취소소송을 통한 구제가 불가능하다고 한다.

Ⅲ. 위헌인 법률에 근거한 처분의 집행력

1. 문제점

행정처분의 근거법률에 대해 위헌결정이 나온다 하더라도 그에 근거한 처분은 취소사유에 불과하므로 제소기간을 경과하여 불가쟁력이 발생한 처분은 확정적으로 유효한 것이 된다. 그에 따라 처분청은 이러한 유효성을 이유로 압류처분과 같은 강제집행수단을 동원하려고 할 것인바, 이처럼 위헌결정 이후에 확정된 처분의 집행을 위해 새로운 후속처분이 허용되는지 문제된다.

2. 학설
   ① 집행력 긍정설 : 제소기간을 경과하여 불가쟁력이 발생한 처분은 확정적으로 유효한 것이므로 당연히 집행력이 인정되어 확정된 처분의 집행을 위한 새로운 후속처분이 허용된다는 견해이다.
   ② 집행력 부정설 : 위헌인 법률에 근거한 처분에 의해 부과된 의무를 이행하지 않고 있는 상태에서 강제집행 등을 통해 그 의무의 이행을 강요하는 것은 위헌결정의 기속력에 반하고 실질적 법치주의에도 위반된다는 이유로 확정된 처분의 집행을 위한 새로운 후속처분은 허용되지 않는다는 견해이다.

3. 대법원 판례
   대법원은 "조세채권의 집행을 위한 체납처분의 근거규정 자체에 대하여는 따로 위헌결정이 내려진 바 없다고 하더라도, 위와 같은 위헌결정 이후에 조세채권의 집행을 위한 새로운 체납처분에 착수하거나 이를 속행하는 것은 더 이상 허용되지 않고, 나아가 이러한 의회결정의 효력에 위배하여 이루어진 체납처분은 그 사유만으로 하자가 중대하고 객관적으로 명백하여 당연무효"라고 판시하였는바, 집행력 부정설의 입장이다.

4. 검토
   위헌인 법률에 근거한 처분에 의해 부과된 의무를 이행하지 않고 있는 상태에서 강제집행 등을 통해 그 의무의 이행을 강요하는 것은 위헌결정의 기속력에 반하고 실질적 법치주의에도 위반된다고 보아 판례와 같이 집행력 부정설이 타당하다고 판단된다.

쟁점 **25** ## 행정행위의 개념   **A급**

Ⅰ 행정행위의 개념

행정행위란 행정청이 구체적인 사실에 대한 법집행으로서 행하는 외부에 대하여 직접적·구체적인 법적 효과를 발생시키는 권력적 단독행위인 공법행위를 말한다.

Ⅱ 행정행위의 개념요소 = 강학상 개념

1. 행정청의 행위

행정행위는 행정청의 행위이다. 행정청은 행정주체의 의사를 내부적으로 결정하고 이를 표시할 수 있는 권한을 갖고 있는 행정기관을 말한다.

2. 구체적 사실에 관한 법집행 행위

행정행위는 행정청이 행하는 "구체적 사실에 대한 법집행행위"이다. 행정행위는 행정청의 개별적·구체적 규율이라는 점에서 일반적·추상적 규율인 법규명령과 구별된다. 여기서 '개별적'인가 '일반적'인가는 규율의 수범자에 관련된 징표이며, '구체적'인가 '추상적'인가는 규율의 대상, 즉 사안(事案)에 관련된 징표이다.

3. 권력적 단독행위

행정행위는 공권력의 행사로서 행정청이 일방적으로 국민에 권리를 부여하거나 의무를 명하는 행위이어야 한다. 따라서 공법상 계약이나 행정지도와 같은 비권력적 작용은 행정행위에 해당하지 않는다.

4. 공법행위

행정행위는 행정청의 법적 행위 중에서 공법행위에 제한된다. 이에 따라 행정행위는 사법의 규율을 받는 행정청의 사법행위(私法行爲)와 구별된다. 따라서 물자를 조달하는 행위나 담배·인삼의 전매행위 같은 수익경제적 활동이나 공적인 임무수행행위이기는 하나 사법계약의 형식을 취하는 행정사법작용(行政私法作用)은 행정행위에 해당하지 않는다.

Ⅲ 행정기본법상 처분과 제재처분 = 실무상 개념

> 행정기본법 제2조 제4호 : "처분"이란 행정청이 구체적 사실에 관하여 행하는 법 집행으로서 공권력의 행사 또는 그 거부와 그 밖에 이에 준하는 행정작용을 말한다.
>
> 행정기본법 제2조 제5호 : "제재처분"이란 법령 등에 따른 의무를 위반하거나 이행하지 아니하였음을 이유로 당사자에게 의무를 부과하거나 권익을 제한하는 처분을 말한다. 다만, 제30조 제1항 각 호에 따른 행정상 강제는 제외한다.

■ 일반처분

1. 일반처분의 의의

   일반처분이란 행정청의 일반적·구체적 규율, 즉 불특정 다수인을 상대로 구체적인 법적 효과를 가져오는 행위를 말한다. 다만, 일반적·구체적 규율이 일반처분이 되기 위하여는 규율의 수범자가 시간적, 공간적으로 어느 정도 특정이 가능하여야 한다.

2. 일반처분의 종류

   ① 물적 행정행위 : 직접적으로는 물건의 상태에 대한 규율이지만 간접적 효과로서 물건의 소유자 또는 사용자의 권리나 의무에 영향을 주는 행위이다.

   ② 인적 일반처분 : 불특정 다수인을 대상으로 하는 구체적 규율이다.

3. 일반처분의 특징

   ① 사전통지 및 의견청취 절차의 생략

      일반처분은 처분의 상대방을 특정할 수 없으므로 '처분의 성질상 의견청취가 현저히 곤란'한 경우에 해당한다(행정절차법 제21조 제4항 제3호, 제22조 제4항). 따라서 행정절차법상 사전통지 및 의견청취 절차가 생략된다(대판 2008.6.12, 2007두1767).

   ② 처분의 효력발생일에 처분이 있음을 알았다고 간주

      인적 일반처분은 처분의 상대방을 특정할 수 없기 때문에 판례는 행정처분에 이해관계를 갖는 자가 고시 또는 공고가 있었다는 사실을 현실적으로 알았는지 여부에 관계 없이 고시가 효력을 발생하는 날에 행정처분이 있음을 알았다고 '간주'하고 그때부터 90일 이내에만 취소소송을 제기할 수 있다고 보고 있다(대판 2007.6.14, 2004두619).

   ③ 물적 행정행위

      물적행정행위는 경우에 따라 처분의 상대방이 특정되는 경우도 있는데, 판례는 개별공시지가결정은 행정편의상 일단의 각 개별토지에 대한 가격결정을 일괄하여 행정기관 게시판에 결정·공시하여 고지하는 것일 뿐 그 처분의 효력은 각각의 토지소유자에 대하여 각별로 발생하는 것이므로 개별공시지가결정의 결정·공시는 결정·공시일로부터 그 효력을 발생하지만 처분 상대방인 토지소유자가 그 결정·공시일에 개별공시지가결정이 있음을 알았다고까지 의제할 수는 없다고 판시(대판 1993.12.24, 92누17204)한 바 있다. 부동산가격공시법에서는 개별공시지가에 대하여 개별통지(부동산공시법 시행령 제21조 제3항)를 할 수 있는 규정을 두고 있으나 3,600만여 필지의 개별공시지가를 모두 개별 통지하기는 현실적으로 어려움이 있어 동법 시행령 제21조 제2항에서 시장·군수 또는 구청장은 개별공시지가를 공시할 때에는 해당 시·군 또는 구의 게시판 또는 인터넷 홈페이지에 게시하여야 한다고 규정하고 있다. 따라서 개별공시지가의 제소기간에 대한 판단은 해당 시·군 또는 구의 게시판 또는 인터넷 홈페이지에 게시하고 매년 전국적으로 반복적인 행위를 하기 때문에 개별공시지가의 결정·공시일이 효력발생일인 만큼 대법원 2004두619 판결을 논거로 결정·공시일을 안 날로 간주하여 제소기간을 기산하도록 하고, 현장실무에서는 부동산가격공시알리미 싸이트를 통해 개별공시지가의 열람과 의견청취를 할 수 있도록 제도화하였다.

쟁점 26   행정행위의 분류   B급

Ⅰ 법률행위적 행정행위

1. 명령적 행위

① 하명 : 하명이란 행정청이 국민에게 작위, 부작위, 급부 또는 수인의무를 명하는 행위를 말한다. 이 중 부작위의무를 명하는 행위를 금지라 한다.

② 허가 : 허가란 법령에 의한 자연적 자유에 대한 상대적 금지를 일정한 요건을 갖춘 경우 해제하여 일정한 행위를 적법하게 할 수 있게 하는 행정행위를 말한다.

③ 면제 : 면제란 법령에 의해 정해진 작위의무, 급부의무 또는 수인의무를 해제해 주는 행정행위를 말한다.

2. 형성적 행위

① 특허 : 특허란 상대방에게 직접 권리, 능력, 법적지위, 포괄적 법률관계를 설정하는 행위를 말한다.

② 인가 : 인가란 타인의 법률적 행위를 보충하여 그 법률적 효력을 완성시켜 주는 행정행위를 말한다.

③ 공법상 대리 : 공법상 대리란 제3자가 하여야 할 행위를 행정기관이 대신하여 행함으로써 제3자가 스스로 행한 것과 같은 효과를 발생시키는 형성행위를 말한다.

Ⅱ 준법률행위적 행정행위

① 확인 : 확인이란 특정한 사실 또는 법률관계의 존부 또는 정부에 관하여 의문이 있거나 다툼이 있는 경우에 행정청이 이를 공권적으로 확인하는 행위를 말한다.

② 공증 : 공증이란 특정한 사실 또는 법률관계의 존재를 공적으로 증명하는 행정행위를 말한다.

③ 통지 : 통지란 특정인 또는 불특정 다수인에게 특정한 사실을 알리는 행정행위를 말한다.

④ 수리 : 수리란 타인의 행위를 행정청이 적법한 행위로 받아들이는 행위를 말한다.

> 이처럼 간이한 절차만을 거치는 협의 성립의 확인에, 원시취득의 강력한 효력을 부여함과 동시에 사법상 매매계약과 달리 협의 당사자들이 사후적으로 그 성립과 내용을 다툴 수 없게 한 법적 정당성의 원천은 사업시행자와 토지소유자 등이 진정한 합의를 하였다는 데에 있다. 여기에 공증에 의한 협의 성립 확인 제도의 체계와 입법 취지, 그 요건 및 효과까지 보태어 보면, 토지보상법 제29조 제3항에 따른 협의 성립의 확인 신청에 필요한 동의의 주체인 토지소유자는 협의 대상이 되는 '토지의 진정한 소유자'를 의미한다. 따라서 사업시행자가 진정한 토지소유자의 동의를 받지 못한 채 단순히 등기부상 소유명의자의 동의만을 얻은 후 관련 사항에 대한 공증을 받아 토지보상법 제29조 제3항에 따라 협의 성립의 확인을 신청하였음에도 토지수용위원회가 신청을 수리하였다면, 수리 행위는 다른 특별한 사정

이 없는 한 토지보상법이 정한 소유자의 동의 요건을 갖추지 못한 것으로서 위법하다. 진정한 토지소유자의 동의가 없었던 이상, 진정한 토지소유자를 확정하는 데 사업시행자의 과실이 있었는지 여부와 무관하게 그 동의의 흠결은 위 수리 행위의 위법사유가 된다. 이에 따라 진정한 토지소유자는 수리 행위가 위법함을 주장하여 항고소송으로 취소를 구할 수 있다(대판 2018.12.13, 2016두51719 판결[협의성립확인신청수리처분취소]).

쟁점 27 기속행위와 재량행위 B급

I 의의

기속행위는 행정작용의 근거가 되는 법규의 내용이 일의적·확정적으로 규정되어 있어서 행정청이 기계적으로 법규를 집행하는 데 그치는 행정행위를 말한다. 그에 반해 재량행위는 법규의 해석상 행정청에 행위 여부(결정재량)나 행위내용에 대한 선택의 가능성(선택재량)이 있어서 여러 행위 중 하나를 선택할 수 있는 자유가 행정청에게 주어진 행정행위를 말한다.

II 구별기준

1. 학설 및 판례

① 요건재량설은 재량이 요건사실의 존부의 인정에 있어서만 인정한다고 보며, ② 효과재량설은 재량이 효과선택에 있어서 인정된다고 한다. ③ 기본권기준설은 상기 학설이 재량이 인정되는 영역 중 일면만을 강조한 것으로 타당하지 않으며, 양자 구별을 위해 기본권의 최대한 보장과 공익성 등을 고려해야 한다고 본다. ④ 종합설은 1차적으로 법문표현·관련규정·입법취지 고려 법문표현이 불분명한 경우 종합적 고려해야 한다고 한다.

판례는 관련 법령에 대한 종합적인 판단을 전제로 하면서 효과재량설을 기준으로 활용하거나 공익성을 구별기준으로 들기도 한다.

2. 검토

재량은 입법자의 의사에 의해 행정기관에 부여되는 것이므로 법령규정이 일차적 기준이 된다. 다만, 법령규정이 명확하지 않는 경우에는 해당 행위의 근거법규의 취지와 목적, 해당 행위의 성질 등을 고려하여 기속·재량 여부를 결정해야 할 것이다. 판례 역시 해당 행위의 근거법규의 문언, 해당 행위의 성질, 해당 행위가 속하는 행정 분야의 주된 목적과 특성 등을 모두 고려하여 사안에 따라 개별적으로 판단해야 한다는 것을 기본적인 입장으로 하면서도, 수익적 처분은 원칙적으로 재량행위라고 하여 성질설을 보충적인 기준으로 활용하고 있다. 생각건대, 상기 구별에 대해 단일기준보다는 법령 검토를 일차적으로 하되, 기본권 및 공익성 등 모두 종합적으로 고려하여 판단하는 것이 타당하다고 생각된다.

III 구별실익

1. 사법심사 방식의 차이

기속행위의 경우 법원이 사실인정과 관련 법규의 해석·적용을 통하여 일정한 결론을 도출한 후 그 결론에 비추어 행정청이 한 판단의 적법 여부를 독자의 입장에서 판정하는 방식에 의하게 되나, 재량행위의 경우 행정청의 재량에 기한 공익판단의 여지를 감안하여 법원은 독자의 결론을 도출함이 없이 해당 행위에 재량권의 일탈·남용이 있는지 여부만을 심사하게 된다. 또한 법원에서 처분의 일부에 대한 위법성이 인정될 때, 법원은 재량행위의 경우에는 처분청의 재량권을 존중하는 차원에서 전부취소를 하나, 기속행위의 경우에는 일부취소를 하기도 한다.

2. 부관의 부가가능성 여부

재량행위에 대해서는 법률에 근거가 없어도 부관을 붙일 수 있으나(행정기본법 제17조 제1항), 기속행위의 경우에는 법률에 근거가 있는 경우에 한하여 부관을 붙일 수 있다(행정기본법 제17조 제2항).

3. 공권의 성립과의 관계

기속행위의 경우에는 특정행위를 해줄 것을 요구할 수 있는 권리(특정행위발급청구권)가 인정된다. 그에 반해 재량행위의 경우에는 특정행위를 해줄 것을 요구할 수는 없고, 다만 하자 없는 재량을 행사해 줄 것을 요구할 수 있는 무하자재량행사청구권만 인정된다.

Ⅳ 재량의 하자와 권리구제

행정청은 재량이 있는 처분을 할 때에는 관련 이익을 정당하게 형량하여야 하며, 그 재량권의 범위를 넘어서는 아니 된다(행정기본법 제21조). 만약 이러한 재량권의 범위를 넘는 행위에 대해서는 법원은 이를 취소할 수 있다(행정소송법 제27조). 한편, 재량의 한계를 넘지는 않았으나 그렇다고 타당하다고 할 수도 없는 경우, 즉 부당한 행위는 행정소송을 통해서 구제받을 수는 없으나(행정소송법 제4조), 행정심판을 통해서는 구제받을 수 있다(행정심판법 제5조).

Ⅴ 요건충족에 따른 효과의 부여(법령 외의 사유로 인한 거부처분의 적법성)

1. 개설

행정청은 기속행위에 있어서는 요건이 충족되면 반드시 법에 정해진 효과를 부여하여야 하지만, 재량행위에 있어서는 요건이 충족되어도 공익과의 이익형량을 통하여 법에 정해진 효과를 부여하지 않을 수도 있다.

2. 판례 및 검토

① 건축허가와 같은 기속행위인 거부인 경우 법령 외의 사유인 주민의 동의가 없다는 이유로 거부할 수 없다고 하였으나, ② 주택사업계획승인과 같은 재량행위 거부는 자연환경보전 등 중대한 공익은 재량권 행사로서 법령에 근거 없어도 거부가 가능하다고 판시하였다. 생각건대, 재량행위 경우 법령 외의 사유로 거부가 가능하나, 그러한 경우에도 재량행위의 일탈·남용·해태가 없어야 한다.

쟁점 28　판단여지　　　　　　　　　　　　　　　　　　　　　　　　　C급

Ⅰ　의의

판단여지란 법률요건에 불확정개념의 해석에 있어 사법심사가 배제되는 행정청의 전문적인 판단영역을 말한다. 즉 법률이 행위요건을 규정함에 있어서 불확정법개념을 사용하는 경우가 있는데, 이러한 불확정개념에 대한 행정청의 평가 및 결정에 대하여 사법부가 그 정당성을 판단하는 것이 불가능하거나 합당하지 않아서 행정청의 판단을 존중해 줄 수밖에 없는 영역을 판단여지라고 한다.

Ⅱ　인정 여부(재량과의 구분)

1. 학설

① 긍정설 : 판단여지는 법률요건에 대한 인식의 문제이지만 재량은 법률효과의 선택의 문제라는 점, 재량은 입법자에 의하여 부여되지만 판단여지는 법원에 의하여 주어지는 점 등을 고려할 때 양자를 구별하는 것이 타당하다는 견해이다.

② 부정설 : 재량과 판단여지는 모두 법원에 의한 사법심사의 배제라는 측면에서 동일하므로 이를 구별할 실익이 없다는 견해이다.

2. 대법원 판례

① 판례는 감정평가시험의 합격기준, 공무원임용면접전형, 사법시험출제, 교과서 검정처분을 재량의 문제로 보고 있어 구별하지 않는 것으로 보인다. ② 감정평가시험을 실시함에 있어 어떠한 합격기준을 선택할 것인가는 시험실시기관인 행정청의 고유한 정책적 판단에 맡겨진 것으로서 자유재량에 속한다.

3. 검토

재량과 판단여지는 그 개념, 필요성, 인정 근거, 내용, 인정기준 및 범위 등에서 차이가 있으므로 양자를 구별하는 것이 타당하다.

Ⅲ　판단여지의 내용

1. 적용영역

① 공무원에 대한 근무평가 및 시험에 있어서 성적의 평가와 같은 타인이 대체할 수 없는 결정(비대체적인 결정)

② 예술, 문화, 도덕의 영역에 있어서 고도의 전문가로 구성된 직무상 독립성을 갖는 위원회의 결정(구속적인 가치평가)

③ 환경행정 또는 경제행정 분야 등에서 행정청이 고도의 전문가로서 내린 미래예측결정

④ 경제정책, 사회정책 및 교통정책 등, 행정정책적 결정 등

Ⅳ 판단여지의 한계

판단여지는 판단기관의 적법 구성, 절차규정 준수, 정당한 사실관계 판단 여부, 일반원칙 위반 여부 등에 있어서 한계를 지닌다.

쟁점 29   행정행위의 부관   B급

> **행정기본법 제17조(부관)**
> ① 행정청은 처분에 재량이 있는 경우에는 부관(조건, 기한, 부담, 철회권의 유보 등을 말한다. 이하 이 조에서 같다)을 붙일 수 있다.
> ② 행정청은 처분에 재량이 없는 경우에는 법률에 근거가 있는 경우에 부관을 붙일 수 있다.
> ③ 행정청은 부관을 붙일 수 있는 처분이 다음 각 호의 어느 하나에 해당하는 경우에는 그 처분을 한 후에도 부관을 새로 붙이거나 종전의 부관을 변경할 수 있다.
>   1. 법률에 근거가 있는 경우
>   2. 당사자의 동의가 있는 경우
>   3. 사정이 변경되어 부관을 새로 붙이거나 종전의 부관을 변경하지 아니하면 해당 처분의 목적을 달성할 수 없다고 인정되는 경우
> ④ 부관은 다음 각 호의 요건에 적합하여야 한다.
>   1. 해당 처분의 목적에 위배되지 아니할 것
>   2. 해당 처분과 실질적인 관련이 있을 것
>   3. 해당 처분의 목적을 달성하기 위하여 필요한 최소한의 범위일 것

I   부관의 개념

행정행위의 부관이란 행정행위의 효과를 제한하거나 보충하기 위하여 주된 규율에 부가된 종된 규율을 말한다.

II   재량처분과 부관, 부관의 종류(행정기본법 제17조 제1항)

행정청은 처분에 재량이 있는 경우에는 부관을 붙일 수 있다(행정기본법 제17조 제1항).

1. 조건

조건이란 행정행위의 효과의 발생 또는 소멸을 장래의 불확실한 사실에 의존케 하는 부관을 말한다. 조건은 효력의 발생에 관한 정지조건과 소멸에 관한 해제조건으로 구분된다.

2. 기한

기한이란 행정행위의 효과의 발생·소멸 또는 계속을 시간적으로 정한 부관을 말한다. 기한에는 시기, 종기, 기간 등이 있다.

3. 부담

부담이란 행정행위의 주된 내용에 부가하여 그 행정행위의 상대방에게 작위, 부작위, 급부, 수인 등의 의무를 부과하는 부관을 말한다. 부담은 그 자체가 행정행위의 성질을 가지고 있으므로 부담만이 항고소송의 대상이 될 수 있다.

4. 철회권유보

철회권유보란 장래의 일정한 사유가 발생하는 경우에는 그 행정행위를 철회할 수 있음을 정한 부관을 말한다.

Ⅲ 부관의 한계

1. 부관의 가능성

종래에는 기속행위는 부관의 부착이 불가능하나 재량행위에는 가능하다고 보았다. 행정기본법 제17조 제2항은 "행정청은 처분에 재량이 없는 경우에는 법률에 근거가 있는 경우에 부관을 붙일 수 있다."고 규정한다. 처분에 재량이 없는 경우란 기속처분을 말한다. 따라서 행정기본법 제17조 제2항은 기속행위의 경우에는 법률에 근거가 있는 경우에 부관을 붙일 수 있다는 것을 규정하고 있는 셈이다.

2. 부관의 내용상 한계(위법성 검토)

① 부관은 법령에 위배되지 않는 범위 내에서 붙일 수 있으며, ② 행정행위의 목적에 위배하여 붙일 수 없으며, ③ 평등원칙, 비례원칙, 행정권한의 부당결부금지원칙 등 법의 일반원칙에 위배하여 붙일 수 없다. 또한 ④ 부관은 이행 가능하여야 하며, ⑤ 주된 행정행위의 본질적 효력을 해하지 않는 한도의 것이어야 한다(대판 1990.4.27, 89누6808).

3. 사후부관, 부관의 사후변경(행정기본법 제17조 제3항)

> **행정기본법 제17조 제3항**
> ③ 행정청은 부관을 붙일 수 있는 처분이 다음 각 호의 어느 하나에 해당하는 경우에는 그 처분을 한 후에도 부관을 새로 붙이거나 종전의 부관을 변경할 수 있다.
>   1. 법률에 근거가 있는 경우
>   2. 당사자의 동의가 있는 경우
>   3. 사정이 변경되어 부관을 새로 붙이거나 종전의 부관을 변경하지 아니하면 해당 처분의 목적을 달성할 수 없다고 인정되는 경우

Ⅳ 독립쟁송 가능성 및 쟁송형태(소송요건의 문제)

1. 학설

① 부담만의 독립쟁송 가능성을 인정하는 견해 : 부담인 경우에는 그 자체로 행정행위의 성격을 갖고 있기 때문에 독립하여 쟁송대상이 되나, 그 외의 부관은 행정행위가 아니므로 쟁송대상이 될 수 없고 부관부 행정행위 전체를 소의 대상으로 해야 한다는 견해이다.
② 분리가능성설 : 부관이 분리가능한 경우에는 독립하여 쟁송의 대상이 되나, 부관이 주된 행정행위의 본질적인 일부를 이루고 있는 한, 부관부 행정행위 전체를 소의 대상으로 해야 한다는 견해이다.

③ **모든 부관 가능성설** : 부관의 위법성이 존재하는 한 그 종류를 불문하여 소의 이익이 있다면 모든 부관에 대하여 독립하여 쟁송을 제기할 수 있다는 견해이다.

2. 판례

판례는 부담과 그 외의 부관을 구별하여, 부담은 독립쟁송 가능하나, 그 외의 부관은 주된 행정행위와 불가분적 요소를 이루고 있기 때문에 독립하여 쟁송의 대상이 될 수 없고, 부관부 행정행위 전체를 대상으로 하여야 한다고 판시하였다.

3. 검토

부담은 독립된 처분이므로 진정(또는 부진정)일부취소소송으로 다투고, 그 외의 부관에 대한 판례의 입장을 따를 경우 수익적 행정행위 자체도 상실하는 결과를 가져오거나 원고의 권리보호가 우회적이라는 점에서 문제점이 있는바, 부진정일부취소소송의 형태를 제기해야 한다는 견해가 타당하다.

V 독립취소가능성(본안판단의 문제)

1. 학설

① **기속행위와 재량행위 구별설** : 기속행위와 재량행위를 구별하여 기속행위에만 독립취소가능성을 인정하는 견해이다.

② **분리가능성설** : 부관이 주된 행정행위의 본질적인 부분인지에 따라 판단하고, 분리가 가능하다면 독립취소가 가능하다는 견해이다.

③ **전부가능성설** : 위법한 모든 부관에 있어 부관만 취소가 가능하다는 견해이다.

2. 판례

판례는 부관이 본질적인 부분인 경우 독립쟁송가능성 자체를 인정하지 않으므로 독립취소가능성의 문제는 제기되지 않는다. 판례에 의하면 독립쟁송가능성이 인정되는 경우(부담의 경우) 독립취소가 가능하지만 그렇지 않은 경우에는 분리가능성, 중요요소인지 여부를 가지고 판단한다.

3. 검토

국민의 권익구제와 행정목적의 실현을 적절히 조절하기 위해서, 부관이 주된 행정행위의 본질적인 부분인지에 따라 독립취소가능성을 판단하는 분리가능성설이 타당하다.

쟁점 30 행정행위의 효력 중 공정력과 구성요건적 효력 A급

Ⅰ 공정력

공정력이란 행정행위가 무효가 아닌 한 상대방 또는 이해관계인은 행정행위가 권한 있는 기관에 의해 취소되기까지는 그의 효력을 부인할 수 없다는 힘을 말한다. 이는 당사자를 구속하는 효력을 지닌다.

Ⅱ 구성요건적 효력

구성요건적 효력이란 유효한 행정행위가 존재하는 한 모든 행정기관과 법원은 처분의 존재 및 그 효과를 인정해야 함을 의미하며, 이는 타 기관을 구속하는 효력을 지닌다.

Ⅲ 공정력, 구성요건적 효력과 선결문제

선결문제란 행정행위의 적법 내지 효력 유무를 항고소송의 관할법원 이외의 법원, 즉 민사법원과 형사법원이 심리·판단할 수 있는지의 문제이다. 종래의 학설은 이를 공정력과 관련하여 언급하여 왔으나, 이는 다른 국가기관에 대한 구속력이란 점에서 구성요건적 효력과 관련하여 다루어질 문제라 보기에 이하 선결문제는 구성요건적 효력의 문제로 논한다.

Ⅳ 공정력의 실정법적 근거

행정기본법 제15조에서 "처분은 권한이 있는 기관이 취소 또는 철회하거나 기간의 경과 등으로 소멸되기 전까지는 유효한 것으로 통용된다. 다만, 무효인 처분은 처음부터 그 효력이 발생하지 아니한다."고 규정하고 있다.

쟁점 31 선결문제   A급

I 의의 및 논의의 배경

선결문제란 처분 등의 효력 유무 또는 위법 여부가 판결의 전제가 되는 문제이다. 행정소송법 제11조 제1항은 처분의 효력 유무 또는 존재 여부에 대해서 민사소송에서 선결문제로 심리 가능하다는 점을 규정하고 있으나, 행정행위의 하자가 취소사유에 불과한 경우에는 이에 관한 명문규정이 없기 때문에 해석론에 의거하여 판단하여야 한다.

II 민사사건과 선결문제

1. 행정행위의 위법 여부가 쟁점인 경우(국가배상청구소송)

(1) 학설

① 부정설은 행정소송법 제11조를 제한적으로 해석하여 구성요건적 효력은 행정행위의 적법성 추정력을 의미하므로 민사법원은 행정행위의 위법성을 판단할 수 없다는 견해이며, ② 긍정설은 행정소송법 제11조를 예시적으로 해석하여 구성요건적 효력은 유효성의 통용력을 의미하므로 해당 행정행위의 위법성을 판단할 수 있다는 견해이다.

(2) 판례

계고처분이 위법임을 이유로 손해배상을 청구한 사안에서 미리 그 행정처분의 취소판결이 있어야만 손해배상을 청구할 수 있는 것은 아니라고 판시하여 긍정설의 입장을 취하고 있다.

(3) 검토

민사법원이 위법성을 확인해도 행정행위의 효력을 부정하는 것이 아니므로 긍정설이 타당하다.

2. 행정행위의 효력 유무가 쟁점인 경우(부당이득청구소송)(35회 기출)

(1) 학설

무효인 행정행위는 구성요건적 효력이 없어 민사법원은 선결문제가 무효임을 전제로 본안판단이 가능하다는 것이 학설과 판례의 입장이다. 그러나 단순위법(취소사유)인 경우에는 민사법원은 위법성을 판단할 수 있으나 행정행위의 구성요건적 효력으로 인해 행정행위의 효력을 부인할 수 없다고 본다.

(2) 판례

과세처분의 하자가 취소할 수 있는 정도에 불과할 때, 과세청이 이를 스스로 취소하거나, 항고소송으로 취소되지 않는 한 부당이득이라 할 수 없다고 판시하였다.

Ⅲ 형사사건과 선결문제

1. 문제점

행정행위의 무효 시 형사법원의 판단이 가능하다. 그러나 취소사유인 경우 효력부인이 가능한지 여부가 문제된다.

2. 학설

① 긍정설은 신속한 권리구제 및 형사사건의 특성상 국민의 권익보호를 위해 효력을 인정하는 견해이며, ② 부정설은 행정행위의 구성요건적 효력으로 인해 효력을 부인할 수 없다는 견해이다.

3. 판례 및 검토

미성년자에 대한 운전면허 발급은 취소 전까지 무면허 운전이라고 볼 수 없다고 판시하여, 판례는 부정설의 입장을 취하고 있다. 이러한 판례의 부정설은 일면 타당하지만, 형사소송과 관련하여 신속한 권리구제를 통해 인권을 충분하게 보장하기 위해서는 긍정하는 것이 타당하다.

쟁점 32   불가쟁력과 불가변력   B급

Ⅰ   불가쟁력(형식적 확정력)

행정행위에 대한 쟁송제기기간이 경과한 경우에는 더 이상 그에 대하여 다툴 수 없게 하는 행정행위의 효력을 불가쟁력이라고 한다.

불가쟁력이 발생한 행정행위에 대한 행정심판 및 행정소송의 제기는 부적법한 것으로 각하된다. 다만 무효인 행정행위는 쟁송제기기간의 제한을 받지 않으므로 불가쟁력이 발생하지 않는다(행정심판법 제27조 제7항, 행정소송법 제20조·제38조 제1항).

Ⅱ   불가변력(자박력)

불가변력이란 행정행위를 한 행정청이 해당 행정행위를 직권으로 취소 또는 변경할 수 없게 하는 힘을 말하며, 이런 불가변력은 행정심판의 재결과 같은 준사법적 행정행위에서 인정된다.

Ⅲ   양자의 관계

불가쟁력과 불가변력은 다음과 같이 서로 상이한 내용을 갖는다.

① 불가쟁력은 행정행위의 상대방 및 이해관계인에 대한 효력인데 반하여 불가변력은 처분청 등 행정기관에 대한 효력이며,

② 제소기간이 경과하여 불가쟁력이 발생한 행정행위라 할지라도 불가변력이 발생되지 않는 한 권한있는 기관에 의하여 취소·철회 내지는 변경하는 것이 가능하다.

③ 불가변력이 있는 행위가 당연히 불가쟁력을 가지는 것은 아니기 때문에 불가변력이 있는 행정행위도 쟁송제기기간이 경과하기 전에는 쟁송을 제기하여 그 효력을 다툴 수 있게 된다.

④ 불가쟁력은 모든 행정행위에서 인정될 수 있지만, 불가변력은 준사법적 행정행위 등 아주 제한된 경우에만 인정된다.

Ⅳ   불가쟁력이 발행한 경우에도 일정한 조건 충족 시 처분의 재심사

행정기본법은 행정처분에 불가쟁력이 발생한 경우에도 일정한 조건이 충족되는 경우에 취소나 철회 또는 변경을 신청할 수 있도록 하는 처분의 재심사제도를 도입하였다. 행정기본법 제37조에 따르면 ① 처분의 근거가 된 사실관계 또는 법률관계가 추후에 당사자에게 유리하게 바뀐 경우, ② 당사자에게 유리한 결정을 가져다주었을 새로운 증거가 있는 경우, ③ 「민사소송법」 제451조에 따른 재심사유에 준하는 사유가 발생한 경우 등 대통령령으로 정하는 경우에 불가쟁력이 발생한 처분의 취소, 철회, 변경을 구하는 재심사를 신청할 수 있다.

쟁점 33   불가쟁력이 발생한 경우 처분의 재심사 제도   C급

Ⅰ 의의

처분의 재심사란 처분에 불가쟁력이 발생한 경우라도 해당 처분을 한 행정청에게 그 처분의 취소, 철회, 변경을 신청할 수 있는 제도이다(행정기본법 제37조).

Ⅱ 재심사의 대상이 되는 처분

1. 불가쟁력이 발생한 처분

재심사의 대상이 되는 처분은 행정심판의 청구기간이 경과하거나 행정소송의 제소기간이 도과하여 불가쟁력이 발생한 처분을 말한다.

2. 적용배제

① 제재처분과 행정상 강제
② 법원의 확정판결이 있는 경우
③ 행정기본법 제37조 제8항이 정하는 사항의 경우

Ⅲ 재심사 사유

① 처분의 근거가 된 사실관계 또는 법률관계가 추후에 당사자에게 유리하게 바뀐 경우
② 당사자에게 유리한 결정을 가져다주었을 새로운 증거가 있는 경우
③ 민사소송법 제451조에 따른 재심사유에 준하는 사유가 발생한 경우 등 대통령령으로 정하는 경우에 당사자는 재심사를 신청할 수 있다(행정기본법 제37조 제1항). 다만, 재심사 신청은 처분의 상대방이 행정절차나 행정심판 그리고 행정소송 및 그 밖의 쟁송에서 당사자가 중과실 없이 재심사 사유를 주장하지 못한 경우에만 할 수 있다(행정기본법 제37조 제2항).

Ⅳ 재심사의 당사자

처분의 재심사는 당사자, 즉 처분의 상대방만이 신청할 수 있다(행정기본법 제37조 제1항). 따라서 처분의 제3자는 행정기본법상 재심사 제도를 이용할 수 없다. 재심사 신청의 상대방은 해당 처분을 한 행정청이다. 이 점에서 처분에 대한 이의신청(행정기본법 제36조)과 같다.

V 재심사 절차 및 재심사 결과에 대한 불복

1. 신청기간

재심사는 당사자가 재심사 사유를 안 날부터 60일 이내에 하여야 한다. 다만, 처분이 있은 날부터 5년이 지나면 신청할 수 없다(행정기본법 제37조 제3항).

2. 재심사 결과의 통지

재심사 신청을 받은 행정청은 특별한 사정이 없으면 신청을 받은 날부터 90일(합의제 행정기관은 180일) 이내에 처분의 재심사 결과를 신청인에게 통지하여야 한다. 다만 부득이한 경우에는 90일(합의제 행정기관은 180일의 범위)에서 한 차례 연장할 수 있으며, 이 경우 연장사유를 신청인에게 통지하여야 한다(행정기본법 제37조 제4항).

3. 재심사 결과에 대한 불복 및 직권취소등과의 관계

재심사 결과는 처분의 유지(기각 또는 각하)와 처분의 취소·철회·변경(인용)인데(행정기본법 제37조 제4항), 이 중 처분을 유지하는 결과에 대해서는 행정심판이나 행정소송 그 밖에 쟁송수단을 통하여 불복할 수 없다(행정기본법 제37조 제5항). 행정기본법 제18조에 의한 직권취소와 동법 제19조에 의한 철회는 처분의 재심사에 의하여 영향을 받지 아니한다(행정기본법 제37조 제6항).

쟁점 34 무효와 취소의 구별 A급

Ⅰ 학설

① **중대명백설** : 중대명백설이란 행정행위의 하자의 내용이 중대하고, 그 하자가 외관상 명백한 때에는 해당 행정행위는 무효가 되고, 그중 어느 한 요건이라도 결여한 경우에는 취소할 수 있는 데 그친다고 하는 견해이다.

② **조사의무설** : 기본적으로 중대명백설의 입장이지만, 하자의 명백성을 완화하여 무효사유를 넓히는 견해이다.

③ **명백성보충요건설** : 하자의 중대성을 원칙으로 하고, 제3자나 공공의 신뢰보호가 있는 경우 보충적으로 명백성을 요구하는 견해이다.

④ **중대설** : 행정행위에 중대한 하자만 있으면 무효가 되고, 명백성은 무효요건이 아니라고 보는 견해이다.

⑤ **구체적 가치형량설** : 구체적 사안마다 구체적, 개별적으로 이익형량하여 무효 또는 취소 여부를 결정하여야 한다는 견해이다.

Ⅱ 판례

판례는 행정처분이 당연무효가 되기 위하여는 그 하자가 법규의 중요한 부분을 위반한 중대한 것으로서 객관적으로 명백한 것이어야 하며, 하자가 중대하고 명백한 것인지 여부를 판별함에 있어서는 그 법규의 목적, 의미, 기능 등을 목적론적으로 고찰함과 동시에 구체적 사안 자체의 특수성에 관하여도 합리적으로 고찰함을 요한다고 판시하여 중대명백설을 취한다.

Ⅲ 검토

법적 안정성 및 국민의 권리구제를 조화롭게 고려하는 측면에서 중대명백설이 타당하다.

쟁점 35　행정행위의 성립요건 · 효력요건 · 적법요건　　　　　B급

I　행정행위의 성립요건, 효력발생요건, 적법요건, 유효요건 구분

행정행위의 요건을 성립요건, 효력발생요건, 적법요건 및 유효요건으로 구분할 수 있다. 이러한 요건을 불비한 행정행위를 흠 있는 행정행위라고 한다. 행정행위에 흠이 있는 경우에 행정행위는 완전한 법적 효력을 발생할 수 없게 된다.

II　행정행위의 성립요건

행정행위의 성립요건이라 함은 행정행위가 성립하여 존재하기 위한 최소한의 요건을 말한다. 행정행위가 성립하기 위하여는 어떤 행정기관에 의해 행정의사가 내부적으로 결정되고(내부적 성립), 외부적으로 표시되어야 한다(외부적 성립). 이러한 행정행위의 성립요건을 결여하면 행정행위는 부존재하는 것이 되며 부존재확인청구소송의 대상이 된다.

III　행정행위의 효력발생요건

행정행위의 효력발생요건이라 함은 행정행위가 상대방에 대하여 효력을 발생하기 위한 요건을 말한다. 행정행위는 상대방에게 통지되어 도달되어야 효력을 발생한다. 제3자에 대한 통지는 효력발생요건은 아니다. 통지의 방식으로는 송달과 공고 또는 고시가 있다. 도달이라 함은 상대방이 알 수 있는 상태에 주어진 것을 말하고, 상대방이 현실적으로 수령하여 알았을 것을 의미하지 않는다. 효력발생요건이 충족되지 않으면, 해당 행정행위는 상대방에 대하여 효력을 발생하지 못한다. 행정작용도 도달주의를 채택하고 있다.

IV　적법요건

1. 의의

행정행위가 행해짐에 있어 법에 의해 요구되는 요건을 적법요건이라 한다.

2. 요건

(1) 주체에 의한 요건

행정행위는 당해 행정행위를 발할 수 있는 권한을 가진 자에 의해 행해져야 한다. ① 정당한 권한을 가진 자가 ② 권한의 범위안에서 ③ 정상적인 의사에 기하여 행한 행위여야 한다.

(2) 내용에 관한 요건

행정행위는 그 내용에 있어 적법하고, 공익에 적합(타당)하여야 한다. 또한 법률상이나 사실상으로 실현가능하고 관계인이 인식할 수 있을 정도로 명확하여야 한다.

(3) 절차에 관한 요건

행정행위를 행함에 있어 일정한 절차가 요구되는 경우에는 그 절차를 거쳐야 한다. 절차상 하자의 유형으로는 법령상 요구되는 상대방의 협력이나 관계 행정청의 협력의 결여, 필요적인 처분의 사전통지나, 의견청취 절차의 결여, 이유제시의 결여, 송달방법 등의 하자 등을 볼 수 있다. 말하자면 개별법률 또는 행정절차 법에서 행정절차상 요구되는 각종 절차의 결여가 절차상 하자에 해당한다.

(4) 형식에 관한 요건

행정청이 처분을 하는 때에는 다른 법령 등에 특별한 규정이 있는 경우를 제외하고는 문서로 하여야 하며, 전자문서로 하는 경우에는 당사자 등의 동의가 있어야 한다. 다만, 신속을 요하거나 사안이 경미한 경우에는 구술 기타 방법으로 할 수 있으며 이 경우 당사자의 요청이 있는 때에는 지체없이 처분에 관한 문서를 주어야 한다(행정절차법 제24조 제1항).

3. 적법요건을 결여한 행정행위의 효력

행정행위가 적법요건을 충족시키지 못한 경우에는 위법하다. 적법요건을 충족 하지 못한 행정행위는 흠 있는 행정행위가 되며 흠 있는 행정행위의 효력은 부존재, 무효 및 취소할 수 있지만 취소되기 전까지는 유효한 것으로 나누어진다.

V 유효요건(행정기본법 제15조 처분의 효력)

유효요건이라 함은 위법한 행정행위가 무효가 되지 않고 효력을 갖기 위한 요건을 말한다. 행정행위는 위법하더라도 그 위법이 중대하고 명백하여 무효가 되지 않는 한 공정력에 의해 권한 있는 기관에 의해 취소되지 않는 한 유효하다. 공정력에 대한 내용은 행정기본법 제15조에서 "처분은 권한이 있는 기관이 취소 또는 철회하거나 기간의 경과 등으로 소멸되기 전까지는 유효한 것으로 통용된다. 다만, 무효인 처분은 처음부터 그 효력이 발생하지 아니한다."라고 규정하고 있다.

쟁점 36   무효인 행위와 취소할 수 있는 행위   A급

Ⅰ   주체에 관한 하자

1. 무권한자의 처분 : 당연무효

2. 내부위임 받은 자가 자신의 이름으로 한 처분 : 당연무효

3. 기관위임사무를 조례로 재위임한 경우 그 조례에 근거한 처분 : 취소사유

4. 자치사무를 규칙으로 위임한 경우 그 규칙에 근거한 처분 : 취소사유

> ① 대리권이 없는 자가 대리자로서 행한 행위는 원칙상 무효이며, ② 합의제기관의 행위에 적법한 소집이 없거나, 의사 또는 의결정족수가 미달되었거나, 결격자가 참가한 경우 등 구성에 중대한 흠이 있는 합의제기관의 행위는 원칙상 무효가 된다. ③ 법령상 다른 기관의 협력이 필요한 경우에 다른 기관의 협력을 결한 행위는 어떠한 효력을 갖는지 문제된다. 다른 기관의 협력에는 다른 기관의 의결, 승인, 동의, 협의, 심의, 자문 등이 있다. 다른 기관의 협력 중 다른 기관의 의결이나 승인 또는 동의 등과 같이 행정청의 행정 결정이 다른 기관의 의사결정에 기속되는 경우와 그렇지 않은 경우를 구별하여 하자의 효과를 논하여야 할 것이다. 전자의 경우에 있어서는 주체의 하자에 해당하며 원칙상 무효원인이 되지만, 후자의 경우에는 절차의 하자로 보아야 하고 법률에 의해 관계인의 권리 이익을 보호하기 위하여 인정되는 때에 그 협력의 결여는 무효원인이 되지만, 이 경우를 제외하고는 원칙상 취소원인에 불과하다고 보아야 할 것이다.

Ⅱ   내용에 관한 하자

1. 위헌 · 무효인 법률에 근거한 처분의 효력 : 취소사유

2. 위법 · 무효인 시행령에 근거한 처분의 효력 : 취소사유

> ① 행정행위의 내용의 법 위반
> 행정행위의 내용은 법의 일반원칙 및 헌법을 포함하여 모든 법에 위반하여서는 안 되며, 법에 위반하면 위법한 행정행위가 된다. 법에 위반한 행정행위는 무효와 취소의 구별기준에 따라 무효 또는 취소할 수 있는 행정행위가 된다. 법률유보의 원칙에 따라 행정행위에는 법적 근거가 있어야 한다. 법적 근거 없이 행해진 행정행위는 원칙상 무효이다. 또한 법률우위의 원칙에 따라 헌법, 법률, 법규명령, 행정법 일반원칙 등에 반하여서는 안 된다. 그리고 기속행위와 재량행위로 구분할 경우 재량행위는 일탈, 남용, 해태가 없어야 할 것이다.
> ② 행정행위의 내용의 공익 위반인 경우에도 내용상 하자로 위법하다고 보고 있다.
> ③ 행정행위 내용의 사실상 또는 법률상 실현 불가능이거나, 내용이 불명확한 경우에도 위법하다고 보고 있다.

④ 위헌·위법인 법률 및 시행령에 근거한 처분은 행정처분은 특별한 사정이 없는 한 취소할 수 있는 행위에 불과하다고 판시하고 있다.

> **■ 위헌·위법인 법령에 근거한 처분의 효력 등**
>
> **1. 위헌 위법인 법령에 근거한 처분의 효력**
>   대법원은 무효와 취소의 구별에 관한 학설 중 중대명백설에 입각하여 위헌·위법이 있기 전에 위헌·위법인 법령에 근거하여 발하여진 행정처분은 특별한 사정이 없는 한 취소할 수 있는 행위에 불과하다고 판시하고 있다.
>
> **2. 위헌법률에 근거한 행정행위의 집행력**
>   **(1) 문제점**
>   위헌인 법률에 근거한 처분에 불가쟁력이 발생한 경우 집행력을 부여할 수 있는지 문제시 된다.
>   **(2) 대법원 판례의 태도**
>   ① 처분(예 과세처분)의 근거가 되었던 법률 규정에 대하여 위헌결정이 내려진 후 행한 처분의 집행행위(예 체납처분)는 당연무효이다(대판 2012.2.16, 2010두10907 全合)라고 판시하고 있다.
>   ② 위헌법률에 기한 행정처분의 집행(예 강제징수)이나 집행력을 유지하기 위한 행위(예 압류해제거부)는 위헌결정의 기속력에 위반되어 허용되지 않는다고 판시한 바 있다.
>   **(3) 소결**
>   위헌인 법률에 근거한 행정행위의 집행을 인정하는 것은 헌법재판소법 제47조 제1항의 기속력에 위반되므로 부정하는 것이 타당하다고 판단된다.

Ⅲ 형식에 관한 하자 – 원칙적으로 무효로 보는 견해가 다수임

① 세액의 산출근거를 기재하지 않은 과세처분의 효력 : 취소사유
② 수용재결을 서면으로 해야 하는데 구두로 한 재결 : 당연무효

Ⅳ 절차에 관한 하자

① 토지보상법상 중앙토지수용위원회 협의 또는 이해관계인과의 의견청취를 결여한 택지개발예정지 구지정처분 : 취소사유
② 사전통지나 의견제출의 기회를 부여하지 않은 처분 : 취소사유
③ 청문을 결여한 감정평가사 자격취소처분(부정한 방법) : 취소사유
④ 이유제시를 결한 감정평가법인등의 업무정지처분 : 취소사유
⑤ 합의제행정기관의 구성에 있어서 하자가 있는 경우 수용재결처분 : 당연무효
⑥ 환경영향평가를 거치지 않은 행정처분 : 당연무효(대판 2006.6.30, 2005두14363)

일반적 기준으로서, 절차에 정한 취지·목적이 상호 대립하는 당사자 사이의 이해를 조정함을 목적으로 하는 경우 또는 이해관계인의 권리·이익의 보호를 목적으로 하는 경우, 그 절차를 결하는 때에는 그 절차에 중대·명백한 하자가 있는 것이 되어 무효의 원인이 되며, 절차의 취지·목적이 단순히 행정의 적정·원활한 운영을 위하는 경우 등 행정상의 편의에 있을 때에는 그 절차를 결하는 행위는 반드시 무효가 되지 않는다고 보는 것이 일반적 견해라고 할 수 있다.

① 상대방의 신청 또는 동의를 결한 행위

법령에 일정한 행정행위에 대하여 상대방의 신청 또는 동의를 필요적 절차로 규정하고 있는 경우에 상대방의 신청 또는 동의를 결하는 행위는 무효라고 볼 것이다.

② 필요한 공고 또는 통지를 결하는 행위

공고 없이 행한 행정행위, 사업인정고시를 하면서 수용할 토지세목의 공고 또는 고시나 통지없이 행한 토지수용재결 등 자기이익의 보호를 위한 의견제출의 기회를 주지 않고 행한 행정행위는 무효이다. 다만, 공고 또는 통지 그 자체를 결여한 것이 아니라 그 내용에 단순한 하자가 있을 뿐인 때에는 당연 무효는 아니다.

③ 필요한 이해관계인의 입회 또는 협의를 결한 행위

이해관계인의 이익의 보호 또는 조정을 목적으로 한 이해관계인의 입회 또는 협의 등을 결한 행정행위는 원칙적으로 무효라고 보아야 할 것이다. 예컨대, 사전에 토지소유자 또는 관계인과 협의를 거치지 않고 행한 토지수용위원회의 재결이 그에 해당한다.

④ 필요한 청문 또는 의견진술의 기회를 주지 아니한 행위

행정절차법은 권리를 제한하거나 의무를 부과하는 처분을 행함에 있어서는 상대방의 의견진술을 듣도록 하고 있고, 그 이외에 개별법에서 행정처분을 행하기 전에 청문 또는 의견진술의 기회를 주도록 하고 있는 경우가 있다. 법에 의해 요구되는 청문 또는 의견진술의 기회를 주지 않고 한 행정행위는 원칙적으로 무효라고 보는 것이 일반적인 견해이다. 이에 대하여 일부 견해는 행정절차는 실체법상의 목적을 합리적으로 달성하고자 하는 수단에 지나지 않으므로 취소할 수 있는데 불과하다고 하고, 또 다른 견해는 청문절차의 결여는 무효 또는 취소원인이 될 수 있다고 본다. 청문절차의 하자가 행정행위의 취소사유인지 무효사유인지 여부는 중대명백설에 따라 청문절차 하자의 정도, 행정행위의 성질 내용 등에 따라 개별적·구체적으로 판단하여야 할 것이다. 즉, 그 하자가 당사자등의 방어권행사의 기회를 부당하게 박탈하고 충분한 권리행사를 방해한 경우 그 정도가 중대하고 명백한 경우에는 행정행위의 하자의 일반론에 따라 당해 행정행위는 무효로 될 것이나, 그 정도에 이르지 않은 경우는 취소할 수 있다고 할 것이다.

쟁점 37   하자의 승계   A급

Ⅰ 의의

하자의 승계란 일련의 행정행위에서 선행 행정행위의 위법을 이유로 적법한 후행행위의 위법을 주장할 수 있는 것을 말한다. 불가쟁력이 발생한 경우 국민의 권리보호와 재판받을 권리를 보장하기 위한 취지로 인정된다.

Ⅱ 전제요건

① 선·후행행위가 모두 항고대상의 처분일 것
② 선행행위의 위법이 취소사유에 해당할 것
③ 후행행위는 적법해야 할 것
④ 선행행위에 대한 불가쟁력이 발생할 것

Ⅲ 하자의 승계 인정 여부

1. 학설

① **전통적 승계론** : 선행행위와 후행행위가 결합하여 동일한 하나의 법률효과를 목적으로 하는 경우에는 하자승계를 긍정하고, 서로 다른 법률효과를 목적으로 하는 경우에는 하자승계를 부정한다.
② **구속력이론** : 선행행위의 불가쟁력이 대물적, 대인적, 시간적 한계와 예측가능성·수인가능성 한도 내에서는 후행행위를 구속하므로 하자승계가 부정된다. 선행처분의 구속력이 후행처분을 구속하나 예외적으로 예측가능성·수인가능성이 없다면 그 구속력은 소멸되고 인정되지 않는다.

2. 판례

판례는 목적의 동일성 유무로 전통적 견해에 입각하여 판단하는 듯하나 별개의 법률효과를 목적으로 하는 경우에도 예측가능성·수인가능성이 없는 경우에 한하여 하자승계를 긍정하여 개별사안의 구체적 타당성을 고려하고 있다.

> 가. 두 개 이상의 행정처분이 연속적으로 행하여지는 경우 선행처분과 후행처분이 서로 결합하여 1개의 법률효과를 완성하는 때에는 선행처분에 하자가 있으면 그 하자는 후행처분에 승계되므로 선행처분에 불가쟁력이 생겨 그 효력을 다툴 수 없게 된 경우에도 선행처분의 하자를 이유로 후행처분의 효력을 다툴 수 있는 반면 선행처분과 후행처분이 서로 독립하여 별개의 법률효과를 목적으로 하는 때에는 선행처분에 불가쟁력이 생겨 그 효력을 다툴 수 없게 된 경우에는 선행처분의

하자가 중대하고 명백하여 당연무효인 경우를 제외하고는 선행처분의 하자를 이유로 후행처분의 효력을 다툴 수 없는 것이 원칙이나 선행처분과 후행처분이 서로 독립하여 별개의 효과를 목적으로 하는 경우에도 선행처분의 불가쟁력이나 구속력이 그로 인하여 불이익을 입게 되는 자에게 수인한도를 넘는 가혹함을 가져오며, 그 결과가 당사자에게 예측가능한 것이 아닌 경우에는 국민의 재판받을 권리를 보장하고 있는 헌법의 이념에 비추어 선행처분의 후행처분에 대한 구속력은 인정될 수 없다.

나. 개별공시지가결정은 이를 기초로 한 과세처분 등과는 별개의 독립된 처분으로서 서로 독립하여 별개의 법률효과를 목적으로 하는 것이나, 개별공시지가는 이를 토지소유자나 이해관계인에게 개별적으로 고지하도록 되어 있는 것이 아니어서 토지소유자 등이 개별공시지가결정 내용을 알고 있었다고 전제하기도 곤란할 뿐만 아니라 결정된 개별공시지가가 자신에게 유리하게 작용될 것인지 또는 불이익하게 작용될 것인지 여부를 쉽사리 예견할 수 있는 것도 아니며, 더욱이 장차 어떠한 과세처분 등 구체적인 불이익이 현실적으로 나타나게 되었을 경우에 비로소 권리구제의 길을 찾는 것이 우리 국민의 권리의식임을 감안하여 볼 때 토지소유자 등으로 하여금 결정된 개별공시지가를 기초로 하여 장차 과세처분 등이 이루어질 것에 대비하여 항상 토지의 가격을 주시하고 개별공시지가결정이 잘못된 경우 정해진 시정절차를 통하여 이를 시정하도록 요구하는 것은 부당하게 높은 주의의무를 지우는 것이라고 아니할 수 없고, 위법한 개별공시지가결정에 대하여 그 정해진 시정절차를 통하여 시정하도록 요구하지 아니하였다는 이유로 위법한 개별공시지가를 기초로 한 과세처분 등 후행 행정처분에서 개별공시지가결정의 위법을 주장할 수 없도록 하는 것은 수인한도를 넘는 불이익을 강요하는 것으로서 국민의 재산권과 재판받을 권리를 보장한 헌법의 이념에도 부합하는 것이 아니라고 할 것이므로, 개별공시지가결정에 위법이 있는 경우에는 그 자체를 행정소송의 대상이 되는 행정처분으로 보아 그 위법 여부를 다툴 수 있음은 물론 이를 기초로 한 과세처분 등 행정처분의 취소를 구하는 행정소송에서도 선행처분인 개별공시지가결정의 위법을 독립된 위법사유로 주장할 수 있다고 해석함이 타당하다.

(대판 1994. 1. 25, 93누8542[양도소득세 등 부과처분취소])

표준지공시지가결정은 이를 기초로 한 수용재결 등과는 별개의 독립된 처분으로서 서로 독립하여 별개의 법률효과를 목적으로 하지만, 표준지공시지가는 이를 인근 토지의 소유자나 기타 이해관계인에게 개별적으로 고지하도록 되어 있는 것이 아니어서 인근 토지의 소유자 등이 표준지공시지가결정 내용을 알고 있었다고 전제하기가 곤란할 뿐만 아니라, 결정된 표준지공시지가가 공시될 당시 보상금 산정의 기준이 되는 표준지의 인근 토지를 함께 공시하는 것이 아니어서 인근 토지 소유자는 보상금 산정의 기준이 되는 표준지가 어느 토지인지를 알 수 없으므로, 인근 토지 소유자가 표준지의 공시지가가 확정되기 전에 이를 다투는 것은 불가능하다. 더욱이 장차 어떠한 수용재결 등 구체적인 불이익이 현실적으로 나타나게 되었을 경우에 비로소 권리구제의 길을 찾는 것이 우리 국민의 권리의식임을 감안하여 볼 때, 인근 토지소유자 등으로 하여금 결정된 표준지공시지가를 기초로 하여 장차 토지보상 등이 이루어질 것에 대비하여 항상 토지의 가격을 주시하고 표준지공시지가결정이 잘못된 경우 정해진 시정절차를 통하여 이를 시정하도록 요구하는 것은 부당하게 높은 주의의무를 지우는 것이고, 위법한 표준지공시지가결정에 대하여 그 정해진 시정절차를 통하여 시정하도록 요구하지 않았다는 이유로 위법한 표준지공시지가를 기초로 한 수용재결 등 후행 행정처분에서 표준지공시지가결정의 위법을 주장할 수 없도록 하는 것은 수인한도를 넘는 불이익을 강요하는 것으로서 국민의 재산권과 재판받을 권리를 보장한 헌법의 이념에도 부합하는 것이 아니다. 따라서 표준지공시지가결정이 위법한 경우에는 그 자체를 행정소송의 대상이 되는 행정처분으로 보아 그 위법 여부를 다툴 수 있음은 물론, 수용보상금의 증액을 구하는 소송에서도 선행처분으로서 그 수용대상 토지 가격 산정의 기초가 된 비교표준지공시지 가결정의 위법을 독립한 사유로 주장할 수 있다.

(대판 2008.8.21, 2007두13845[토지보상금])

2개 이상의 행정처분이 연속적 또는 단계적으로 이루어지는 경우 선행처분과 후행처분이 서로 합하여 1개의 법률효과를 완성하는 때에는 선행처분에 하자가 있으면 그 하자는 후행처분에 승계 된다. 이러한 경우에는 선행처분에 불가쟁력이 생겨 그 효력을 다툴 수 없게 되더라도 선행처분 의 하자를 이유로 후행처분의 효력을 다툴 수 있다. 그러나 선행처분과 후행처분이 서로 독립하 여 별개의 법률효과를 발생시키는 경우에는 선행처분에 불가쟁력이 생겨 그 효력을 다툴 수 없게 되면 선행처분의 하자가 중대하고 명백하여 선행처분이 당연무효인 경우를 제외하고는 특별한 사정이 없는 한 선행처분의 하자를 이유로 후행처분의 효력을 다툴 수 없는 것이 원칙이다. 다만 그 경우에도 선행처분의 불가쟁력이나 구속력이 그로 인하여 불이익을 입게 되는 자에게 수인한 도를 넘는 가혹함을 가져오고, 그 결과가 당사자에게 예측가능한 것이 아니라면, 국민의 재판받 을 권리를 보장하고 있는 헌법의 이념에 비추어 선행처분의 후행처분에 대한 구속력을 인정할 수 없다.

(대판 2019.1.31, 2017두40372[중개사무소의 개설등록취소처분취소])

3. 검토

전통적 견해의 형식적 기준을 원칙으로 하되 개별사안에서 예측가능성·수인가능성을 판단하 여 구체적 타당성을 기함이 타당하다 할 것이다.

Ⅳ 하자의 승계 판례의 유형별 검토

1. 하자의 승계를 인정한 유형

① 비교표준지결정의 위법이 수용재결에 하자의 승계(대판 2008.8.21, 2007두13845)
② 개별공시지가결정(통지되지 않은 경우)과 과세처분
③ 조세체납처분에 있어서 독촉·압류·매각·충당의 각 행위 단계
④ 대집행 계고·대집행영장에 의한 통지·대집행 실행·비용납부명령의 각 행위 단계

2. 하자의 승계를 부정한 유형

① 개별공시지가결정(통지된 경우)과 과세처분
② 표준지공시지가결정과 개별공시지가결정
③ 표준지공시지가결정과 과세처분(재산세부과처분)
④ 건물철거명령과 대집행계고처분
⑤ 사업인정과 수용재결
⑥ 개업공인중개사 업무정지처분과 중개사무소개설등록 취소처분

쟁점 38 하자의 치유 A급

I 의의 및 취지

하자의 치유란 성립 당시 존재하였던 하자를 사후에 보완하여 행정행위의 효력을 유지하는 것으로, 이는 행정행위의 무용한 반복을 방지하여 행정경제를 도모하는 데 그 취지가 인정된다.

II 인정 여부

1. 학설

① **긍정설** : 행정의 능률성 확보 등을 이유로 광범위하게 허용된다는 견해이다.
② **부정설** : 행정결정의 신중성 확보와 자의 배제 등을 이유로 하자치유를 부정하는 견해이다.
③ **제한적 긍정설** : 국민의 방어권 보장을 침해하지 않는 범위 내에서 제한적으로만 허용된다는 견해이다.

2. 판례 및 검토

판례는 하자 있는 행정행위의 치유는 원칙적으로 허용될 수 없는 것이지만, 예외적으로 국민의 권리나 이익을 침해하지 않는 범위에서 인정하고 있어 제한적 긍정설의 입장이다. 행정의 능률성과 개인의 권리구제를 고려할 때 제한적 긍정설이 타당하다.

III 인정시기

1. 학설 및 판례

쟁송제기이전시설, 행정소송제기이전설, 쟁송종결시설 등의 견해가 대립한다. 판례는 하자의 치유가 허용되기 위해서는 늦어도 하자처분에 대한 불복 여부의 결정 및 불복신청에 편의를 줄 수 있는 상당한 기간 내에 하여야 한다는 입장을 취하여 쟁송제기이전시설의 입장을 취하고 있다.

2. 검토

행정의 공정성 확보 및 행정의 소송경제 등을 고려하여 쟁송제기 이전까지 인정함이 타당하다.

Ⅳ   인정범위

1. 내용상 하자의 치유 여부

치유의 대상이 되는 하자와 관련하여 절차상 하자와 형식상 하자에만 인정하는 견해와 내용상 하자까지 포함하는 견해가 대립한다. 판례는 내용상 하자까지 하자치유를 인정하면 행정의 법률적합성과의 조화를 깨뜨리는 것이므로 인정하지 않는다.

2. 무효인 행정행위의 치유 여부

무효인 행정행위에도 하자의 치유를 인정하는 견해도 있으나, 통설 및 판례는 무효는 취소할 수 있는 행정행위에 대해서만 치유를 인정한다.

Ⅴ   하자치유의 효과

행정행위의 하자가 치유되면 해당 행정행위는 처분 시부터 하자가 없는 적법한 행정행위로 효력을 발생한다.

쟁점 39   행정행위의 취소[직권취소]   B급

> **행정기본법 제18조(위법 또는 부당한 처분의 취소)**
> ① 행정청은 위법 또는 부당한 처분의 전부나 일부를 소급하여 취소할 수 있다. 다만, 당사자의 신뢰를 보호할 가치가 있는 등 정당한 사유가 있는 경우에는 장래를 향하여 취소할 수 있다.
> ② 행정청은 제1항에 따라 당사자에게 권리나 이익을 부여하는 처분을 취소하려는 경우에는 취소로 인하여 당사자가 입게 될 불이익을 취소로 달성되는 공익과 비교·형량(衡量)하여야 한다. 다만, 다음 각 호의 어느 하나에 해당하는 경우에는 그러하지 아니하다.
>   1. 거짓이나 그 밖의 부정한 방법으로 처분을 받은 경우
>   2. 당사자가 처분의 위법성을 알고 있었거나 중대한 과실로 알지 못한 경우

▌I ▌ 의의 및 법적 근거

행정행위의 취소란 일단 유효하게 성립된 행정행위에 대하여 그 성립상의 하자를 이유로 그 효력을 전부 또는 일부를 소멸시키는 행정청의 의사표시를 말하며, 이를 직권취소라 한다. 행정기본법 제18조에 근거를 두고 있다.

▌II ▌ 취소권자

① 취소할 수 있는 권한을 가진 자는 원칙적으로 해당 행정행위를 한 행정청, 즉 처분청이다.
② 감독청의 경우 직접 취소할 수 있는 권한을 가지는가에 대하여는 견해의 대립이 있으나, 감독청은 피감독청에 대한 취소명령권만을 가진다고 보는 부정설의 입장이 타당하다 할 것이다.

▌III ▌ 직권취소의 법적 근거

행정행위의 직권취소에 있어서 법적 근거가 필요한지 여부에 대하여 견해의 대립이 있었으나, 최근에 행정기본법이 제정되어 직권취소에 대한 법적 근거(행정기본법 제18조 제1항)를 두게 되어 이에 대한 논란은 종식되었다.

▌IV ▌ 취소의 사유

취소사유에 있어서는 관계법령에서 명문의 규정을 두고 있는 경우도 있으나 그러한 규정이 없는 경우에는 행정행위의 하자가 있거나 부당한 경우 취소사유가 된다.

V 취소의 제한법리

1. 부담적 행정행위의 경우

부담적 행정행위의 직권취소는 상대방에게 수익적이기 때문에 행정청이 자유롭게 취소할 수 있다.

2. 수익적 행정행위의 경우

수익적 행정행위의 직권취소의 경우에는 취소로 인하여 당사자가 입게 될 불이익을 취소로 달성되는 공익과 비교·형량하여야 한다(행정기본법 제18조 제2항 본문). 다만, ① 거짓이나 부정한 방법으로 수익적 행정행위를 받은 경우, ② 당사자가 해당 수익적 행정행위가 위법하다는 사실을 알고 있었거나 중과실로 알지 못한 경우에는 그러하지 않다(행정기본법 제18조 제2항 단서).

VI 취소의 절차

행정행위의 직권취소는 독립적인 행정행위의 성격을 갖고 있기 때문에 행정절차법상의 처분절차에 따라 행하여져야 한다. 특히 수익적 행정행위의 직권취소는 상대방에게 침익적 효과를 주기 때문에 사전통지(행정절차법 제21조), 의견청취절차(행정절차법 제22조)를 준수하여야 하며, 이유제시(행정절차법 제23조)를 하여야 한다.

VII 취소의 취소

1. 문제점

직권취소가 당연 무효인 경우 취소처분은 당연 무효가 되어 처음부터 취소의 효과가 발생하지 않으며, 쟁송에 의하여 무효확인 또는 직권에 의한 무효선언이 가능하다. 문제는 처분청이 직권취소한 행정행위를 다시 직권으로 취소하여 원래의 행정행위를 회복시킬 수 있는지이다.

2. 학설

① **긍정설** : 취소의 취소도 행정행위인바 행정행위의 하자에 관한 일반원칙에 따라 취소할 수 있다는 견해이다.
② **부정설** : 취소로 인해 해당 행위의 효력은 상실되므로 재취소를 통한 원처분의 회복은 불가능하다는 견해이다.
③ **절충설** : 침익적 행정행위의 경우 상대방의 신뢰이익보호를 위해 원칙적으로 부정하고, 수익적 행정행위의 경우 제3자의 이해관계가 없는 경우 원행정행위의 효력을 회복시킬 수 있다는 견해이다.

3. 판례

판례는 침익적 행정행위의 취소의 취소에 대해서는 부정하는 입장을, 수익적 행정행위의 취소의 취소에 대해서는 긍정하는 입장을 취하여 절충설의 입장인 것으로 보인다.

4. 검토

원행정행위의 효력 회복 여부는 제3자의 이해관계를 고려하는 것이 타당하므로 판례의 태도가 합당하다.

쟁점 40 행정행위의 철회   B급

I 의의

> **행정기본법 제19조(적법한 처분의 철회)**
> ① 행정청은 적법한 처분이 다음 각 호의 어느 하나에 해당하는 경우에는 그 처분의 전부 또는 일부를 장래를 향하여 철회할 수 있다.
>   1. 법률에서 정한 철회 사유에 해당하게 된 경우
>   2. 법령 등의 변경이나 사정변경으로 처분을 더 이상 존속시킬 필요가 없게 된 경우
>   3. 중대한 공익을 위하여 필요한 경우
> ② 행정청은 제1항에 따라 처분을 철회하려는 경우에는 철회로 인하여 당사자가 입게 될 불이익을 철회로 달성되는 공익과 비교·형량하여야 한다.

행정행위의 철회란 아무런 하자 없이 적법하게 성립된 행정행위의 효력을 그 성립 후에 발생한 새로운 사정에 의하여 더 이상 존속시킬 수 없는 경우에 장래에 향하여 그 효력의 전부 또는 일부를 소멸시키는 행정청의 의사표시를 말한다.

II 철회권자

행정행위의 철회는 처분청만이 할 수 있으며, 감독청은 법률에 근거가 있는 경우에만 할 수 있다.

III 철회의 법적 근거

행정행위의 철회에 있어서 법적 근거가 필요한지 여부에 대하여 견해의 대립이 있었으나, 최근에 행정기본법의 제정되어 철회에 대한 법적 근거(행정기본법 제19조 제1항)를 두게 되어 이에 대한 논란을 종결되었다.

IV 철회의 사유 - 행정기본법 제19조 제1항

행정청은 적법한 처분이 다음 각 호의 어느 하나에 해당하는 경우에는 그 처분의 전부 또는 일부를 장래를 향하여 철회할 수 있다.
① 법률에서 정한 철회 사유에 해당하게 된 경우
② 법령 등의 변경이나 사정변경으로 처분을 더 이상 존속시킬 필요가 없게 된 경우
③ 중대한 공익을 위하여 필요한 경우

Ⅴ 철회의 제한법리 – 행정기본법 제19조 제2항

행정청은 행정기본법 제19조 제1항에 따라 처분을 철회하려는 경우에는 철회로 인하여 당사자가 입게 될 불이익을 철회로 달성되는 공익과 비교·형량하여야 한다(공익과 사익의 비교형량). 그 밖에도 신뢰보호의 원칙, 실권의 법리, 비례의 원칙, 부당결부금지의 원칙, 평등의 원칙, 자기구속의 원칙 등에 위반이 있으면 철회의 행사를 제한해야 한다.

Ⅵ 철회의 절차

철회 그 자체는 행정행위에 해당되기 때문에 행정절차법상의 처분절차에 따라야 한다. 특히 수익적 행정행위의 철회는 상대방에게 부담적 효과를 주기 때문에 사전통지, 의견제출, 이유제시 등의 절차를 따라야 한다.

Ⅶ 철회의 취소

1. 문제점

철회가 당연 무효인 경우 그 철회는 당연 무효가 되며, 쟁송에 의하여 무효확인 또는 직권에 의한 무효선언이 가능하다. 문제는 철회에 단순위법의 하자가 있을 때 그 철회를 직권취소하여 원행정행위의 효력을 소생시킬 수 있는지이다.

2. 학설

① 긍정설 : 철회도 행정행위인바 행정행위의 하자에 관한 일반원칙에 따라 취소할 수 있다는 견해이다.
② 부정설 : 철회로 인해 해당 행위의 효력은 상실되므로 재취소를 통한 원처분의 회복은 불가능하다는 견해이다.
③ 절충설 : 침익적 행정행위의 경우 상대방의 신뢰이익보호를 위해 원칙적으로 부정하고, 수익적 행정행위의 경우 제3자의 이해관계가 없는 경우 원행정행위의 효력을 회복시킬 수 있다는 견해이다.

3. 판례

판례는 침익적 행정행위의 철회의 취소에 대해서는 부정하는 입장을, 수익적 행정행위의 철회의 취소에 대해서는 긍정하는 입장을 취하여 절충설의 입장인 것으로 보인다.

4. 검토

원행정행위의 효력 회복 여부는 제3자의 이해관계를 고려하는 것이 타당하므로 판례의 태도가 합당하다.

쟁점 **41** 단계적 행정결정(확약/사전결정) C급

I 의의 및 종류

단계적 행정결정이란 행정청의 결정이 여러 단계의 행정결정을 통해서 연계적으로 이루어지는 것을 말한다. 그 예로는 확약, 사전결정 등이 있다.

II 확약

> **행정절차법 제40조의2(확약)**
> ① 법령 등에서 당사자가 신청할 수 있는 처분을 규정하고 있는 경우 행정청은 당사자의 신청에 따라 장래에 어떤 처분을 하거나 하지 아니할 것을 내용으로 하는 의사표시(이하 "확약"이라 한다)를 할 수 있다.
> ② 확약은 문서로 하여야 한다.
> ③ 행정청은 다른 행정청과의 협의 등의 절차를 거쳐야 하는 처분에 대하여 확약을 하려는 경우에는 확약을 하기 전에 그 절차를 거쳐야 한다.
> ④ 행정청은 다음 각 호의 어느 하나에 해당하는 경우에는 확약에 기속되지 아니한다.
>   1. 확약을 한 후에 확약의 내용을 이행할 수 없을 정도로 법령 등이나 사정이 변경된 경우
>   2. 확약이 위법한 경우
> ⑤ 행정청은 확약이 제4항 각 호의 어느 하나에 해당하여 확약을 이행할 수 없는 경우에는 지체 없이 당사자에게 그 사실을 통지하여야 한다.

1. 의의

확약은 장래 일정한 행정행위를 하거나 하지 아니할 것을 약속하는 의사표시를 말한다.

2. 법적 성질(대외적 구속력 여부)

① 다수설은 확약이 행정청에 대하여 확약의 내용대로 이행할 법적 의무를 발생시킨다는 점에 비추어 확약의 처분성을 인정한다.

② 처분성 부정설은 사정변경에 의해 변경될 수 있으므로 종국적 규율성을 가지지 못한다는 점을 근거로 처분성을 부정하고, 판례는 처분성을 부정하였다. 확약의 처분성을 인정함으로로 권리구제를 도모할 수 있다는 점을 고려하여 확약의 처분성을 인정함이 타당하다.

③ 최근 행정절차법 제40조의2 규정으로 "법령 등에서 당사자가 신청할 수 있는 처분을 규정하고 있는 경우 행정청은 당사자의 신청에 따라 장래에 어떤 처분을 하거나 하지 아니할 것을 내용으로 하는 의사표시를 할 수 있다."라고 확약을 규정하고, 확약은 문서로 하도록 함으로써 처분으로 인식하는 것이 타당하다고 보인다.

3. 확약의 효력

확약의 효과는 행정청이 확약의 내용인 행위를 하여야 할 법적 의무를 지며, 상대방에게는 행정청에 대한 확약내용의 이행청구권이 인정된다.

Ⅲ 사전결정

1. 의의

사전결정이란 종국적인 행정행위에 요구되는 여러 요건 중 개개의 요건들에 대해 사전적으로 심사하여 내린 결정을 말한다.

2. 법적 성질

사전결정은 그 결정에서 정해진 부분에만 제한적인 효력을 갖지만, 그 자체가 하나의 행정행위이다. 본 처분이 기속행위이면 사전결정은 기속행위, 본 처분이 재량행위인 경우 사전결정은 재량행위이다.

3. 사전결정의 효력(대외적 구속력)

① 긍정설은 사전결정이 무효가 아닌 한 구속력을 인정하였으나, ② 부정설은 신뢰보호의 이익만을 인정하였다. 판례는 구속력을 부정하는 입장으로 사전결정 시 재량권을 행사하였더라도, 최종처분 시 다시 재량권 행사가 가능하다고 판시하였다. 하지만 사전결정으로 신뢰가 형성되어 그에 따른 행위가 있을 시, 신뢰보호를 위해 구속력을 긍정함이 타당하다.

쟁점 42 　 행정계획 　 B급

> **행정절차법 제40조의4(행정계획)**
> 행정청은 행정청이 수립하는 계획 중 국민의 권리·의무에 직접 영향을 미치는 계획을 수립하거나 변경·폐지할 때에는 관련된 여러 이익을 정당하게 형량하여야 한다.

I 　행정계획의 의의 및 법적 성질

1. 의의

행정계획이란 행정주체 또는 그 기관이 일정한 행정활동을 행함에 있어서 일정한 목표를 설정하고 그 목표를 달성하기 위하여 필요한 수단을 선정하고 그러한 수단들을 조정하고 종합화한 것을 말한다.

2. 법적 성질

(1) 학설

① **입법행위설** : 행정계획은 일반적·추상적 규율을 행하는 입법행위로서 일반적 구속력을 가질 수 있다는 견해이다.

② **행정행위설** : 행정계획은 법률관계의 변동이란 고유 효과를 가지는 행정행위로서 행정행위의 성질을 갖는다는 견해이다.

③ **복수행위설** : 행정계획을 개별적으로 검토하여 항고소송의 대상 여부를 판단해야 한다는 견해이다.

④ **독자성설** : 행정계획은 규범도 아니고, 행정행위도 아닌 독자적 성질을 갖는다는 견해이다.

(2) 판례

① 도시관리계획결정과 관련하여 처분성을 인정하였으나, ② 도시기본계획은 일반지침에 불과하다고 하여 처분성을 부정하였다.

(3) 검토

행정계획은 종류, 내용이 매우 다양하고 상이한바, 목적과 내용에 따라 개별적으로 검토되어야 할 것이다.

II 　계획재량과 형량명령

1. 계획재량의 의의

행정계획을 수립 및 변경함에 있어서 계획청에 인정되는 재량을 의미한다.

2. 계획재량과 일반행정재량의 구별

계획재량이 일반의 행정재량과 질적으로 구별되는 것인지에 대하여 다른 견해가 있다.

① 구분부정설은 양자에 있어서 재량이 인정되는 부분은 다르지만 양자 사이에 질적인 차이를 인정할 수는 없고 계획재량에 있어서 일반행정재량에 비하여 재량권이 폭넓게 인정된다는 양적인 차이가 인정될 뿐이라고 한다.

② 구분설은 일반행정재량은 요건과 효과로 구성된 조건규범구조이나, 계획재량은 목적과 수단형식의 목적규범구조로 양자의 재량의 내용이 다르다고 보는 견해이며, 일반적으로 구분하여 보는 것이 타당하다.

3. 형량명령 – 행정절차법 제40조의4 : 여러 이익을 정당하게 형량

(1) 의의

형량명령이란 행정계획을 수립·변경함에 있어서 관련된 이익을 정당하게 형량하여야 한다는 원칙을 말한다.

(2) 형량의 하자

① **형량의 해태** : 형량을 전혀 행하지 않은 경우

② **형량의 흠결** : 형량의 대상에 마땅히 포함시켜야 할 사항을 누락한 경우

③ **형량의 오형량** : 형량에 있어 관계 사익의 의미·내용 등을 오판한 경우

(3) 소결 : 정당하게 형량

행정청은 행정청이 수립하는 계획 중 국민의 권리·의무에 직접 영향을 미치는 계획을 수립하거나 변경·폐지할 때에는 관련된 여러 이익을 정당하게 형량하여야 한다.

4. 권리구제

(1) 사전적 권리구제

행정계획의 수립과정에 이해관계인들의 절차적 참여를 보장하여, 공익과 사익과의 갈등을 조정하거나 최소화하는 데에 의의가 있는 구제수단이다.

(2) 사후적 권리구제

① 위법한 행정계획의 수립·변경 또는 폐지로 인하여 손해를 받은 자는 국가배상법에 근거하여 국가배상청구가 가능하다.

② 적법한 행정계획의 수립·변경 또는 폐지로 인하여 손실을 받은 경우 손실보상의 요건을 갖춘 경우 손실보상청구가 가능하다.

③ 행정계획의 처분성이 인정되면 항고쟁송이 가능하며, 행정계획이 공권력 행사이지만 처분이 아닌 경우 헌법소원의 대상이 된다.

(3) 계획보장청구권

계획보장청구권이란 계획의 변경 또는 폐지에 대하여 계획의 존속을 주장하는 권리를 말한다. 특별한 사정이 없는 한 행정의 탄력적 운용을 위해 부정된다. 그러나 국민의 권리보호에 유리하게 해석하여 법규상·조리상 신청권이 존재하고, 신뢰가 충분히 형성된 경우 신뢰보호원칙에 따른 청구가 가능하다.

쟁점 43 　공법상 계약　　　　　　　　　　　　　B급

> **행정기본법 제27조(공법상 계약의 체결)**
> ① 행정청은 법령 등을 위반하지 아니하는 범위에서 행정목적을 달성하기 위하여 필요한 경우에는 공법상 법률관계에 관한 계약(이하 "공법상 계약"이라 한다)을 체결할 수 있다. 이 경우 계약의 목적 및 내용을 명확하게 적은 계약서를 작성하여야 한다.
> ② 행정청은 공법상 계약의 상대방을 선정하고 계약 내용을 정할 때 공법상 계약의 공공성과 제3자의 이해관계를 고려하여야 한다.

Ⅰ　의의

공법상 계약이란 공법적 효과의 발생을 목적으로 하는 복수당사자 사이의 서로 반대방향의 의사표시의 합치에 의하여 성립되는 공법행위이다.

Ⅱ　구별개념

1. 사법상 계약과의 공법상 계약 구별

공법상 계약이나 사법상 계약은 모두 복수당사자의 반대방향의 의사표시의 합치에 의하여 일정한 법률효과가 발생한다는 점에서는 본질적으로 같다. 그러나 사법상 계약은 사법상의 법률효과를 발생시키는 데 반하여, 공법상의 계약은 공법상의 법률효과를 발생시킨다는 점에서 차이가 존재한다. 판례는 국가나 지방자치단체가 사인과 물품구매 및 도급계약을 체결하는 경우 그 본질적인 내용은 사인 간의 계약과 다를 것이 없으므로 사적자치와 계약자유의 원칙 등 사법의 원리가 그대로 적용된다고 보고 있다.

2. 행정행위와 공법상 계약 구별

공법상 계약과 행정행위는 양자가 모두 외부적 효력을 갖는 행정법상의 개별적・구체적 규율이라는 점에서 공통성을 갖는다. 그러나 공법상 계약은 양 당사자의 합의에 의하여 성립되는 반면, 행정행위는 행정청에 의하여 일방적으로 결정된다. 따라서 공법상 계약에 있어서는 상대방의 의사표시가 없게 되면 계약이 성립하지 않게 되나(즉 개인의 의사표시는 성립요건), 협력을 요하는 행정행위에 있어서는 상대방의 협력이 없더라도 행정행위는 성립하나 하자가 존재할 뿐이다(즉 개인의 의사표시는 적법요건).

판례는 계약직 공무원의 채용계약을 공법상 계약으로 보는 것을 전제로 채용계약의 해지・해촉이나, 재위촉거부의 처분성을 인정하지 않는다.

Ⅲ 공법상 계약의 적법요건

1. 주체에 관한 요건

계약당사자의 한편은 행정주체이나 실제로 계약체결을 하는 자는 행정청이 된다. 공법상 계약
도 사법상 계약과 미찬가지로 양 계약당사자의 청약과 승낙이라는 의사표시의 합치에 의하여
성립된다.

2. 내용에 관한 요건

계약자유의 원칙이 적용되는 사법상 계약과는 달리 공법상 계약은 행정의 법률적합성의 원칙
에 합치되어야 한다.

(1) 법률우위원칙과 비례원칙 준수 의무

행정청은 법령등을 위반하지 않는 범위 내에서 행정목적을 달성하기 위하여 필요한 경우에
만 공법상 계약을 체결할 수 있다(행정기본법 제27조 제1항).

(2) 계약의 공공성과 제3자의 이해관계 고려의무

행정청은 공법상 계약의 상대방을 선정하고 계약 내용을 정할 때 공법상 계약의 공공성과
제3자의 이해관계를 고려하여야 한다(행정기본법 제27조 제2항).

3. 형식에 관한 요건

공법상 계약을 체결하는 경우 행정청은 계약의 목적 및 내용을 명확하게 적은 계약서를 작성하
여야 한다(행정기본법 제27조 제1항 2문).

4. 절차에 관한 요건

공법상 계약은 행정처분이 아니므로 행정처분에만 적용되는 사전통지, 이유제시, 청문 등의
행정절차법상의 처분절차에 관한 규정이 적용되지 않고 계약 당사자간 의사의 합치가 되면 공
법상 계약은 성립된다.

Ⅳ 공법상 계약 분쟁에 대한 권리구제

판례는 공법상 계약에 관한 법적 분쟁은 공법상의 법률관계에 관한 소송인 당사자소송에 의하여
의한다고 보고 있다. 그에 따라 계약직 공무원의 해지 및 해촉 또는 재위촉거부에 대해 공법상
당사자소송으로서 해촉 또는 해지의 의사표시의 무효확인을 청구하여야 한다고 판시한 바 있다.

쟁점 44 행정지도 C급

I 의의

행정주체가 일정한 행정목적을 실현하기 위하여 행정객체에게 일정한 행위를 하거나 하지 아니하도록 지도·권고·조언 등을 하는 행정작용으로서 국민의 임의적인 협력을 전제로 하는 비권력적 사실행위이다(행정절차법 제2조 제3호).

II 행정지도의 종류

① 조정적 행정지도 : 이해관계자 사이의 분쟁의 조정을 내용으로 하는 행정지도
② 규제적 행정지도 : 일정한 행위의 억제를 내용으로 하는 행정지도
③ 조성적 행정지도 : 관계자에게 지식 기술을 제공하거나 조언하는 행정지도

III 행정지도에 대한 권리구제

1. 행정쟁송을 통한 권리구제

(1) 학설

① 처분성을 긍정하는 견해 : 조정적·규제적 행정지도처럼 사실상의 강제력이 인정되는 것은 "그 밖에 이에 준하는 행정작용"으로서 취소소송의 대상이 될 수 있다고 보는 견해이다.
② 처분을 부정하는 견해 : 행정지도는 상대방의 협력이나 동의를 요구하는 임의적인 행정작용에 지나지 않기 때문에 일방적인 공권력행사로서의 처분성이 결여되어 있다고 보는 견해이다.

2. 대법원 판례

대법원 판례는 단전기 및 단전화 요청행위는 권고적 성격의 행위에 불과한 것으로서 전기·전화공급자의 법률상 지위에 직접적인 변동을 가져오는 것이 아니므로 취소소송의 대상이 되는 처분이 아니라고 판시하여 기본적으로 처분성을 부정하는 입장에 있다.

3. 행정상의 손해전보를 통한 권리구제

(1) 손실보상청구

손실보상청구권은 적법한 공권력 행사로 인한 재산권 침해에 대하여 특별한 희생이 생긴 경우에 손실보상을 받을 수 있는데 임의적 협력을 전제로 하는 행정지도가 이러한 요건을 충족시킨다고 보기는 어렵다고 보여진다.

(2) 국가배상청구

행정지도가 국가배상법 제2조 소정의 국가배상의 요건을 충족시키는 경우, 피해자인 상대방은 국가 또는 지방자치단체를 상대로 손해배상을 청구할 수 있다. 그러나 행정지도에 의하여 손해가 발생하였다고 하더라도 상대방은 임의적인 의사로 행정지도를 따르기 때문에 가해행위와 손해발생 사이의 '상단한 인과관계'가 인정되기 어려워 국가배상법 제2조에 따른 배상을 받기는 어렵다고 보여진다.

4. 헌법소원

헌법재판소는 행정지도가 예외적으로 임의성의 한계를 넘어 상대방에게 강제적인 효과를 발생하는 경우에는 헌법소원의 대상이 되는 공권력의 행사에 해당한다고 한다.

쟁점 45 　행정상의 사실행위 　　　　　　　　　　　　　　　　　　 C급

I　의의 및 종류

행정상의 사실행위란 행정행위·공법상 계약 등의 법적 행위처럼 일정한 법적 효과의 발생을 의도하는 행위가 아니라 단순히 사실상의 결과실현을 목적으로 하는 일체의 행위형식을 의미한다. 이러한 사실행위는 행정청이 행정목적의 달성을 위하여 국민의 신체·재산 등에 직접 물리력을 행사하여 필요한 상태를 실현하는 행위인 '권력적 사실행위'와 권력성이 없는 사실행위인 비권력적 사실행위로 나눌 수 있다. 이하에서 살펴보기로 한다.

II　종류

1. 권력적 사실행위

이는 일정한 법령 또는 행정행위를 집행하기 위한 공권력의 행사로서 하는 사실행위를 말하며, 무허가건물의 철거, 대집행의 실행 등 행정법상의 의무이행을 확보하기 위한 강제적 집행행위 (대집행실행, 직접강제) 등이 있다.

2. 비권력적 사실행위

이는 공권력의 행사와 관계없는 사실행위인데, 이에는 금전출납, 쓰레기 수거 등 비권력적 집행행위와 고지, 행정지도 등 지식표시행위 등이 이에 속한다.

III　행정의 법률적합성과의 관계

1. 법률우위의 원칙

행정상의 사실행위 행정작용의 일종이기 때문에 그것이 권력적이든 또는 비권력적이든 관계없이 법률우위의 원칙에 위배되어서는 안 된다.

2. 법률유보의 원칙

대부분의 비권력적 사실행위는 침익적 성격이 없기 때문에 법적 근거가 필요없다. 다만 침익적 성격이 강한 권력적 사실행위는 법적 근거가 필요하다.

Ⅳ 권력적 사실행위의 처분성 인정 여부

1. 견해의 대립

① 수인하명설 : 계속적 성격을 갖는 권력적 사실행위는 수인하명과 사실행위가 결합된 합성행위이므로 이 수인하명이 취소소송의 대상이 된다는 견해이다.

② 긍정설 : 권력적 사실행위 그 자체가 공권력의 행사 또는 그 밖에 이에 준하는 작용으로서 취소소송의 대상이 된다는 견해이다.

③ 부정설 : 사실행위에 대해서는 취소를 생각할 수 없으므로 취소소송의 대상이 될 수 없으며, 다만 당사자소송으로 중지나 금지를 요구하거나 결과제거를 요구하여야 한다는 견해이다.

2. 대법원 판례

대법원은 계속적 성격을 갖는 권력적 사실행위로 볼 수 있는 단순조치, 교도소 재소자의 이송조치 교도관 참여대상자지정 및 참여행위 등에 대하여 처분성을 인정한 바 있다.

Ⅴ 권력적 사실행위에 대한 권리구제

1. 행정쟁송

사실행위에 대해 처분성을 인정한다 하더라도, 대부분은 비교적 단시간에 집행이 종료되는 경우가 보통이므로 이 경우 권리보호의 필요가 결여되어 항고쟁송을 제기하여도 각하재결이나 각하판결을 받게 될 경우가 많을 것이다. 토지보상법상 타인토지출입에 대하여 권력적 사실행위로 볼 수 있어 이에 대한 권리구제는 행정쟁송으로 다툴 수 있다.

2. 행정상의 손해전보등

적법한 권력적 사실행위에 의하여 개인의 재산권이 침해되어 특별한 희생이 발생한 경우에는 국가 또는 지방자치단체를 상대로 손실보상을 청구할 수도 있다. 행정청의 권력적 사실행위에 의한 손해가 발생한 경우에는 피해자는 국가 또는 지방자치단체에 대하여 국가배상법상의 손해배상을 청구할 수 있다. 행정청의 사실행위로 위법한 상태가 초래되어 권리가 침해되는 경우에는 피해자는 법리적으로 결과제거청구권을 행사할 수 있을 것으로 보여진다.

쟁점 46 행정조사(행정조사기본법에 법적 근거 있음) C급

I 행정조사의 의의

일반적인 행정조사란 행정기관이 행정작용을 수행하기 위해 정보수집 등을 위해 행하는 행정작용을 말한다. 또한 행정기본법에서 말하는 행정조사란 행정기관이 정책을 결정하거나 직무를 수행하는 데 필요한 정보나 자료를 수집하기 위하여 현장조사·문서열람·시료채취 등을 하거나 조사대상자에게 보고요구·자료제출요구 및 출석·진술요구를 행하는 활동을 말한다.

II 행정조사에 대한 법적 근거 및 기본원칙

1. 법적 근거

권력적이면서 강제적인 행정조사는 국민의 자유와 재산을 제한하는 것이므로 법적 근거가 있어야 한다. 행정조사기본법 제5조(행정조사의 근거)에서는 "행정기관은 법령등에서 행정조사를 규정하고 있는 경우에 한하여 행정조사를 실시할 수 있다. 다만, 조사대상자의 자발적인 협조를 얻어 실시하는 행정조사의 경우에는 그러하지 아니하다."라고 규정하고 있어 법적근거를 요한다.

2. 행정조사의 기본원칙(행정조사기본법 제4조)

① 행정조사는 조사목적을 달성하는데 필요한 최소한의 범위 안에서 실시하여야 하며, 다른 목적 등을 위하여 조사권을 남용하여서는 아니 된다.

② 행정기관은 조사목적에 적합하도록 조사대상자를 선정하여 행정조사를 실시하여야 한다.

③ 행정기관은 유사하거나 동일한 사안에 대하여는 공동조사 등을 실시함으로써 행정조사가 중복되지 아니하도록 하여야 한다.

④ 행정조사는 법령 등의 위반에 대한 처벌보다는 법령등을 준수하도록 유도하는 데 중점을 두어야 한다.

⑤ 다른 법률에 따르지 아니하고는 행정조사의 대상자 또는 행정조사의 내용을 공표하거나 직무상 알게 된 비밀을 누설하여서는 아니된다.

⑥ 행정기관은 행정조사를 통하여 알게 된 정보를 다른 법률에 따라 내부에서 이용하거나 다른 기관에 제공하는 경우를 제외하고는 원래의 조사목적 이외의 용도로 이용하거나 타인에게 제공하여서는 아니 된다.

Ⅲ 행정조사와 영장주의

1. 문제점

권력적 행정조사는 대부분의 경우 압수와 수색이 동반된다. 개별법에서 그에 관한 영장을 요구하는 경우에는 문제가 없으나, 그러한 명문의 규정이 없는 경우에도 영장주의가 적용되는지에 관하여 견해의 대립이 있다.

2. 학설

① **영장필요설** : 영장주의는 널리 통치권의 부당한 행사로부터 국민의 자유와 권리를 보장하기 위한 절차적 수단이므로 형사작용이나 행정작용을 불문하고 영장주의가 적용되어야 한다는 견해이다.

② **영장불요설** : 영장주의는 연혁적으로 형사사법권의 남용으로부터 국민의 자유권을 보장함을 목적으로 생긴 제도이기 때문에 행정목적수행을 위한 행정조사에는 영장주의가 적용되지 않는다는 견해이다.

③ **절충설** : 원칙적으로 영장주의가 적용되어야 하지만 긴급한 경우 등 영장을 기다려서는 조사의 목적을 달성할 수 없는 예외적인 경우는 영장주의에 대한 예외를 인정할 수 있다는 견해이다.

3. 판례

대법원은 "우편물 통관검사절차에서 이루어지는 우편물의 개봉, 시료채취, 성분분석 등의 검사는 행정조사의 성격을 가지는 것으로서 수사기관의 강제처분이라고 할 수 없으므로, 압수·수색영장 없이 우편물의 개봉, 시료채취, 성분분석 등 검사가 진행되었다 하더라도 특별한 사정이 없는 한 위법하다고 볼 수 없다"고 판시하여 부정설의 입장이다.

4. 소결

대법원 판례와 같이 일반적인 행정조사의 성격으로 볼 때 행정청에서 행정목적달성을 위한 것일 경우에 특별한 사정이 없는 한 위법하다고 볼 수 없다.

Ⅳ 위법한 행정조사와 행정행위의 효력

1. 문제점

행정조사를 통하여 획득한 정보가 정확하지 않은 경우에 그 정보에 기초하여 내려진 행정작용은 사실의 기초에 사실오인의 흠이 있는 행정작용이므로, 행정조사의 위법 여부를 묻지 않고 당연히 위법하다고 볼 수 있다. 따라서, 행정조사가 행정조사로서의 기본원칙(실체법적, 절차법적)의 한계를 넘은 경우 후속행정결정이 위법한지에 대해 견해의 대립이 있다.

2. 견해의 대립

① 적극설은 적법절차 원칙에 따라 긍정하나, ② 소극설은 행정조사를 법령에서 행정행위의 전제조건으로 규정한 경우를 제외하고 별개의 제도로 본다. ③ 절충설은 행정조사에 중대한 위법사유가 있는 경우만 위법하다고 본다.

3. 대법원 판례의 태도

판례는 원칙상 적극설을 취하고 있다. 대법원은 "납세자에 대한 부가가치세부과처분이, 종전의 부가가치세 경정조사와 같은 세목 및 같은 과세기간에 대하여 중복하여 실시된 위법한 세무조사에 기초하여 이루어진 것이어서 위법하다(대판 2006.6.2, 2004두12070)"고 판시하고 있다.

4. 검토

따라서 수집된 정보가 행정결정의 기초가 된 경우, 행정조사는 행정결정을 위한 절차로 볼 수 있어, 헌법상 적법절차 원칙상 적극설이 타당하다고 판단된다.

Ⅴ 위법한 행정조사에 대한 권리구제

위법한 권력적 행정조사에 대해서는 당사자는 행정쟁송을 통하여 권리구제를 받을 수 있다고 보아야 한다. 또한 위법한 권력적 행정조사로 손해를 입은 국민은 국가배상을 청구할 수 있다고 생각된다.

쟁점 47 사전통지(행정절차법 제21조)   A급

I 의의 및 취지

행정청은 당사자에게 의무를 부과하거나 권익을 제한하는 처분을 하는 경우에는 미리 처분을 하고자 하는 내용 및 법적 근거, 의견 제출기한, 기타 필요한 사항 등을 당사자에게 통지하여야 한다.

II 필수적 절차 여부(생략사유)

① 공공의 안전 또는 복리를 위하여 긴급히 처분을 할 필요가 있는 경우
② 법령 등에서 요구된 자격이 없거나 없어지게 되면 반드시 일정한 처분을 하여야 하는 경우에 그 자격이 없거나 없어지게 된 사실이 법원의 재판 등에 의하여 객관적으로 증명된 경우
③ 해당 처분의 성질상 의견청취가 현저히 곤란하거나 명백히 불필요하다고 인정될 만한 상당한 이유가 있는 경우

III 거부처분 시 사전통지

1. 문제점

거부처분이 행정절차법 제21조에서 규정하는 '당사자에게 의무를 부과하거나 권익을 제한하는 처분'인지가 문제된다.

2. 학설

① **부정설** : 신청만으로는 당사자의 권익이 부여된 것이 아닌바 권익을 제한하는 처분이 아니라는 견해이다.
② **긍정설** : 당사자가 신청을 한 경우 긍정적 처분이 이루어질 것으로 기대하므로 거부처분도 사전통지가 필요하다는 견해이다.
③ **제한적 긍정설** : 인·허가에 부가된 갱신의 경우 권익을 제한하는 것으로 보아 긍정하는 견해이다.

3. 판례

① 종전의 대법원 판례는 신청에 따른 처분이 이루어지지 않은 경우에는 아직 당사자에게 권익이 부여되지 않았으므로, 거부처분은 권익을 제한하는 처분이 아니라고 하였다.

② 최근 판례는 재량행위에서 거부처분을 하는 경우 사전통지의 흠결로 당사자의 의견진술 기회 박탈 시 이는 재량권 일탈남용에 해당하여 위법하다고 판시하여 비례의 원칙으로 보았을 때 절차상 하자가 인정된다고 하여 긍정설의 견지에서 판시하였다.

4. 검토

거부처분도 기대 이익의 제한이며, 사전통지 흠결은 재량권 일탈남용한 것으로 위법하다고 보고 있는바 이러한 대법원의 논지가 타당하다 판단된다.

쟁점 48 　 청문(의견청취)(행정절차법 제22조) 　 A급

Ⅰ 　 청문의 의의 및 취지

청문이란 '행정청이 어떠한 처분을 하기에 앞서 당사자 등의 의견을 직접 듣고 증거를 조사하는 절차'를 말한다. 이는 사전적 권리구제에 취지가 있다.

Ⅱ 　 필수적 절차 여부(청문사유)

① 공공복리를 위하여 긴급히 처분을 할 필요가 있는 경우
② 법령상 일정한 처분을 하여야 함이 객관적으로 증명된 경우
③ 처분의 성질상 의견청취가 현저히 곤란하거나 명백히 불필요한 경우
④ 당사자가 의견 진술의 기회를 포기한다는 뜻을 명백히 표시한 경우

Ⅲ 　 관련 판례

1. 청문서 도달기간을 준수하지 않은 청문의 효력

청문서 도달기간을 지키지 않은 것은 절차적 요건을 준수하지 않은 것이므로 이를 바탕으로 한 행정청의 처분은 위법하다고 판시하였다. 다만 청문서 도달기간을 다소 어겼다 하더라도 당사자 스스로 청문기일에 참석하여 충분한 방어기회를 가졌다면 하자는 치유된다고 판시하였다.

2. 당사자 간 협의에 의한 청문배제 가능성

행정청이 당사자와 사이에 관계법령 및 행정절차법에 규정된 청문의 실시 등 의견청취절차를 배제하는 협약을 하였더라도 청문을 실시하지 않아도 되는 예외적인 경우에 해당한다고 할 수 없다고 판시한 바 있다. 절차법의 목적, 절차취지를 고려할 때 청문을 배제할 수 없다.

3. 청문통지서 반송 및 청문불출석이 의견청취가 현저히 곤란한 경우에 해당하는지 여부

청문통지서가 반송되었다거나, 행정처분의 상대방이 불출석하였다는 이유로 청문을 실시하지 아니하고 한 침해적 행정처분은 위법하다고 판시한 바 있다.

Ⅳ 청문관련 규정의 개정 – 신분·자격의 박탈 시 반드시 청문함

행정절차법 제22조 제1항을 "행정청이 처분을 할 때 다음 각 호의 어느 하나에 해당하는 경우에는 청문을 한다."라고 개정하여 신분·자격의 박탈의 경우 청문을 반드시 실시하도록 하여 국민의 권익을 한층 보호하도록 하였다.

① 다른 법령 등에서 청문을 하도록 규정하고 있는 경우

② 행정청이 필요하다고 인정하는 경우

③ 다음 각 목의 처분을 하는 경우

　가. 인허가 등의 취소

　나. 신분·자격의 박탈

　다. 법인이나 조합 등의 설립허가의 취소

쟁점 49   처분의 이유제시[행정절차법 제23조]   A급

I   의의 및 취지

이유제시란 행정청이 처분을 함에 있어 처분의 근거와 이유를 제시하는 것을 말한다. 이는 행정을 보다 신중·공정하게 하기 위함이고, 쟁송제기 여부의 판단 및 쟁송준비의 편의 제공 등의 목적에 취지가 인정된다.

II   필수적 절차 여부

① 신청내용을 모두 그대로 인정하는 처분인 경우
② 단순·반복적인 처분 및 경미한 처분으로서 당사자가 그 이유를 명백히 알 수 있는 경우
③ 긴급히 처분을 할 필요가 있는 경우

III   이유제시 정도와 하자

행정청의 이유제시는 상대방이 처분의 법적 근거와 사실상의 사유를 충분히 납득할 수 있을 정도로 구체적이고 명확하게 하여야 한다.
이유제시의 하자란 행정청이 처분이유를 제시해야 함에도 제시하지 않거나, 불충분하게 제시한 경우를 말한다. 이 경우 무효취소의 구별기준에 따라 무효인 하자나 취소할 수 있는 하자가 되며 판례는 통상 취소사유로 보고 있다.

IV   이유제시의 시기 및 방식

이유제시의 방식에 관해서는 행정절차법에 명시하고 있지는 않지만 서면으로 해야 할 것으로 보여진다. 처분서는 서면으로 하도록 하고 있어 처분서와 함께 이유제시를 하기 때문에 서면으로 하는 것이 타당하다. 이유제시의 시기에 대하여 행정절차법 제23조의 규정한 바와 같이 처분을 하는 때에 처분과 함께 이유제시를 하여야 한다.

V   이유제시의 하자

이유제시의 하자란 행정청이 처분이유를 제시하여야 함에도 처분이유를 전혀 제시하지 않거나, 불충분하게 제시한 경우를 말한다. 이유제시의 하자는 무효사유와 취소사유의 구별기준에 따라 무효인 하자나 취소할 수 있는 하자가 된다. 판례는 이유제시의 하자를 통상 취소사유로 보고 있다.

쟁점 50 | 절차 하자가 있는 경우 독자적 위법사유 여부(처분의 법적 효과)　A급

Ⅰ 문제점

절차상 위법이 해당 행정처분의 독립된 위법사유가 되는지가 문제된다.

법원은 처분이 절차상 위법한 경우 당해 처분의 실체법상의 위법 여부를 따지지 않고 또는 실체법상 적법함에도 불구하고, 절차상의 위법만을 이유로 취소 또는 무효 확인할 수 있는가의 문제이다. 즉, 실체적 하자가 없음에도 절차적 하자만으로 처분의 독자적인 위법성 인정되는지 문제된다.

Ⅱ 학설의 견해

① **긍정설** : 행정행위의 종류에 불문하고 절차하자가 있는 행정행위를 내용하자가 있는 행정행위와 마찬가지로 보아 이를 이유로 취소 또는 무효확인할 수 있다는 견해이다.

② **부정설** : 절차상의 하자가 실체법적인 결정에 어떠한 영향을 미치지 않는다는 것이 명백한 경우에는 법원은 절차상의 하자를 이유로 처분을 취소 또는 무효확인할 수 없다는 견해이다.

③ **절충설** : 행정행위를 기속행위와 재량행위로 구별하여 기속행위의 경우에는 그 실체적인 요건이 충족된 경우에는 절차상의 하자를 이유로 취소 또는 무효확인할 수 없다는 견해이다.

Ⅲ 대법원 판례의 태도

판례는 재량행위뿐만 아니라 기속행위에 있어서도 긍정설을 취하고 있다. 즉, 기속행위인 과세처분에서 이유부기 하자를, 재량행위인 영업정지처분의 청문절차 결여의 하자를 이유로 취소한 바 있다. 따라서, 절차적 하자의 독자적 위법성으로 인정하고 있는 것으로 보고 있다.

> 청문제도의 취지는 이 사건 영업정지와 같은 위 (구)식품위생법 제58조 등의 규정에 의한 처분으로 말미암아 불이익을 받게 된 영업자에게 미리 변명과 유리한 자료를 제출할 기회를 부여함으로써 처분의 신중을 기하고 그 적정성을 확보하여 부당한 영업자의 권리침해를 예방하려는 데에 있으므로, 위와 같은 법령소정의 청문절차를 전혀 거치지 아니하거나 거쳤다고 하여도 그 절차적 요건을 제대로 준수하지 아니한 경우에는 가사 영업정지사유 등 위 법 제58조 등 소정사유가 인정된다고 하더라도 그 처분은 위법하여 취소를 면할 수 없는 것이다(대판 1991.7.9, 91누971).

Ⅳ 절차의 하자가 있는 처분의 효력

판례는 대체적으로 절차하자에 대해서는 취소사유로 보는 경향이 강하다. 예를 들어 행정절차법상 사전통지(행정절차법 제21조)나 청문(동법 제22조)절차를 누락한 처분이나 이유제시(동법 제

23조)의 흠결이 있는 처분에 대해서 취소사유에 해당한다고 판시하였다. 또한 거부처분이 재량행위인 경우에 사전통지의 흠결로 의견진술이 기회를 주지 않았다면 그 거부처분은 재량권을 일탈·남용한 것으로서 위법하다고 판시하고 있다.

> 민원사무를 처리하는 행정기관이 민원 1회방문 처리제를 시행하는 절차의 일환으로 민원사항의 심의·조정 등을 위한 민원조정위원회를 개최하면서 민원인에게 회의일정 등을 사전에 통지하지 아니하였다 하더라도, 이러한 사정만으로 곧바로 민원사항에 대한 행정기관의 장의 거부처분에 취소사유에 이를 정도의 흠이 존재한다고 보기는 어렵다. 다만 행정기관의 장의 거부처분이 재량행위인 경우에, 위와 같은 사전통지의 흠결로 민원인에게 의견진술의 기회를 주지 아니한 결과 민원조정위원회의 심의과정에서 고려대상에 마땅히 포함시켜야 할 사항을 누락하는 등 재량권의 불행사 또는 해태로 볼 수 있는 구체적 사정이 있다면, 거부처분은 재량권을 일탈·남용한 것으로서 위법하다.
>
> (출처: 대판 2015.8.27, 2013두1560[건축신고반려처분취소])

Ⅴ 절차의 하차와 국가배상책임의 인정 여부

판례는 국가나 지방자치단체가 행정절차를 진행하는 과정에서 주민들의 의견제출 등 절차적 권리를 보장하지 않은 위법이 있다고 하더라도, ① 추후에 절차를 다시 진행하여 행정처분 단계까지 이르지 않은 경우, ② 처분이 직권으로 취소되거나 철회된 경우, ③ 행정소송을 통하여 처분이 취소되거나 처분의 무효를 확인하는 판결이 확정된 경우 등에는 주민들이 절차적 권리의 행사를 통하여 환경권이나 재산권 등 사적 이익을 보호하려던 목적이 실질적으로 달성된 것이므로 특별한 사정이 없는 한 절차적 권리침해로 인한 정신적 고통에 대한 배상은 인정되지 않는다고 한다고 판시하고 있다.

쟁점 51 행정의 의무이행확보수단 　　　　A급

> **행정기본법 제30조(행정상 강제)**
> ① 행정청은 행정목적을 달성하기 위하여 필요한 경우에는 법률로 정하는 바에 따라 필요한 최소한의 범위
> 　 에서 다음 각 호의 어느 하나에 해당하는 조치를 할 수 있다.
> 　1. 행정대집행 : 의무자가 행정상 의무(법령 등에서 직접 부과하거나 행정청이 법령 등에 따라 부과한
> 　 　 의무를 말한다. 이하 이 절에서 같다)로서 타인이 대신하여 행할 수 있는 의무를 이행하지 아니하는
> 　 　 경우 법률로 정하는 다른 수단으로는 그 이행을 확보하기 곤란하고 그 불이행을 방치하면 공익을 크
> 　 　 게 해칠 것으로 인정될 때에 행정청이 의무자가 하여야 할 행위를 스스로 하거나 제3자에게 하게 하고
> 　 　 그 비용을 의무자로부터 징수하는 것
> 　2. 이행강제금의 부과 : 의무자가 행정상 의무를 이행하지 아니하는 경우 행정청이 적절한 이행기간을
> 　 　 부여하고, 그 기한까지 행정상 의무를 이행하지 아니하면 금전급부의무를 부과하는 것
> 　3. 직접강제 : 의무자가 행정상 의무를 이행하지 아니하는 경우 행정청이 의무자의 신체나 재산에 실력
> 　 　 을 행사하여 그 행정상 의무의 이행이 있었던 것과 같은 상태를 실현하는 것
> 　4. 강제징수 : 의무자가 행정상 의무 중 금전급부의무를 이행하지 아니하는 경우 행정청이 의무자의 재
> 　 　 산에 실력을 행사하여 그 행정상 의무가 실현된 것과 같은 상태를 실현하는 것
> 　5. 즉시강제 : 현재의 급박한 행정상의 장해를 제거하기 위한 경우로서 다음 각 목의 어느 하나에 해당하
> 　 　 는 경우에 행정청이 곧바로 국민의 신체 또는 재산에 실력을 행사하여 행정목적을 달성하는 것
> 　 　 가. 행정청이 미리 행정상 의무 이행을 명할 시간적 여유가 없는 경우
> 　 　 나. 그 성질상 행정상 의무의 이행을 명하는 것만으로는 행정목적 달성이 곤란한 경우
> ② 행정상 강제 조치에 관하여 이 법에서 정한 사항 외에 필요한 사항은 따로 법률로 정한다.
> ③ 형사(刑事), 행형(行刑) 및 보안처분 관계 법령에 따라 행하는 사항이나 외국인의 출입국·난민인정·귀
> 　 화·국적회복에 관한 사항에 관하여는 이 절을 적용하지 아니한다.

I　행정강제

행정강제란 행정목적의 실현을 확보하기 위하여 사람의 신체 또는 재산에 실력을 가함으로써 행
정권이 직접 행정상 필요한 상태를 실현하는 권력적 행위이다. 행정강제에는 행정상 강제집행과
행정상 즉시강제가 있다.

1. 행정상 강제집행(행정기본법 제30조)

행정상 강제집행이란 행정법상의 의무불이행이 있는 경우에 행정청이 의무자의 신체 또는 재
산에 실력을 가하여 그 의무를 이행시키거나 이행한 것과 동일한 상태를 실현시키는 작용을
말한다. 행정상 강제집행에는 대집행, 직접강제, 강제징수, 집행벌이 있다.

(1) 대집행

1) 의의

의무자가 행정상 의무(법령 등에서 직접 부과하거나 행정청이 법령 등에 따라 부과한 의무

를 말한다. 이하 이 절에서 같다)로서 타인이 대신하여 행할 수 있는 의무를 이행하지 아니하는 경우 법률로 정하는 다른 수단으로는 그 이행을 확보하기 곤란하고 그 불이행을 방치하면 공익을 크게 해칠 것으로 인정될 때에 행정청이 의무자가 하여야 할 행위를 스스로 하거나 제3자에게 하게 하고 그 비용을 의무자로부터 징수하는 것을 말한다.

2) 요건
① 공법상 대체적 작위의무의 불이행이 있을 것
② 다른 수단으로 그 이행을 확보하기 곤란할 것
③ 그 이행을 방치함이 심히 공익을 해한다고 인정될 것

3) 절차
① **계고** : 대집행을 하려면 상당한 이행기간을 정하여 그때까지 이행하지 아니할 때에는 대집행을 한다는 뜻을 미리 문서로 계고하여야 한다.
② **통지** : 대집행을 실행하겠다는 의사를 구체적으로 통지하는 행위이다.
③ **실행** : 해당 행정청이 스스로 또는 타인으로 하여금 대체적 작위의무를 이행시키는 물리력의 행사를 말한다.
④ **비용징수** : 대집행에 소요된 모든 비용은 해당 행정청이 의무자로부터 징수한다.

(2) 직접강제
직접강제란 의무자가 행정상 의무를 이행하지 아니하는 경우 행정청이 의무자의 신체나 재산에 실력을 행사하여 그 행정상 의무의 이행이 있었던 것과 같은 상태를 실현하는 것을 말한다.

(3) 행정상 강제징수
강제징수는 의무자가 행정상 의무 중 금전급부의무를 이행하지 아니하는 경우 행정청이 의무자의 재산에 실력을 행사하여 그 행정상 의무가 실현된 것과 같은 상태를 실현하는 것이다.

(4) 집행벌(이행강제금)
이행강제금의 부과는 의무자가 행정상 의무를 이행하지 아니하는 경우 행정청이 적절한 이행기간을 부여하고, 그 기한까지 행정상 의무를 이행하지 아니하면 금전급부의무를 부과하는 것이다.

2. 행정상 즉시강제(행정기본법 제30조 제1항 제5호)

행정상 즉시강제란 급박한 행정상의 장해를 제거할 필요가 있는 경우에 미리 의무를 명할 시간적 여유가 없을 때 또는 성질상 의무를 명하는 것만 가지고는 목적달성이 곤란할 때에 즉시 국민의 신체 또는 재산에 실력을 가하여 행정상의 필요한 상태를 실현하는 행정작용을 말한다. 행정상 즉시강제의 법적 성질은 권력적 사실행위이다.

II 행정벌

행정벌이란 행정법상의 의무위반행위에 대하여 제재로서 가하는 처벌을 말하며, 행정형벌과 행정질서벌이 있다.

1. 행정형벌

행정형벌이란 형법상의 형벌을 과하는 행정벌을 말한다.

2. 행정질서벌

행정질서벌이란 과태료가 과하여지는 행정벌이다. 일반법으로는 질서위법행위규제법이 있고 이 법률에 따라 과태료 부과, 징수 및 재판 등에 관한 사항을 규율하고 있다.

III 새로운 의무이행확보수단

1. 과징금(행정기본법 제28조와 제29조)

과징금이란 행정법규의 위반이나 행정법상의 의무 위반으로 경제상의 이익을 얻게 되는 경우에 해당 위반으로 인한 경제적 이익을 박탈하기 위하여 그 이익액에 따라 행정기관이 과하는 행정상 제재금을 말한다.

2. 변형된 과징금(감정평가법 제41조)

업무정지처분에 갈음하여 과징금을 부과할 수 있는 것으로 규정하고 있는 경우가 적지 않은데, 이와 같이 업무정지에 갈음하여 부과되는 과징금을 변형된 과징금이라 한다.

3. 가산세

가산세란 세법상의 의무의 성실한 이행을 확보하기 위하여 그 세법에 의하여 산출된 세액에 가산하여 징수되는 세금을 말한다.

4. 명단의 공표

명단의 공표란 행정법상의 의무 위반 또는 의무불이행이 있는 경우에 그 위반자의 성명, 위반 사실 등을 일반에게 공개하여 명예 또는 신용에 침해를 가함으로써 심리적인 압박을 가하여 행정법상의 의무이행을 확보하는 간접강제수단을 말한다. 최근 감정평가법 제39조의2가 신설되어 징계자에 대한 실질적인 명단 공표를 하고 있는 것으로 볼 수 있다.

> **감정평가사법 제39조의2(징계의 공고)**
> ① 국토교통부장관은 제39조 제1항 및 제2항에 따라 징계를 한 때에는 지체 없이 그 구체적인 사유를 해당 감정평가사, 감정평가법인 등 및 협회에 각각 알리고, 그 내용을 대통령령으로 정하는 바에 따라 관보 또는 인터넷 홈페이지 등에 게시 또는 공고하여야 한다.
> ② 협회는 제1항에 따라 통보받은 내용을 협회가 운영하는 인터넷홈페이지에 3개월 이상 게재하는 방법으로 공개하여야 한다.
> —이하 생략—

5. 공급거부

공급거부란 행정법상의 의무를 위반하거나 불이행한 자에 대하여 행정상의 서비스 또는 재화의 공급을 거부하는 행위를 말한다.

6. 관허사업의 제한

관허사업의 제한이란 행정법상의 의무를 위반하거나 불이행한 자에 대하여 각종 인·허가를 거부할 수 있게 함으로써 행정법상 의무의 이행을 확보하는 간접적 강제수단을 말한다.

7. 제재처분(행정기본법 제22조)

(1) 의의

제재처분이란 법령 등에 따른 의무를 위반하거나 이행하지 아니하였음을 이유로 당사자에게 의무를 부과하거나 권익을 제한하는 처분을 말한다. 행정기본법에 따른 제재처분에는 행정대집행, 이행강제금, 직접강제, 강제징수, 즉시강제와 같은 행정상 강제는 포함되지 않는다.

(2) 제재처분 법정주의

제재처분의 법적 근거는 법률에 규정되어야 한다(행정기본법 제22조 제1항).

(3) 제재처분 시 고려사항(행정기본법 제22조 제2항, 행정기본법 시행령 제3조)

① 위반행위의 동기, 목적 및 방법
② 위반행위의 결과
③ 위반행위의 횟수
④ 그밖에 제1호부터 제3호까지에 준하는 사항으로서 대통령령으로 정하는 사항(위반행위자의 귀책사유 유무와 그 정도, 위반행위자의 법 위반상태 시정·해소를 위한 노력 유무)

(4) 제재처분의 제척기간(행정기본법 제23조 제1항)

제척기간이란 행정청이 일정한 기간 내에 권한을 행사하지 아니하면 그 기간의 경과로 해당 권한이 소멸되어 더 이상 권한을 행사할 수 없게 하는 제도를 말한다. 행정기본법 제23조 제1항은 "행정청은 법령 등의 위반행위가 종료된 날부터 5년이 지나면 해당 위반행위에 대하여 제재처분을 할 수 없다."고 규정하고 있다.

(5) 제재처분의 제척기간 적용의 배제(행정기본법 제23조 제2항)

① 거짓이나 그 밖의 부정한 방법으로 인허가를 받거나 신고를 한 경우
② 당사자가 인허가나 신고의 위법성을 알고 있었거나 중대한 과실로 알지 못한 경우
③ 정당한 사유 없이 행정청의 조사·출입·검사를 기피·방해·거부하여 제척기간이 지난 경우
④ 제재처분을 하지 아니하면 국민의 안전·생명 또는 환경을 심각하게 해치거나 해칠 우려가 있는 경우

(6) 재결·판결 후의 새로운 제재처분(행정기본법 제23조 제3항)

행정청은 행정기본법 제23조 제1항에도 불구하고 행정심판의 재결이나 법원의 판결에 따라 제재처분이 취소·철회된 경우에는 재결이나 판결이 확정된 날부터 1년(합의제행정기관은 2년)이 지나기 전까지는 그 취지에 따른 새로운 제재처분을 할 수 있다.

(7) 개별법 우선의 원칙 적용(행정기본법 제23조 제4항)

다른 법률에서 행정기본법 제23조 제1항 및 제3항의 기간보다 짧거나 긴 기간을 규정하고 있으면 그 법률에서 정하는 바에 따른다.

쟁점 52 대집행   A급

I 의의

행정대집행이란 의무자가 행정상 의무(법령 등에서 직접 부과하거나 행정청이 법령등에 따라 부과한 의무를 말한다. 이하 이 절에서 같다)로서 타인이 대신하여 행할 수 있는 의무를 이행하지 아니하는 경우 법률로 정하는 다른 수단으로는 그 이행을 확보하기 곤란하고 그 불이행을 방치하면 공익을 크게 해칠 것으로 인정될 때에 행정청이 의무자가 하여야 할 행위를 스스로 하거나 제3자에게 하게 하고 그 비용을 의무자로부터 징수하는 것을 말한다(행정기본법 제30조 제1항 제1호).

II 대집행의 주체

1. 자기집행과 타자집행

행정청이 의무자가 행하여야 할 행위를 스스로 하는 것을 자기집행이라 하고, 제3자로 하여금 이를 대신 행하게 하는 것을 타자집행이라고 한다.

2. 대집행권한이 공법인에게 위탁된 경우 법률관계

대집행권한을 공법인에게 위탁한 경우, 공법인은 법령에 의하여 대집행권한을 위탁받은 자로서 대집행 실시에 따르는 권리·의무 및 책임이 귀속되는 '행정주체'의 지위를 갖는다. 따라서 해당 공법인은 대집행비용을 행정대집행법의 절차에 따라 국세징수법의 예에 따라 징수할 수 있다. 그러나 '국가배상법상의 공무원은 아니므로' 공법인에게 경과실이 있는 경우에도 그 공법인은 피해자에게 민법상의 손해배상책임을 진다.

> 한국토지공사는 구 한국토지공사법(2007.4.6. 법률 제8340호로 개정되기 전의 것) 제2조, 제4조에 의하여 정부가 자본금의 전액을 출자하여 설립한 법인이고, 같은 법 제9조 제4호에 규정된 한국토지공사의 사업에 관하여는 공익사업을 위한 토지 등의 취득 및 보상에 관한 법률 제89조 제1항, 위 한국토지공사법 제22조 제6호 및 같은 법 시행령 제40조의3 제1항의 규정에 의하여 본래 시·도지사나 시장·군수 또는 구청장의 업무에 속하는 대집행권한을 한국토지공사에게 위탁하도록 되어 있는바, 한국토지공사는 이러한 법령의 위탁에 의하여 대집행을 수권받은 자로서 공무인 대집행을 실시함에 따르는 권리·의무 및 책임이 귀속되는 행정주체의 지위에 있다고 볼 것이지 지방자치단체 등의 기관으로서 국가배상법 제2조 소정의 공무원에 해당한다고 볼 것은 아니다.
>
> (출처: 대판 2010.1.28, 2007다82950,82967[손해배상(기)·부당이득금])

III 대집행의 요건(행정대집행법 제2조)(대/다/방)

1. 공법상 의무로서 대체적 작위의무의 불이행이 있을 것

대체적 작위의무라 함은 그 의무의 이행을 타인이 대신할 수 있는 작위의무이다. 대체적 작위의무의 예로는 건물의 철거, 물건의 파기, 물건의 이전을 들 수 있다. 대체적 작위의무란 공법상 의무로서 타인이 대신해서 행할 수 있는 의무를 말한다. 그러므로 대체적 작위의무는 공법상의무이여야 하고, 사법상의 의무불이행을 이유로 대집행을 할 수 없으며, 대집행의 대상이 되는 의무는 구체적·특정적 의무이어야 한다. 의무자만 이행가능한 전문·기술적 의무는 대체성이 없고, 부작위의무와 수인의무는 성질상 대체적 작위의무가 아니다.

> **■ 토지보상법 제16조상 협의에 의한 경우 대집행 가능성 판례**
> [1] 행정대집행법상 대집행의 대상이 되는 대체적 작위의무는 공법상 의무이어야 할 것인데, 구 공공용지의 취득 및 손실보상에 관한 특례법(2002.2.4. 법률 제6656호 공익사업을 위한 토지 등의 취득 및 보상에 관한 법률 부칙 제2조로 폐지)에 따른 토지 등의 협의취득은 공공사업에 필요한 토지 등을 그 소유자와의 협의에 의하여 취득하는 것으로서 공공기관이 사경제주체로서 행하는 사법상 매매 내지 사법상 계약의 실질을 가지는 것이므로, 그 협의취득시 건물소유자가 매매대상 건물에 대한 철거의무를 부담하겠다는 취지의 약정을 하였다고 하더라도 이러한 철거의무는 공법상의 의무가 될 수 없고, 이 경우에도 행정대집행법을 준용하여 대집행을 허용하는 별도의 규정이 없는 한 위와 같은 철거의무는 행정대집행법에 의한 대집행의 대상이 되지 않는다.
> [2] 구 공공용지의 취득 및 손실보상에 관한 특례법(2002.2.4. 법률 제6656호 공익사업을 위한 토지 등의 취득 및 보상에 관한 법률 부칙 제2조로 폐지)에 의한 협의취득시 건물소유자가 협의취득대상 건물에 대하여 약정한 철거의무는 공법상 의무가 아닐 뿐만 아니라, 공익사업을 위한 토지 등의 취득 및 보상에 관한 법률 제89조에서 정한 행정대집행법의 대상이 되는 '이 법 또는 이 법에 의한 처분으로 인한 의무'에도 해당하지 아니하므로 위 철거의무에 대한 강제적 이행은 행정대집행법상 대집행의 방법으로 실현할 수 없다. (출처: 대판 2006.10.13. 2006두7096[건물철거대집행계고처분취소])

2. 다른 수단으로는 그 이행확보가 곤란할 것

의이행확보를 위한 침익성이 적은 다른 수단이 있는 경우에는 그에 의하여야 하고, 대집행은 그러한 수단이 없는 경우 부득이한 수단으로서만 발동되어야 한다(보충성의 원칙). 다른 수단이란, 대집행보다 더 경미한 수단인 행정지도 등을 말한다.

3. 의무불이행을 방치함이 심히 공익을 해하는 경우일 것

행정대집행법은 "다른 수단으로써 이행을 확보하기 곤란하고 또한 그 이행을 방치함이 심히 공익을 해할 것으로 인정될 때"에 한하여 대집행이 가능한 것으로 규정하고 있다. 그 불이행을 방치함이 심히 공익을 해할 것으로 인정될 때에 한하여 대집행이 인정되는 것으로 규정한 것은 협의의 비례원칙을 규정한 것인데, 대집행에 있어서 상대방의 권익보호를 위해 비례의 원칙을 다소 강화한 것이다.

■ 토지보상법 제89조 대집행(이/완/공)

토지보상법 제89조(대집행)

① 이 법 또는 이 법에 따른 처분으로 인한 의무를 이행하여야 할 자가 그 정하여진 기간 이내에 의무를 이행하지 아니하거나 완료하기 어려운 경우 또는 그로 하여금 그 의무를 이행하게 하는 것이 현저히 공익을 해친다고 인정되는 사유가 있는 경우에는 사업시행자는 시·도지사나 시장·군수 또는 구청장에게 「행정대집행법」에서 정하는 바에 따라 대집행을 신청할 수 있다. 이 경우 신청을 받은 시·도지사나 시장·군수 또는 구청장은 정당한 사유가 없으면 이에 따라야 한다.
② 사업시행자가 국가나 지방자치단체인 경우에는 제1항에도 불구하고 「행정대집행법」에서 정하는 바에 따라 직접 대집행을 할 수 있다.
③ 사업시행자가 제1항에 따라 대집행을 신청하거나 제2항에 따라 직접 대집행을 하려는 경우에는 국가나 지방자치단체는 의무를 이행하여야 할 자를 보호하기 위하여 노력하여야 한다.

Ⅳ 대집행의 절차(행정대집행법 제3조)

1. 계고

(1) 의의 및 법적 성질

① 계고란 상당한 이행기간을 정하여 그 기간까지 이행하지 않는 경우, 대집행을 한다는 뜻을 문서로 통지하는 것을 말한다. ② 판례는 계고처분 후 제2, 제3의 계고가 있다고 하더라도 제2, 제3의 계고는 독립한 처분이 아니라 대집행 기한의 연기통지에 불과하다고 하였다. ③ 이는 준법률행위적 행정행위 중 통지행위이다.

(2) 계고의 요건

계고처분은 ① 의무를 발생시키는 적법한 행정처분이 전제되어야 하며(대집행 요건이 계고 시에 이미 충족되었을 것), ② 이는 문서로서 이루어져야 한다. ③ 또한 대집행 의무 내용이 구체적으로 특정되어야 한다. ④ 그리고 계고 시 상당한 이행기간이 있어야 한다. 상당한 이행기간이란 사회통념상 이행에 소요되는 통상적인 기간을 말한다.

(3) 생략가능성

대집행을 위해서는 미리 계고함이 원칙이나, 행정대집행법 제3조 제3항에 따라 비상시 또는 위험이 절박한 경우와 영장 통지를 취할 여유가 없을 때에는 계고를 거치지 아니하고 대집행이 가능하다고 본다.

(4) 의무이행을 명하는 행위와 계고처분의 결합가능성

1) 문제점

대집행의 요건 중 하나인 공법상 의무의 불이행의 전제가 되는 의무의 이행을 명하는 행위와 대집행의 사전절차로서의 계고가 한 장의 문서로 가능한지가 문제된다.

2) 학설의 대립

① 상당한 기간만 부여된다면 한 장의 문서로 의무이행을 명하는 행위와 계고처분의 발령이 가능하다는 견해가 있다. ② 의무를 명하는 행위와 계고처분을 한 장의 문서로 발령하는 경우 당사자에게 기한의 이익이 상실된다는 이유로 결합이 불가능하다는 견해가 있다.

3) 대법원 판례의 태도

계고서라는 명칭의 1장의 문서로서 일정기간 내에 위법건축물의 자진철거를 명함과 동시에 그 소정기한 내에 자진철거를 하지 아니할 때에는 대집행할 뜻을 미리 계고한 경우라도 건축법에 의한 철거명령과 행정대집행법에 의한 계고처분은 독립하여 있는 것으로서 각 그 요건이 충족되었다고 볼 것이다(대판 1992.6.12, 91누13564[건물철거대집행계고처분취소]).

4) 검토

생각건대 의무이행에 필요한 상당한 기간만 주어진다면 의무이행을 명하는 행위와 계고처분을 한 장의 문서로 동시에 발령될 수 있다고 보는 것이 타당하다고 판단된다.

2. 대집행영장에 의한 통지

(1) 의의 및 법적 성질

① 대집행영장에 의한 통지는 계고에 의해 지정된 기한까지 의무가 이행되지 않은 경우에 행정청에 의해 대집행의 시기, 대집행책임자의 이름, 대집행비용의 개산액을 의무자에게 통지하는 절차를 말하며, ② 준법률행위적 행정행위인 통지에 해당한다.

(2) 생략 가능성

법률에 다른 규정이 있는 경우와 비상시 또는 위험이 절박한 때에는 예외적으로 대집행영장에 의한 통지를 생략할 수 있다.

3. 대집행의 실행

(1) 의의 및 법적 성질

대집행 실행이란 의무자가 지정된 기한까지 의무를 이행하지 않으면, 당해 행정청은 스스로 의무자가 해야 할 행위를 하거나 또는 제3자로 하여금 그 행위를 하게 하는 것을 말한다. 대집행 실행은 권력적 사실행위에 해당한다.

(2) 절차

대집행 책임자는 그가 집행책임자라는 것을 표시한 증표를 휴대하여 대집행 시 이해관계인에게 제시하여야 한다.

(3) 대집행 실행시 실력 행사의 인정 여부

1) 학설

① 긍정설은 대집행 실행을 위하여 필요한 한도 내에서 실력으로 저항을 배제하는 것은 명문의 근거가 없는 경우에도 대집행에 수반하는 기능으로 인정되어야 한다고 하나, ② 부정설은 저항을 실력으로 배제하는 것은 신체에 대하여 물리력을 행사하는 것이므로 대집행에 포함된다고 볼 수 없으므로 별도의 법률상 근거가 있어야 한다는 견해이다.

2) 대법원 판례의 태도

판례는 건물철거의무에 퇴거의무도 포함되어 있다고 보아 건물철거 대집행 과정에서 부수적으로 철거물의 점유자들에 대한 퇴거 조치를 할 수 있고, 점유자들이 적법한 행정대집행을 위력을 행사하여 방해하는 경우 필요한 경우에는 '경찰관 직무집행법'에 근거한 위험발생 방지조치 또는 형법상 공무집행방해죄의 범행 방지 내지 현행범 체포의 차원에서 경찰의 도움을 받을 수도 있다고 본다.

3) 검토

대집행 실행 시 저항을 실력으로 배제하는 것은 신체에 대하여 물리력을 행사하는 것이므로 대집행에 포함된다고 볼 수 없으므로 별도의 법률상 근거가 있어야 보는 것이 타당하다고 판단된다.

4. 비용징수

대집행의 비용은 원칙상 의무자가 부담해야 한다. 비용납부명령은 급부하명으로 행정행위이며, 항고소송의 대상이 된다.

쟁점 53 처분에 대한 이의신청 　　　　　　　　　　　　　　　　A급

I 처분에 대한 이의신청의 의의와 요건(행정기본법 제36조 제1항)

1. 이의신청의 의의

행정청의 처분에 이의가 있는 당사자는 처분을 받은 날부터 30일 이내에 해당 행정청에 이의신청을 할 수 있다. 행정기본법 제36조 제1항을 바탕으로 이의신청이란 행정청의 처분에 이의가 있는 당사자가 해당 행정청(처분청)에 이의를 신청하는 절차로 정의할 수 있다.

2. 이의신청의 대상

이의신청의 대상이 되는 처분은 행정심판법 제2조에 따른 행정심판의 대상이 되는 처분을 말한다. 행정심판법 제3조는 행정청의 처분 또는 부작위에 대하여 다른 법률에 특별한 규정이 있는 경우에는 그 특별한 규정을, 특별한 규정이 없는 경우에는 행정심판법을 적용토록 규정하고 있다.

II 이의신청에 대한 결과통지의 기한(행정기본법 제36조 제2항)

1. 이의신청에 대한 통지

행정청은 행정기본법 제36조 제1항에 따른 이의신청을 받으면 그 신청을 받은 날부터 14일 이내에 그 이의신청에 대한 결과를 신청인에게 통지하여야 한다.

2. 기간의 연장

다만, 부득이한 사유로 14일 이내에 통지할 수 없는 경우에는 그 기간을 만료일 다음 날부터 기산하여 10일의 범위에서 한 차례 연장할 수 있으며, 연장 사유를 신청인에게 통지하여야 한다. 통지는 문서로 함이 원칙이다(행정절차법 제24조).

III 처분에 대한 이의신청과 행정심판·행정소송(행정기본법 제36조 제3항)

행정기본법 제36조 제1항에 따라 이의신청을 한 경우에도 그 이의신청과 관계없이 「행정심판법」에 따른 행정심판 또는 「행정소송법」에 따른 행정소송을 제기할 수 있다. 행정기본법상 이의신청은 임의적 절차이다.

Ⅳ 행정심판청구ㆍ행정소송 제기의 기간(행정기본법 제36조 제4항)

1. 이의신청을 거친 경우

이의신청에 대한 결과를 통지받은 후 행정심판 또는 행정소송을 제기하려는 자는 그 결과를 통지받은 날(제2항에 따른 통지기간 내에 결과를 통지받지 못한 경우에는 같은 항에 따른 통지기간이 만료되는 날의 다음 날을 말한다)부터 90일 이내에 행정심판 또는 행정소송을 제기할수 있다.

2. 이의신청을 거치지 않은 경우

행정청의 처분에 이의가 있는 당사자가 해당 행정청에 이의신청을 하지 않고 바로 행정심판을 청구하는 경우에는 그 청구기간은 행정심판법이 정하는 기간, 바로 행정소송을 제기하는 경우에는 그 제소기간은 행정소송법이 정하는 바에 의한다.

Ⅴ 처분에 대한 이의신청의 적용 제외사항(행정기본법 제36조 제7항)

① 공무원 인사 관계 법령에 따른 징계 등 처분에 관한 사항
② 「국가인권위원회법」 제30조에 따른 진정에 대한 국가인권위원회의 결정
③ 「노동위원회법」 제2조의2에 따라 노동위원회의 의결을 거쳐 행하는 사항
④ 형사, 행형 및 보안처분 관계 법령에 따라 행하는 사항
⑤ 외국인의 출입국ㆍ난민인정ㆍ귀화ㆍ국적회복에 관한 사항
⑥ 과태료 부과 및 징수에 관한 사항

쟁점 54 처분의 재심사 C급

I 처분의 재심사의 의의와 요건(행정기본법 제37조 제1항)

1. 의의

처분의 재심사란 행정청의 처분에 일정한 사유가 있는 경우, 당사자가 해당 행정청에 그 처분의 취소·철회 또는 변경을 신청하는 절차이다.

2. 대상과 제외사항

처분의 재심사의 대상은 처분이다. 다만 재심사 대상에서 제외되는 처분은 ① 제재처분 및 행정상 강제, ② 법원이 확정판결이 있는 처분이다. 제재처분 및 행정상 강제는 처분의 재심사의 대상에서 제외된다. 제재처분이나 행정상 강제에 해당하지 않는 처분일지라도 그 처분에 관해 법원의 판결이 있다면, 처분의 재심사의 대상에서 제외된다.

3. 신청사유(요건)

행정기본법 제37조 제1항은 처분의 재심사 신청의 남용을 방지하기 위하여 처분의 재심사를 신청할 수 있는 사유를 3가지 경우로 제한하고 있다.
① 처분의 근거된 사실관계 또는 법률관계가 추후에 당사자에게 유리하게 바뀐 경우
② 당사자에게 유리한 결정을 가져다 주었을 새로운 증거가 있는 경우
③ 민사소송법 제451조에 따른 재심사유에 준하는 사유가 발생한 경우 등 대통령으로 정하는 경우

II 처분의 재심사 신청의 제한(행정기본법 제37조 제2항)

1. 의의 및 취지

행정기본법 제37조 제1항에 따른 신청은 해당 처분의 절차, 행정심판, 행정소송 및 그 밖의 쟁송에서 당사자가 중대한 과실 없이 제1항 각 호의 사유를 주장하지 못한 경우에만 할 수 있다.

2. 제한사유로서의 중대한 과실

행정기본법 제37조 제1항이 정하는 사유가 있다고 하여도, 당사자가 해당 처분의 절차, 행정심판, 행정소송 및 그 밖의 쟁송에서 중대한 과실로 그 사유를 주장하지 않았다면, 당사자는 그 사유를 근거로 처분의 재심사를 청구할 수 없다. 고의로 그 사유를 주장하지 아니한 경우도 마찬가지이다. 따라서 당사자가 처분의 재심사를 신청할 수 있는 것은 해당 처분의 절차, 행정심판, 행정소송 및 그 밖의 쟁송에서 경과실 또는 경과실 없이 그 사유를 주장하지 못한 경우에 한한다.

Ⅲ 처분의 재심사 신청기한(행정기본법 제37조 제3항)

행정기본법 제37조 제1항에 따른 신청은 당사자가 동조 제1항 각 호의 사유를 안 날부터 60일 이내에 하여야 한다. 다만, 처분이 있은 날부터 5년이 지나면 신청할 수 없다.

Ⅳ 처분의 재심사 결과 통지의 기간(행정기본법 제37조 제4항)

행정기본법 제37조 제1항에 따른 신청을 받은 행정청은 특별한 사정이 없으면 신청을 받은 날부터 90일(합의제행정기관은 180일) 이내에 처분의 재심사 결과(재심사 여부와 처분의 유지ㆍ취소ㆍ철회ㆍ변경 등에 대한 결정을 포함한다)를 신청인에게 통지하여야 한다. 다만, 부득이한 사유로 90일(합의제행정기관은 180일) 이내에 통지할 수 없는 경우에는 그 기간을 만료일 다음 날부터 기산하여 90일(합의제행정기관은 180일)의 범위에서 한 차례 연장할 수 있으며, 연장 사유를 신청인에게 통지하여야 한다.

Ⅴ 처분의 재심사와 행정심판ㆍ행정소송의 관계(행정기본법 제37조 제5항)

행정기본법 제37조 제4항에 따른 처분의 재심사 결과 중 처분을 유지하는 결과에 대해서는 행정심판, 행정소송 및 그 밖의 쟁송수단을 통하여 불복할 수 없다.

Ⅵ 처분의 재심사와 직권취소ㆍ철회의 관계(행정기본법 제37조 제6항)

행정기본법 제37조 제6항에서 "행정청의 제18조에 따른 취소와 제19조에 따른 철회는 처분의 재심사에 의하여 영향을 받지 아니한다."고 규정하고 있어 직권취소나 철회는 처분의 재심사에 영향을 받지 아니한다.

Ⅶ 처분의 재심사의 적용 제외사항(행정기본법 제37조 제8항)

① 공무원 인사 관계 법령에 따른 징계 등 처분에 관한 사항
② 「노동위원회법」 제2조의2에 따라 노동위원회의 의결을 거쳐 행하는 사항
③ 형사, 행형 및 보안처분 관계 법령에 따라 행하는 사항
④ 외국인의 출입국ㆍ난민인정ㆍ귀화ㆍ국적회복에 관한 사항
⑤ 과태료 부과 및 징수에 관한 사항
⑥ 개별 법률에서 그 적용을 배제하고 있는 경우

쟁점 55 | 국가배상책임의 법적 근거와 법적 성질 | A급

I 의의

국가배상제도란 국가가 자신의 사무수행과 관련하여 위법하게 타인에게 손해를 가한 경우 피해자에게 손해를 배상해 주는 제도이다. 국가배상제도는 법치국가에서 기본권을 존중하고 보장하기 위한 제도이다.

II 국가배상책임의 법적 근거

1. 헌법상 근거

헌법 제29조는 "공무원의 직무상 불법행위로 손해를 받은 국민은 법률이 정하는 바에 의하여 국가 또는 공공단체에 정당한 배상을 청구할 수 있다"고 규정하고 있다.

2. 실정법률의 근거(국가배상법의 지위)

국가배상법은 국가나 지방자치단체의 손해배상(損害賠償)의 책임과 배상절차를 규정함을 목적으로 한다고 규정하고 있다. 국가배상책임은 특별법이 있는 경우에는 특별법을 우선적으로 적용하고, 일반적인 경우 국가배상법, 민법 순으로 적용된다.

III 국가배상책임의 법적 성질

1. 견해의 대립

(1) 사권설

공권설은 실정법상 공·사법의 2원적 체계가 있다는 점, 국가배상법은 공법적 원인으로 야기되는 배상문제를 규율하는 법이라는 점 등을 이유로 국가배상법을 공법으로 보는 견해이다. 이에 따르면 국가배상청구권은 공권이고, 국가배상소송은 공법상 당사자소송에 의한다.

(2) 공권설

공권설은 실정법상 공·사법의 2원적 체계가 있다는 점, 국가배상법은 공법적 원인으로 야기되는 배상문제를 규율하는 법이라는 점등을 이유로 국가배상법을 공법으로 보는 견해이다. 이에 따르면 국가배상청구권은 공권이고, 국가배상소송은 공법상 당사자소송에 의한다.

2. 대법원 판례의 태도

판례는 국가배상책임을 민사상 손해배상책임의 일종으로 보고, 국가배상법을 민법의 특별법으로 보고 있다.

3. 검토

국가배상책임의 원인이 되는 행위가 공행정작용이라는 것과 국가배상책임의 문제가 공익과 관련이 있다는 것을 논거로, 국가배상책임을 공법상 책임(공권설)으로 봄이 타당하다고 보여진다. 다만 대법원 판례는 사권설을 취하므로 실무적으로 민사상 손해배상책임의 일종으로 보아 민사소송으로 권리구제를 받는 것이 타당하다.

Ⅳ 국가배상법상 배상책임의 유형

국가배상법은 배상책임의 유형으로 ① 공무원의 직무상 불법행위로 인한 배상책임과 ② 영조물의 설치·관리상의 하자로 인한 배상책임의 2가지 유형을 규정하고 있다.

쟁점 56 국가배상책임의 요건(공무원의 직무상 불법행위로 인한 손해배상책임) A급

Ⅰ 국가배상책임의 의의 및 취지(공/직/고/위/인/손)

국가배상법 제2조는 "국가나 지방자치단체는 공무원 또는 공무를 위탁받은 사인(이하 "공무원"이라 한다)이 직무를 집행하면서 고의 또는 과실로 법령을 위반하여 타인에게 손해를 입히거나, 「자동차손해배상 보장법」에 따라 손해배상의 책임이 있을 때에는 이 법에 따라 그 손해를 배상하여야 한다"고 규정하고 있다. 국가배상은 위법한 공권력 행사에 대한 금전적 배상 취지로 이하에서는 국가배상책임 요건에 대하여 구체적으로 살펴보기로 한다.

Ⅱ 공무원(여기서 공무원은 최광의의 공무원)

국가배상법 제2조는 "공무원 또는 공무를 위탁받은 사인"을 공무원으로 규정하고 있는데, 여기서 공무원이라 함은 기능상 개념을 의미하므로, 국가공무원법 및 지방공무원법 등에 의하여 공무원의 신분을 가진 자 뿐만 아니라 실질적으로 공무에 종사하는 모든 자를 포함하는 것으로 보는 것이 통설과 판례의 입장이다.

Ⅲ 직무행위

1. 직무행위의 의미 및 판단기준

국가배상법 제2조가 적용되는 직무행위에 관하여 판례 및 다수설은 공권력 행사 외에 비권력적 공행정작용을 포함하는 모든 공행정작용을 의미한다고 본다. 국가배상법 제2조 제1항의 "직무를 집행하면서"라 함은 직무행위 자체는 물론 객관적으로 직무의 범위에 속한다고 판단되는 행위 및 직무와 밀접히 관련된 행위를 말한다. 직무행위인지 여부는 실제로 해당 공무원에게 직무집행의 의사가 있었는지 여부에 관계 없이, 객관적으로 직무행위의 외관을 갖추고 있는지 여부에 따라 판단하여야 한다.

2. 직무행위의 범위(내용)

(1) 입법작용으로 인한 국가배상책임

국회의 입법작용도 직무행위에 해당한다. 판례에 의하면 국회가 지는 국민에 대한 직무상 의무의 위반으로서, 그 입법 내용이 헌법의 문언에 명백히 위배된 경우 또는 헌법에 의하여 부과되는 구체적인 입법의무를 이행하지 않은 경우 불법행위가 성립한다.

(2) 사법작용으로 인한 국가배상책임

법관의 재판 등 사법작용도 직무행위에 해당한다. 즉, 사법작용으로 인한 손해의 배상에 대하여도 원칙상 국가배상법이 적용된다. 사법작용 중 재판이 아닌 행위에 대하여 국가배상법이 적용되는 데에는 큰 문제가 없지만 재판행위에 있어서는 재판행위의 특성에 비추어 특별한 고찰을 요한다. 판결이 상소심이나 재심에서 취소되었다는 것만으로 국가배상법상 위법이 인정되지는 않는다. 판례는 재판행위의 국가배상법상의 위법을 법관이 위법 또는 부당한 목적을 가지고 재판을 하였다거나 법이 법관의 직무수행상 준수할 것을 요구하고 있는 기준을 현저하게 위반하는 등 법관이 그에게 부여된 권한의 취지에 명백히 어긋나게 이를 행사하였다고 인정할 만한 특별한 사정이 있는 경우에 한하여 제한적으로 인정하고 있다(대판 2003.7.11, 99다24218). 즉 대법원은 재판에 대하여 따로 불복절차 또는 시정절차가 마련되어 있음에도 불구하고 그와 같은 시정을 구하지 아니한 결과 권리 내지 이익을 회복하지 못한 사람은 원칙적으로 국가배상에 의한 권리구제를 받을 수 없다고 판시하여 법관의 재판작용에 있어서 국가배상책임의 보충성을 인정하고 있다. 대법원은 이러한 국가 배상책임의 보충성은 가압류와 같은 보전재판에서도 적용된다고 판시하였다. 다만, 대법원은 적법한 헌법소원심판청구임에도 불구하고 헌법재판소 재판관이 청구기간을 오인하여 각하결정을 한 경우, 이에 대한 불복절차 내지 시정절차가 없으므로 국가배상책임을 인정할 수 있다고 판시한 바 있다.

(3) 행정작용으로 인한 국가배상책임

행정행위(법률행위적 행정행위와 준법률행위적 행정행위, 기속행위 및 재량행위 등), 권력적 사실행위, 행정지도 등의 비권력적 사실행위, 작위 및 부작위 모두 포함한다.

3. 소결

직무행위에는 행정작용, 입법작용, 사법작용, 법적 행위, 사실행위, 작위·부작위, 재량행위를 불문하고 모두 포함된다는 것이 일반적 견해이다.

Ⅳ 직무를 집행하면서(직무집행관련성, 직무관련성)

공무원의 불법행위에 의한 국가의 배상책임은 공무원의 가해행위가 직무집행행위인 경우뿐만 아니라 그 자체는 직무집행행위가 아니더라도 직무와 일정한 관련이 있는 경우, 즉 '직무를 집행하면서 행하여진 경우'에 인정된다. 직무집행에 해당하는 여부는 견해의 대립은 있으나, 당해 행위가 현실적으로 정당한 권한 내의 것인지 또는 행위자인 공무원이 주관적으로 직무집행의 의사를 가지고 있는지 여부와 관계없이 객관적으로 직무행위의 외관을 갖추고 있는지 여부에 따라 판단하여야 한다는 외형설이 통설 및 판례 입장이다.

Ⅴ 고의 또는 과실로 인한 행위

고의란 자신의 행위로 일정한 결과의 발생을 인식하면서, 그 결과의 발생을 용인하고 그 행위를 하는 심리상태를 말한다. 과실이란 자신의 행위로 일정한 결과가 발생할 것을 알 수 있었음에도 불구하고, 부주의로 그 결과의 발생을 인식하지 못하고 그 행위로 하는 심리상태를 말한다. 다수설 및 판례는 과실을 공무원 개인의 주관적 능력과 관계없이 표준적·평균적인 공무원을 기준한다.

VI 법령에 위반할 것(법령 위반, 위법)

1. 법령의 의미

국가배상법은 법령 위반을 요구하고 있는데, 여기에서 "법령"이 무엇을 의미하는지에 관하여 학설의 일반적 견해는 법 일반을 의미한다고 본다. 성문법령뿐만 아니라 관습법, 법의 일반원칙, 조리 등 불문법도 포함한다. 행정규칙은 법규성을 갖지 않는 한 법령에 포함되지 않는다는 견해가 일반적 견해이다.

2. 국가배상법상 위법의 개념(위법의 일반적 판단기준)

(1) 문제점

국가배상의 본질을 어떻게 볼 것인가에 따라 국가배상법상의 법령위반의 판단의 대상 및 판단기준, 즉 국가배상법상의 위법개념(법령위반의 의미)과 관련하여 견해대립이 있다.

(2) 학설

① **결과위법설** : 가해행위의 결과인 손해의 불법을 의미한다고 보는 견해이다.

② **상대적 위법성설** : 피침해이익의 성격과 침해의 정도 및 가해행위의 태양 등을 종합적으로 고려하여 행위가 객관적으로 정당성을 결여한 경우를 의미한다고 보는 견해이다.

③ **협의의 행위위법성설** : 항고소송에서의 위법과 동일하게 가해행위가 법령에 합치하는가 여부에 따라 위법성을 판단하는 견해이다.

④ **광의의 행위위법성설** : 가해행위가 법령에 반하는 경우 이외에, 국가의 일반적인 손해방지의무의 위반도 위법의 개념에 포함시키는 견해이다.

⑤ **직무의무위반설** : 국가배상법상의 위법을 대국민 관계에서의 공무원의 직무의무 위반으로 보는 견해이다.

(3) 대법원 판례의 태도

"행정처분의 담당공무원이 보통 일반의 공무원을 표준으로 하여 볼 때 객관적 주의의무를 결하여 그 행정처분이 객관적 정당성을 상실하였다고 인정될 정도에 이른 경우에 국가배상법 제2조 소정의 국가배상책임의 요건을 충족하였다고 봄이 상당할 것이며, 이 때에 객관적 정당성을 상실하였는지 여부는 피침해이익의 종류 및 성질, 침해행위가 되는 행정처분의 태양 및 그 원인, 행정처분의 발동에 대한 피해자측의 관여의 유무, 정도 및 손해의 정도 등 제반 사정을 종합하여 손해의 전보책임을 국가 또는 지방자치단체에게 부담시켜야 할 실질적인 이유가 있는지 여부에 의하여 판단하여야 한다.(대판 2000.5.12, 99다70600[손해배상(기)])"라고 판시하여 최근의 주류적 판례는 상대적 위법성설 입장이다.

(4) 검토

1) 상대적 위법성설을 취하는 경우

국가배상제도는 구체적 사건에 있어서 결국 손해를 보충하는 것이므로 사안에 따라 공평하고 탄력적인 결론을 이끌어 낼 수 있고 위법성을 완화하여 해석함이 피해자에게 유리하다는 점에서 상대적 위법성설이 타당하다고 판단된다.

2) 협의의 행위위법설을 취하는 경우

위법의 개념을 다양화하는 것은 법질서의 일체성에 반할 뿐 아니라 분쟁의 일회적 해결에도 도움이 되지 않는다. 취소소송의 본안판단에서의 위 법의 본질이 법규위반임을 고려할 때 국가배상법상 위법도 법질서위반이라는 단일한 가치판단으로 보아야 할 것인바 협의의 행위위법설이 타당하다고 생각된다.

VII 상당인과관계

국가배상책임이 발생하기 위해서는 공무원의 가해행위와 손해의 발생 사이에 인과관계가 인정되어야 하는바, 이런 인과관계의 판정은 관련법령, 가해행위의 태양, 피해의 정도 등을 종합적으로 고려하여 판단하여야 할 것이다.

VIII 타인에게 손해발생

손해는 법익침해로 인한 불이익을 말하며, 재산적 손해·비재산적(생명·신체) 손해, 적극적 손해·소극적 손해를 가리지 않는다.

쟁점 57 국가배상책임의 성질과 피해자의 선택적 청구 인정 여부 C급

Ⅰ 국가배상책임의 성질

1. 문제점

국가 또는 지방자치단체가 가지는 배상책임의 성질에 대하여는 견해가 대립된다.

2. 견해의 대립

① **자기책임설** : 국가 또는 지방자치단체의 기관(공무원)의 행위라는 형식을 통하여 국가 또는 지방자치단체가 직접 부담하는 자기책임이며 민사상 법인의 불법행위책임에 해당한다고 한다.

② **대위책임설** : 배상책임은 원래 가해 공무원 자신이 부담하여야 할 책임이나 국가 또는 지방자치단체가 이를 대신하여지는데 불과하며, 선임·감독자로서의 책임으로 인정되고 있는 민법상의 사용자 책임과 다르다고 한다.

③ **중간설** : 공무원의 고의 또는 중과실에 기인하는 경우에는 기관행위로서의 성질을 가지지 못하므로 대위책임이지만, 경과실에 의한 행위는 기관행위로 볼 수 있으므로 자기 책임이라는 견해이다.

④ **절충설** : 공무원의 행위가 경과실에 기한 경우에는 국가기관의 행위로 볼 수 있어 국가의 자기책임이지만, 고의·중과실에 따른 행위는 국가기관의 행위로 볼 수 없어 공무원만이 배상책임을 지고 국가는 책임이 없지만 그 행위가 직무로서 외형을 갖춘 경우에는 피해자와의 관계에서 국가도 일종의 자기책임으로서 배상책임을 진다는 견해이다.

3. 대법원 판례의 태도

대법원은 경과실의 경우에는 공무원은 국가 등의 기관으로서 그 책임은 전적으로 국가 등에만 귀속되고 공무원 개인에게는 대내적·대외적 책임을 부담하지 않는데 반해, 고의·중과실의 경우에는 공무원 개인과 국가 등이 중첩적으로 대외적 책임을 부담하고 궁극적으로 공무원 개인이 대내적 책임도 부담한다고 본다. 이러한 판례의 입장에 대해서 다수설은 판례가 절충설을 취하고 있는 것으로 평가한다.

4. 소결

대위책임설은 재정적 이유로 국가가 대신 책임을 진다는 국가무책임사상에 기초한다는 점에서 타당하지 않다. 공무원의 행위는 국가기관의 행위에서 한 것이므로 기관의 행위는 위법·적법을 불문하고 국가 등 법인격주체에게 그 효과가 귀속된다고 보아야 한다는 점에서 자기책임설이 타당하다고 판단된다.

Ⅱ 선택적 청구의 가능성

1. 문제점

피해자는 국가·지방자치단체와 가해공무원 중 어느 쪽에나 선택적으로 배상을 청구할 수 있는지에 대해 견해기 대립한다. 즉 국가배상책임의 피해자가 가해공무원에 대해서도 직접적으로 손해배상을 청구할 수 있는지 문제시 된다.

2. 학설

① **자기책임설(긍정설)** : 공무원의 위법행위 방지기능과 피해자의 권리구제 기능을 강조한다. 국가배상책임을 국가의 자기책임으로 본다면, 국가의 책임과 공무원 개인의 책임은 독립하여 성립되는 것이므로 국가의 책임과 별도로 공무원의 책임을 인정하는 것이 논리적이라고 본다.

② **대위책임설(부정설)** : 공무원에 대한 위법방지기능은 구상권과 정계책임을 통해 충분히 담보할 수 있다고 본다. 국가배상책임을 대위책임으로 보는 견해에 의하면 공무원의 책임을 국가가 갈음하여 지는 것이므로 공무원의 피해자에 대한 직접책임을 인정하지 않는 것이 논리적이라고 본다.

③ **중간설**은 논리적 연관성을 부정하여, 공무원의 고의 중과실·경과실을 구별하지 않고 국가 등이 배상책임을 지고 있기에 공무원은 대외적으로 배상책임을 지지 않는다고 한다.

④ **절충설** : 손해발생이 공무원의 경과실로 인한 경우 선택적 청구권을 부인하되, 고의 중과실에 해당하는 경우 공무원 개인과 국가 등에 대하여 선택적 청구권을 인정한다.

3. 대법원 판례의 태도

공무원이 경과실로 타인에게 손해를 입힌 경우에는 이러한 공무원의 행위는 여전히 국가의 기관으로서의 행위로 보아 그로 인한 손해배상책임도 전적으로 국가에게만 귀속시켜야 한다고 본다. 그러나 공무원의 위법행위가 고의·중과실인 경우에는 그와 같은 행위는 기관행위로서의 품격을 상실하여 국가에게 그 책임을 귀속시킬 수 없으므로 공무원에게 손해배상책임을 부담시키되 피해자를 두텁게 보호하기 위하여 국가도 공무원 개인과 중첩적으로 배상책임을 부담하되 국가가 배상책임을 지는 경우에는 공무원 개인에게 구상할 수 있도록 함으로서 궁극적으로 그 책임이 공무원 개인에게 귀속되도록 하여야 한다고 판시하였다.

4. 검토

대법원에서 적시한 바와 같이 "공무원의 위법행위가 고의·중과실인 경우에는 그와 같은 행위는 기관행위로서의 품격을 상실하여 국가에게 그 책임을 귀속시킬 수 없으므로 공무원에게 손해배상책임을 부담시키되 피해자를 두텁게 보호하기 위하여 국가도 공무원 개인과 중첩적으로 배상책임을 부담하되 국가가 배상책임을 지는 경우에는 공무원 개인에게 구상할 수 있도록 함으로서 궁극적으로 그 책임이 공무원 개인에게 귀속되도록 하여야 한다."고 판시한 판례가 타당하다고 판단된다.

I 의의

행정상 결과제거청구권이란 위법한 행정작용의 결과로서 남아 있는 상태로 인하여 자기의 법률상 이익을 침해받고 있는 자가 행정주체를 상대로 그 위법한 상태를 제거해 줄 것을 청구하는 권리를 말한다.

II 법적 성질

행정상 결과제거청구권의 성질이 공권인지 물권적 청구권인지의 견해가 대립되나, 행정상 결과제거청구권은 행정주체의 공권적 행정작용에 의하여 야기된 결과로서 위법한 상태의 제거를 목적으로 한다는 점에서 공권으로 보아야 할 것이다.

III 법적 근거

공법상 결과제거청구권을 일반적으로 인정하는 명문 규정은 없다. 법치행정의 원리, 기본권 규정, 민법상 소유권방해배제청구권 등의 관계 규정의 유추적용에서 법적 근거를 찾고, 취소판결의 기속력 규정인 행정소송법 제30조를 근거로 보는 견해가 있다.

IV 성립요건

① 법적 행위뿐만 아니라 사실행위도 포함하는 공행정작용으로 인한 침해로 위법한 상태가 야기되어 권리 또는 법적 이익이 침해되고 있어야 한다.
② 위법한 상태의 존재 여부는 사실심 변론종결 시를 기준으로 판단한다.
③ 원상회복이 사실상 가능하고, 법률상 허용되어야 하며, 원상회복이 행정주체에게 기대가능한 것이어야 한다.

V 내용 및 한계

결과제거청구권은 위법한 행정작용에 의하여 야기된 현존하는 결과의 제거를 그 내용으로 한다. 위법한 상태의 발생에서 피해자의 과실도 있는 경우에 민법상 과실상계규정(민법 제396조)은 결과제거청구권의 행사에도 준용될 수 있다.

Ⅵ 쟁송절차

공법상 결과제거청구권에 관한 소송은 행정소송의 일종으로서 당연히 행정소송법상 당사자소송에 의해야 할 것이다. 그러나 현재 판례는 당사자소송으로서 공법상 위법상태의 제거를 구하는 당사자소송(이행소송)을 인정하지 않고 있다.

쟁점 59 행정상 손실보상   A급

Ⅰ 의의

행정상 손실보상이란 공공필요에 의한 적법한 공권력행사에 의하여 개인에게 가하여진 특별한 희생에 대하여 사유재산권의 보장과 공평부담의 견지에서 행정주체가 행하는 조절적인 재산적 전보를 말한다. 행정상 손실보상은 그 보상원인이 적법한 공권력행사에 의한 것이며, 그 손실은 적법하게 과하여진 특별한 희생이라는 점 등에서 행정상 손해배상과 다르다.

Ⅱ 근거

1. 이론적 근거

① 기득권설, ② 은혜설, ③ 특별한 희생설, ④ 생존권보장설 등의 견해가 있다. 특별한 희생을 보상하는 것이 일반적 견해이다.

2. 헌법적 근거

헌법 제23조 제3항에서는 '공공필요에 의한 재산권의 수용·사용 또는 제한 및 그에 대한 보상은 법률로써 하되, 정당한 보상을 지급하여야 한다.'고 규정하고 있다.

3. 개별법

공익사업을 위한 토지 등의 취득 및 보상에 관한 법률과 그 외 개별법에 산재되어 있다.

Ⅲ 손실보상의 법적 성질

1. 학설 및 판례

손실보상청구권에 대해 공권설과 사권설의 견해가 대립하고 있다. 이에 대해 종전 판례는 사권으로 보았으나 최근 하천법상 손실보상청구권과 관련하여 행정상 당사자소송의 대상이 된다고 판시한바 있다.

2. 검토

손실보상청구권은 ① 공익을 위하여 공권력으로 적법하게 개인의 재산권을 침해하는 것으로서 사법관계에서 볼 수 없는 공법에 특유한 현상이라는 점, ② 손실보상에 관하여 규정한 실정법이 손실보상의 청구에 관하여 전심절차로서 행정심판절차(토지보상법 제83조 이의신청 등)를 고려할 때 공권으로 봄이 타당하다.

Ⅳ 손실보상의 요건

1. 공공필요

공공필요는 일정한 공익사업을 시행하거나 공공복리를 달성하기 위해 재산권의 제한이 불가피한 것을 말한다. 재산권에 대한 침해로 얻게 되는 공익과 사인이 재산권을 보유함으로써 얻게 되는 사익 간의 이익형량을 통해 판단한다.

2. 재산권에 대한 공권적 침해

재산적 가치가 있는 공·사법적 권리에 대한 침해를 말하며, 침해의 형태는 수용, 사용, 제한이 있다.

3. 침해의 적법성 및 법적 근거

재산권 보장의 예외인바, 법률유보원칙, 법률우위원칙에 위반되서는 안 되며, 법적 근거를 갖는 적법한 침해여야 한다.

4. 특별한 희생

(1) 의의

특별한 희생이란 타인과 비교하여 재산권에 일반적으로 내재하는 사회적 제약을 넘어선 손실을 의미한다.

(2) 학설

① 형식설 : 재산권에 대한 침해행위가 일반적인 것이냐 개별적인 것이냐의 형식적 표준에 따라 특정인 또는 한정된 범위 안의 자에 대한 침해행위만을 '특별한 희생'으로 본다.

② 실질설 : 재산권 침해의 본질성과 강도라고 하는 실질적 표준에 의하여 구별하려는 견해로서, 그 침해가 재산권의 본질인 배타적 지배권을 침해하지 아니하는 범위 안의 것일 때에는 재산권에 내재한 사회적 제약이고, 일반적 부담 이상으로 재산권의 본질을 침해하는 것일 때에는 재산권의 내재적 제약의 범위를 넘은 것이므로 손실보상을 요하는 '특별희생'에 해당된다는 것이다. 실질설에 입각한 견해도 그 구체적인 주장은 다음과 같이 다르다.

　㉠ 목적위배설 : 공용침해가 재산권의 객관적인 종래 목적을 침해하는 경우에는 특별한 희생으로 본다는 견해이다.

　㉡ 사적효용설 : 헌법이 보장하는 사유재산제도의 본질을 사적효용성이라 보고 당해 재산권의 본래의 사적효용을 침해한 경우 특별한 희생이라고 보는 견해이다.

　㉢ 보호가치성설 : 사회의 역사, 가치관, 법률의 취지 등에 의해 보호가치 있는 재산권에 대한 침해는 특별한 희생이라고 보는 견해이다.

　㉣ 수인기대가능성설 : 공공필요에 의한 재산권의 침해가 수인을 기대할 수 있는지의 여부에 따라서 특별희생을 판단하는 견해이다.

　　ⓜ 중대성설 : 침해의 중대성과 범위에 비추어 사인이 수인할 수 없는 경우에만 보상이
　　　주어지는 특별한 희생이라고 보는 견해이다.

　　ⓗ 상황구속성설 : 공용침해 당시 토지의 이용형태 및 사회적 상황 등 구체적 상황에 따라
　　　특별희생을 판단하는 견해로서, 당해 재산권이 처한 상황에 비추어 재산권주체가 이미
　　　예견할 수 있는 단순한 행사상의 제한이 가해지는 경우는 사회적 제약에 해당되나, 당
　　　해 재산권의 효용이 거부되거나 본질적으로 제약당하는 경우에는 공용침해로 인한 특
　　　별한 희생으로 보는 견해이다.

　　ⓢ 사회적 비용설 : 재산권추계에게 손실보상을 하기 위해서는 범위와 액수의 조사비용,
　　　제도운용비용 등의 현실적 한계가 있으므로 개인의 특별한 희생이 사회적 비용을 상회
　　　하는 시점을 손실보상의 기점으로 보는 견해이다.

　③ 절충설(통설)

　　특별희생과 사회적 제약을 구별하는 기준으로서 형식설과 실질설은 일면 타당성을 지니
　　는 반면 어느 하나만으로는 완전한 구별기준이 될 수 없으므로 양 설을 종합적으로 고려
　　하여 개별적, 구체적으로 판단하여야 한다는 견해이다.

(3) 판례

　대법원은 개발제한구역지정은 공공복리에 적합한 합리적인 제한이라 판시하였으며, 헌법재
　판소는 토지를 종래 목적으로의 사용이 불가하거나, 실질적으로 토지의 사용, 수익이 제한된
　경우 이는 수인한도를 넘어선다고 판시하였다.

(4) 검토

　형식설과 실질설 모두 특별한 희생을 파악하는 데 적절하므로, 이를 종합적으로 고려하는
　절충설이 타당하다고 보인다.

5. 보상규정의 존재

(1) 문제점(헌법 제23조 제3항의 효력논의)

　법률에 보상규정이 있어야 하나 보상규정이 없는 경우에도 보상을 할 수 있는지가 헌법 제23
　조 제3항의 해석과 관련하여 문제된다.

(2) 학설

　① 방침규정설 : 법률에 보상규정을 두지 않으면 손실보상을 청구할 수 없다는 견해이다.

　② 직접효력설 : 헌법 제23조 제3항을 직접 근거로 손실보상청구가 가능하다는 견해이다.

　③ 유추적용설 : 헌법 제23조 제1항 및 헌법 제11조에 근거하고, 헌법 제23조 제3항 및 관
　　계규정을 유추적용한다는 견해이다.

　④ 위헌무효설 : 헌법 제23조 제3항은 불가분조항이므로 보상규정이 없으면 이에 반하는 위법
　　한 수용인바 손해배상을 청구해야 한다는 견해이다.

　⑤ 보상입법부작위위헌설 : 손실보상을 규정하지 않은 입법부작위가 위헌으로 입법부작위에
　　대한 헌법소원을 통해 해결해야 한다는 견해이다.

(3) 판례

대법원은 시대적 상황에 따라 직접효력설, 유추적용설 등 태도를 달리하고, 헌법재판소는 보상입법의무의 부과를 통해 보상규정이 없는 경우의 문제를 해결한다고 판시하였다.

(4) 검토

특별한 희생에 해당하는 경우 보상해주어야 하므로 헌법 제23조의 유추적용이 타당하나, 헌법재판소는 보상입법을 강조하며 유추적용을 부정한다. 생각건대, 보상입법의 경우 입법에 상당기간이 소요되므로 국민권익의 신속한 구제를 위해 직접적용설의 입장에서 해결하는 것이 타당하다.

쟁점 60 행정상 손실보상의 기준   A급

I 헌법상 기준

1. 문제점

헌법 제23조 제3항에서는 '정당한 보상'이라고 규정하고 있으나, 정당보상의 의미가 추상적인 바 해석이 문제된다.

2. 학설

① **완전보상설** : 피침해재산이 가지는 완전한 가치를 보상해야 한다는 견해이다.

② **상당보상설** : 사회통념상 합당한 보상이면 되고 합리적 사유가 있으면 하회할 수 있다는 견해이다.

③ **절충설** : 완전보상을 요하는 경우와 상당보상을 요하는 경우로 나누어 판단해야 한다는 견해이다.

3. 판례

대법원은 시기, 방법 등에 어떠한 제한도 없는 완전한 보상을 의미한다고 판시하였으며, 헌법재판소는 피수용자의 객관적 가치를 완전하게 보상하여야 한다고 판시하였다.

4. 검토

피수용자의 객관적 가치를 완전하게 보상함은 물론 대물적 보상만으로는 보상되지 않는 부분에 대한 생활보상을 지향함이 타당하다.

II 토지보상법상 기준

1. 시가보상(토지보상법 제67조 제1항)

시가보상이란 협의 성립 당시의 가격 및 재결 당시의 가격을 기준으로 보상하는 것을 말하며 이는 개발이익배제 보상액의 적정성 등에 취지가 있다.

2. 개발이익배제(토지보상법 제67조 제2항)

개발이익배제란 보상액 산정에 있어서 해당 공익사업으로 인하여 토지 등의 가격에 변동이 있는 때에는 이를 고려하지 않는 것을 말한다.

3. 공시지가 기준보상(토지보상법 제70조 제1항)

협의나 재결에 의하여 취득하는 토지에 대하여는 공시지가를 기준으로 하여 보상하되, 그 공시기준일부터 가격시점까지의 관계 법령에 따른 그 토지의 이용계획, 해당 공익사업으로

인한 지가의 영향을 받지 아니하는 지역의 대통령령으로 정하는 지가변동률, 생산자물가상
승률과 그 밖에 그 토지의 위치, 형상, 환경, 이용상황 등을 고려하여 평가한 적정가격으로
보상하여야 한다. 이는 개발이익배제에 취지가 인정된다.

Ⅲ 생활보상의 지향

재산권보상만으로 메워지지 않는 종전 생활 이익에 대한 보상으로, 이주대책 등 주거의 총체적
가치의 보상으로 생활보상이 지향되어야 한다.

Ⅳ 손실보상의 방법(원칙)

사업시행자보상, 사전보상, 현금보상, 개인별보상, 일괄보상, 사업시행이익 상계금지, 시가보상,
개발이익배제, 복수평가의 원칙이 있다.

쟁점 **61** 수용유사침해보상과 수용적 침해보상 　　　　C급

Ⅰ 수용유사침해보상

1. 수용유사침해의 의의

수용유사침해보상이란 위법한 공용침해로 인하여 특별한 희생을 당한 자에 대하여 수용에 준해서 손실보상을 하자는 이론이다. 이 수용유사침해보상론은 독일의 관습법인 희생보상청구권에 근거한 것으로서 독일연방민사법원에 의하여 발전한 이론이다. 침해규정은 있는데 보상규정이 없어 결과적 위법이론이 수용유사침해이론이다.

2. 수용유사침해의 요건

수용유사침해 보상이 성립하려면
① 위법한 공행정작용
② 재산권의 침해
③ 특별한 희생이 인정되어야 한다.

3. 수용유사침해의 허용 여부

수용유사침해보상은 행정상의 손해전보제도를 보완하기 위하여 독일의 판례에 의하여 발전되어온 것으로서 독일과 유사한 손해전보제도를 갖고 있는 우리나라에서도 그 도입을 주장하는 견해가 있다. 그러나 수용유사침해이론은 독일의 관습법인 희생보상 청구권에 근거하여 인정되는 것인데, 우리나라에서는 위와 같은 제도가 인정되지 아니하므로 이런 수용유사침해이론을 우리나라에 도입하는 것은 타당하지 않다고 본다. 판례는 수용유사침해보상과 관련하여 "우리법제 하에서 그와 같은 이론을 채택할 수 있는가는 별론으로 하더라도"라고 하여 수용유사침해이론의 채택 여부에 대하여 구체적인 판단을 하지 않았다.

Ⅱ 수용적 침해보상

1. 수용적 침해의 의의

수용적 침해보상이란 적법한 공권력행사로 재산권에 대한 비의도적인 침해에 의하여 특별한 희생이 발생한 경우에도 보상을 해주자는 이론이다. 수용적 침해는 비의도적 침해라는 점에서 특징이 있고, 수용유사적 침해는 침해규정은 있지만 보상규정이 없어 결과적 위법이라는 점에서 차이가 있다.

2. 수용적 침해의 인정 여부

수용유사침해보상론과 마찬가지로 독일의 관습법인 희생보상청구권에 근거한 것으로서 독일 연방민사법원에 의하여 발전한 이론이다. 그래서 우리나라에서도 수용적 침해보상론의 도입을 주장하는 견해가 있으나, 우리나라는 독일과 같은 희생보상제도가 없기 때문에 이를 우리나라에 도입하는 것은 타당하지 않다고 보여진다.

쟁점 62	행정심판의 개관	B급

I 행정심판의 의의

행정심판이란 행정청의 위법·부당한 처분 또는 부작위에 대한 불복에 대하여 행정기관이 심판하는 행정심판법상의 행정쟁송절차이다.

II 행정심판의 종류

1. 취소심판

취소심판이란 행정청의 위법 또는 부당한 처분으로 인하여 권익을 침해당한 자가 그 취소 또는 변경을 구하는 행정심판을 말한다.

2. 무효등확인심판

무효등확인심판이란 처분의 효력 유무 또는 존재 여부에 대한 확인을 구하는 행정심판을 말한다.

3. 의무이행심판

의무이행심판이란 행정청의 위법 또는 부당한 거부처분 또는 부작위가 있는 경우에 법률상 의무가 지워진 처분의 이행을 구하는 행정심판을 말한다.

III 행정심판의 청구

1. 행정심판의 대상

행정심판의 대상은 '행정청의 처분 또는 부작위'이다.

2. 행정심판의 당사자

① 청구인적격 : 청구인적격이란 행정심판의 청구인이 될 수 있는 자격을 말한다. 행정심판의 청구인은 '행정심판을 제기할 법률상 이익이 있는 자'이다.
② 피청구인적격 : 피청구인이란 심판청구를 제기받은 상대방인 당사자를 말한다.

3. 행정심판 청구기간

(1) 원칙적인 청구기간

행정심판의 청구는 원칙적으로 처분이 있음을 안 날로부터 90일 이내, 처분이 있은 날로부터 180일 이내에 제기하여야 한다. 처분이 있음을 안 날이란 처분이 있음을 현실적으로 안 날을 말하며, 90일은 불변기간이고, 기간준수 여부는 행정심판위원회의 직권조사사항이다.

(2) 예외적인 심판청구기간

① 90일에 대한 예외 : 천재지변·전쟁·사변 그 밖의 불가항력으로 인하여 처분이 있음을 안 날로부터 90일 이내에 심판청구를 할 수 없었을 때에는 그 사유가 소멸한 날로부터 14일 이내에 심판청구를 제기할 수 있다. 행정청이 행정심판 청구기간을 상대방에게 고지하지 아니한 경우에는 당사자가 처분이 있음을 알았다고 하더라도 심판청구기간은 처분이 있은 날부터 180일 이내가 된다.

② 180일에 대한 예외 : 처분이 있은 날로부터 180일 이내에 제기하여야 하지만 정당한 사유가 있는 경우에는 180일이 넘어도 제기할 수 있다. 어떤 사유가 '정당한 사유'에 해당하는가는 건전한 사회통념에 의해 판단되어야 한다.

(3) 심판청구기간에서의 불고지 등의 경우

행정청이 서면에 의하여 처분을 하는 경우에 그 처분의 상대방에게 행정심판청구에 관한 고지를 하도록 되어 있다. 그런데 행정청이 심판청구기간을 처분이 있음을 알게 된 날부터 90일보다 긴 기간으로 잘못 알린 경우, 그 잘못 알린 기간에 심판청구가 있으면 그 행정심판은 90일 내에 청구된 것으로 본다.

쟁점 63 행정심판의 청구요건 및 심판청구의 방식 B급

Ⅰ 행정심판의 당사자

행정심판법은 심판절차를 대립하는 이해관계를 가진 청구인과 피청구인이라는 두 당사자 사이에 대심구조로 편성하고, 서면심리와 함께 구술심리의 기회를 부여하여, 헌법 제107조 제3항의 취지에 따라 사법절차에 준하도록 하고 있다.

1. 청구인적격

(1) 청구인적격의 의의

청구인 적격이란 행정심판의 청구인이 될 수 있는 자격을 말한다. 그런데 행정심판법 제13조는 법률상 이익이 있는 자가 청구인 적격이 있다고 한다.

(2) 행정심판 청구인 적격상의 문제점(행정심판법 제13조의 입법상 과오여부)

1) 문제점

행정소송법은 위법한 처분에 대해서만 소송제기를 규정하나, 행정심판법은 위법한 처분뿐만 아니라 부당한 처분에 대해서도 행정심판을 제기할 수 있도록 규정하고 있다. 이에 대해 부당한 행위로는 법률상 이익이 침해될 수 없어 행정심판법 제13조가 입법상 과오인지 문제된다.

2) 학설

① 과오설 : 독일이나 일본은 청구인적격으로 법률상 이익을 요구하고 있지 않다는 점 등을 논거로 하며, 부당한 처분으로 법률상 이익이 침해될 수 없는바 행정심판법 제13조는 과오라는 견해이다.

② 비과오설 : 반사적 이익을 향수하기 위한 경우까지 행정심판의 청구인적격을 인정하게 되면 행정심판의 남용이 있을 수 있다는 점, 부당한 처분에 의해서도 법률상 이익이 침해될 수 있음을 근거로 문제 없다는 견해이다.

3) 검토

부당한 행위에 의한 침해에는 적법한 침해도 있을 수 있고, 위법한 침해도 있으며, 부당한 침해도 있을 수 있으므로 입법상 과오로 볼 수는 없다고 보여지는바, 비과오설이 타당하다고 판단된다.

2. 피청구인적격

(1) 피청구인적격의 의의

피청구인이란 행정심판에 있어서 심판청구인의 상대편인 당사자를 말한다. 행정심판법 제17조 제1항은 처분을 할 행정청을 피청구인으로 하여 청구하여야 한다고 명시하고 있다. 다만, 심판청구의 대상과 관계되는 권한이 다른 행정청에 승계된 경우에는 권한을 승계한 행정청이 피청구인이 된다.

(2) 피청구인의 경정

청구인이 심판청구를 제기함에 있어서 피청구인을 잘못 지정한 때에는, 행정심판위원회는 당사자의 신청 또는 직권에 의한 결정으로 피청구인을 경정할 수 있는데(행정심판법 제17조 제2항), 피청구인의 경정이 있으면 종전의 피청구인에 대한 심판청구는 취하되고 새로운 피청구인에 대한 심판청구가 처음에 심판청구를 한 때에 소급하여 제기된 것으로 본다.

(3) 권한승계에 따른 경정

심판청구가 제기된 후에 처분이나 부작위에 관계되는 권한이 다른 행정청에게 승계된 때에는 위원회는 위의 경정절차에 준하여 피청구인을 경정한다(동조 제5항).

Ⅱ 행정심판의 대상적격

행정심판법 제3조 제1항에 의한 경우 행정심판의 대상은 행정청의 처분 또는 부작위이다. 취소심판과 무효등확인심판의 대상은 행정청의 처분이며, 의무이행 심판의 대상은 당사자의 신청에 대한 행정청의 거부처분과 부작위를 대상으로 한다.

Ⅲ 심판청구기간

1. 개설

심판청구는 소정의 청구기간 내에 제기하여야 한다. 다만 행정심판 가운데 무효등확인심판과 부작위에 대한 의무이행심판은 심판청구기간의 제한이 적용되지 않으므로(행정심판법 제27조 제7항), 청구기간은 취소심판과 거부처분에 대한 의무이행심판에서만 문제가 된다.

2. 원칙적인 심판청구기간

행정심판청구는 원칙적으로 처분이 있음을 알게 된 날부터 90일 이내에 제기하여야 하고(동조 제1항), 처분이 있었던 날부터 180일을 경과하면 이를 제기하지 못한다(동조 제3항 본문). 이 중 90일은 불변기간으로서(동조 제4항), 두 기간 중 어느 하나라도 도과하면 행정심판을 제기하지 못한다. 여기서 "처분이 있음을 알게 된 날"이란 송달·공고 기타의 방법으로 해당 처분이 있었다는 사실을 현실적으로 안 날을 의미한다. 그에 반해 "처분이 있었던 날"이란 대외적으로 표시되어 효력이 발생한 날을 말한다.

3. 예외적인 심판청구기간

(1) 90일에 대한 예외

청구인이 천재지변·전쟁·사변 그 밖에 불가항력으로 위 기간 내에 심판청구를 제기할 수 없을 때에는 그 사유가 소멸한 날로부터 14일 이내에 제기할 수 있다(동조 제2항).

(2) 180일에 대한 예외

처분이 있었던 날로부터 180일 이내에 제기하여야 하지만, 정당한 사유가 있는 경우에는 180일이 넘어서도 제기할 수 있다(동조 제3항).

이와 관련하여, 현행법은 처분의 제3자에 대한 통지의무를 처분청에 부과하지 않고 있으므로 처분의 제3자는 처분이 있음을 바로 알 수 없는 처지에 있다. 따라서 행정심판법 제27조 제3항 본문의 적용을 배제할 '정당한 사유'가 있는 경우에 해당한다고 보아 처분이 있었던 날로부터 180일이 경과한 뒤에도 행정심판을 제기할 수 있다는 것이 판례의 입장이다.

다만, 제3자가 어떠한 경위로든 처분이 있음을 안 이상, 그 처분이 있음을 알게 된 날로부터 90일 이내에 행정심판을 제기하여야 한다.

4. 심판청구기간의 불고지 또는 오고지의 경우

행정심판법은 행정심판기간의 불고지 또는 오고지의 경우에 행정청에게 위험부담을 지우고 있는바, 심판청구기간을 알리지 않은 경우에는 처분이 있었던 날로부터 180일 이내에 심판청구를 할 수 있게 하고 있고(동조 제6항), 실제보다 긴 기간으로 잘못 알린 경우에는 그 잘못 고지된 기간 내에 심판청구를 할 수 있게 하고 있다(동조 제5항).

Ⅳ 심판청구의 방식

행정심판의 청구는 일정한 사항을 기재한 서면으로 행하여야 한다(행정심판법 제28조). 다만, 형식과 상관없이 그 내용이 행정심판을 청구하는 것이면 행정심판청구로 보아야 할 것이다. 판례도 비록 제목이 진정서로 되어 있다 할지라도 피청구인인 처분청과 청구인의 이름 및 주소가 기재되어 있고, 문서의 기재내용에 의하여 심판청구의 취지 및 이유 등을 알 수 있는 경우에는 행정심판청구로 보는 것이 타당하다는 판시를 한 바 있다.

Ⅴ 심판청구서의 제출

행정심판을 청구하려는 자는 심판청구서를 작성하여 피청구인이나 관할 행정심판위원회에 제출하여야 한다(행정심판법 제23조 제1항).

<table>
<tr><td>쟁점 64</td><td>행정심판의 심리</td><td>C급</td></tr>
</table>

I 행정심판의 심리의 내용 및 범위

1. 행정심판의 심리의 내용

(1) 요건심리

요건심리는 당해 심판청구가 적법한 심판청구요건을 갖추었는지를 형식적으로 심리하는 것을 말한다. 요건심리의 결과 심판청구가 제기요건을 갖추지 못한 부적합한 것인 때에는 각하하지만, 그 요건 불비가 보정될 수 있는 것인 때에는 위원회가 상당한 기간을 정하여 그 보정을 명하거나, 경미한 것은 직권으로 보정할 수도 있다(행정심판법 제32조).

(2) 본안심리

본안심리를 요건심리의 결과 심판청구를 적법한 것으로 받아들인 경우에, 당해 심판청구의 내용에 관하여 실질적으로 심사하는 것을 말한다. 본안심리의 결과 심판청구가 이유 있으면 인용하고 그렇지 않으면 기각한다.

2. 행정심판의 심리의 범위(불고불리 및 불이익변경금지의 원칙)

행정심판법은 행정심판의 권리구제기능을 중시하여 '재결'의 범위에 관하여 불고불리 및 불이익변경금지의 원칙을 명문화하였다(동법 제47조). 즉, 행정심판 위원회는 심판청구의 대상인 처분 또는 부작위 외의 사항에 대해서는 재결을 하지 못하며(동조 제1항), 심판청구의 대상인 처분보다 청구인에게 불이익한 재결을 하지 못한다.

II 행정심판의 심리절차

행정심판법

제36조(증거조사)

① 위원회는 사건을 심리하기 위하여 필요하면 직권으로 또는 당사자의 신청에 의하여 다음 각 호의 방법에 따라 증거조사를 할 수 있다.

제37조(절차의 병합 또는 분리)

위원회는 필요하면 관련되는 심판청구를 병합하여 심리하거나 병합된 관련 청구를 분리하여 심리할 수 있다.

제38조(심리기일의 지정과 변경)

① 심리기일은 위원회가 직권으로 지정한다.

제39조(직권심리)

위원회는 필요하면 당사자가 주장하지 아니한 사실에 대하여도 심리할 수 있다.

제40조(심리의 방식)

① 행정심판의 심리는 구술심리나 서면심리로 한다. 다만, 당사자가 구술심리를 신청한 경우에는 서면심리
　만으로 결정할 수 있다고 인정되는 경우 외에는 구술심리를 하여야 한다.

제41조(발언 내용 등의 비공개)

위원회에서 위원이 발언한 내용이나 그 밖에 공개되면 위원회의 심리·재결의 공정성을 해칠 우려가 있는
사항으로서 대통령령으로 정하는 사항은 공개하지 아니한다.

| 쟁점 65 | 행정심판의 가구제 | A급 |

I 개설

행정심판법은 적극적 처분에 대한 소극적 가구제수단인 집행정지뿐만 아니라(법 제30조), 소극적 작용(= 거부처분과 부작위)에 대한 적극적 가구제수단인 임시처분(법 제31조)도 두고 있다.

II 집행정지

1. 집행정지의 의의

행정심판위원회는 처분이나 그 집행 또는 절차의 속행 때문에 중대한 손해가 생기는 것을 예방할 필요가 있다고 인정할 때에는 직권으로 또는 당사자의 신청에 의하여 처분의 효력이나 그 집행 또는 절차의 속행의 전부 또는 일부의 정지를 결정할 수 있다(행정심판법 제30조 제2항).

2. 집행정지의 요건

(1) 적극적 요건

① 적법한 심판청구의 계속,

② 처분의 존재,

③ 중대한 손해가 생기는 것을 예방,

④ 긴급한 필요가 존재하여야 하며,

(2) 소극적 요건

① 공공복리에 중대한 영향을 미칠 우려가 없어야 하며,

② 본안청구가 이유 없음이 명백하지 않아야 한다.

3. 집행정지의 절차

집행정지결정은 행정심판위원회가 직권 또는 당사자의 신청에 의하여 심리를 거쳐 행한다(행정심판법 제30조 제2항).

다만, 위원회의 심리·결정을 기다릴 경우 중대한 손해가 발생할 우려가 있다고 인정될 때에는 위원회의 위원장은 직권으로 위원회의 심리·결정에 갈음하는 결정을 할 수 있다. 이 경우 위원장은 지체없이 위원회에 그 사실을 보고하고 추인을 받아야 하며, 위원회의 추인을 받지 못하면 위원장은 집행정지에 관한 결정을 취소하여야 한다(동조 제6항).

4. 집행정지의 효력

행정심판법에는 집행정지결정의 효력에 대해서는 별도의 규정이 없으므로 행정소송법상 집행정지결정의 효력에 관한 논의가 그대로 적용된다.

(1) 장래효

집행정지결정의 효력은 정지결정의 대상인 처분의 발령시점에 소급하는 것이 아니라, 집행 정지 결정시점부터 발생한다.

(2) 기속력 및 제3자효

행정심판법상 집행정지 결정도 행정소송법상 집행정지 결정과 마찬가지로 해당 사건에 관하여 당사자인 행정청과 그 밖의 관계행정청을 기속한다고 보아야 한다. 따라서 행정청은 동일한 내용으로 새로운 처분을 하거나 그와 관련된 처분을 반복할 수 없으며 만약 기속력에 반하여 후속 행정처분이 나온다면 이는 그 하자가 중대하고 명백한 것으로서 무효가 된다. 또한 행정소송법상 집행정지결정이 제3자에게 미치듯, 행정심판법상 집행정지결정도 제3자에게 미친다고 보아야 한다.

(3) 시간적 효력

행정심판은 행정소송과 달리 단심제이므로 관할 행정심판위원회는 재결이 있을 때까지 처분의 집행을 정지한다고 결정하는 것이 일반적이다. 한편 재결은 재결서 정본이 청구인에게 송달된 때 재결의 효력이 발생하므로(행정심판법 제48조 제1항 및 제2항) 그때 집행정지결정의 효력이 소멸함과 동시에 처분의 효력이 부활한다(대판 2022.2.11, 2021두40720).

Ⅲ 임시처분

1. 임시처분의 의의

임시처분이란 행정청의 거부처분이나 부작위 때문에 발생할 수 있는 당사자의 불이익이나 급박한 위험을 막기 위해 당사자에게 임시지위를 부여하는 행정심판위원회의 결정을 말한다(법 제31조). 이는 마치 행정소송에서의 가처분 중 규율명령적 가처분에 준하는 것인데, 행정소송법과 달리 행정심판법에서 이러한 임시처분이 인정될 수 있는 이유는 의무이행심판이 인정되기 때문이다.

2. 임시처분의 적용범위

(1) 의무이행심판의 경우

임시처분은 적극적인 가구제 수단이므로 역시 적극적 쟁송수단인 의무이행심판에서 적용되는 것은 당연하다.

(2) 거부처분 취소심판(또는 무효확인심판)의 경우

① 긍정설 : 행정심판법에 임시처분의 본안청구에 대하여 별도의 규정을 두고 있지 않다는 점을 고려할 때, 거부처분취소심판(또는 무효확인심판)의 경우에도 임시처분이 허용된다고 보는 견해이다.

② 부정설 : 가구제는 본안쟁송을 통한 권리구제의 범위를 초과할 수 없으므로 거부처분취소심판(또는 무효확인심판)의 경우에는 임시처분이 허용되지 않는다는 견해이다.

3. 임시처분의 요건

(1) 적극적 요건

① 처분 또는 부작위가 위법·부당하다고 상당히 의심되는 경우로서,

② 처분 또는 부작위 때문에 당사자가 받을 우려가 있는 중대한 불이익이나 당사자에게 생길 급박한 위험이 존재하고,

③ 이를 막기 위하여 임시지위를 정하여야 할 필요가 있어야 한다.

④ 행정심판청구의 계속에 대해서는 비록 명문의 규정은 없지만 본래 가구제는 본안 쟁송이 제기된 것을 전제로 허용되는 것이므로 행정심판청구의 계속을 당연히 요건으로 한다고 보아야 할 것이다.

(2) 소극적 요건

① 임시처분은 공공복리에 중대한 영향을 미칠 우려가 있을 때에는 허용되지 않는다(법 제31조 제2항, 법 제30조 제3항).

② 임시처분은 집행정지로 목적을 달성할 수 있는 경우에는 허용되지 않는데(법 제31조 제3항), 이를 임시처분의 보충성이라고 한다.

행정심판의 재결

Ⅰ 행정심판의 재결의 의의

행정심판의 재결이란 행정심판청구사건에 대하여 행정심판위원회가 법적 판단을 하는 행위를 의미한다(행정심판법 제2조 제3호).

재결은 행정상의 법률관계에 관한 분쟁에 대하여 행정심판위원회가 일정한 절차를 거쳐서 판단·확정하는 행위이므로 확인행위로서의 성질을 가진다. 또한 재결은 심판청구의 제기를 전제로 한 판단작용이라는 점에서 법원의 판결과 유사한 성격을 갖고 있기 때문에 준사법행위에 해당된다.

Ⅱ 행정심판 재결의 종류

1. 각하재결

각하재결은 심판청구의 제기요건을 충족하지 않은 부적법한 심판청구에 대하여 본안에 대한 심리를 거절하는 내용의 재결을 말한다(행정심판법 제43조 제1항).

2. 기각재결

(1) 기각재결

기각재결은 본안심리의 결과 그 심판청구가 이유 없다고 인정하여 청구를 배척하고 원처분을 지지하는 재결을 의미한다.

(2) 인용재결

1) 취소심판의 경우

취소심판의 청구가 이유 있다고 인정할 때에는 행정심판위원회는 그 심판청구를 인용하는 재결로써 심판청구의 대상이 된 처분을 직접 취소·변경하거나 처분청에게 변경을 명할 수 있다(행정심판법 제43조 제3항). 이 중 처분취소재결·처분변경재결은 행정심판위원회가 스스로 처분을 취소 또는 변경하는 것이므로 형성재결의 성질을 갖고, 처분변경명령재결은 위원회가 처분청에게 처분의 변경을 명령하는 것이므로 이행재결의 성격을 갖는다. 처분취소재결에는 처분의 전부취소 및 일부취소가 포함된다. 변경재결 및 변경명령재결에 있어서 '변경'은 원처분을 대신하는 다른 처분으로의 변경을 의미한다. 다만 이때의 변경은 청구인에게 유리한 변경이어야 한다(행정심판법 제47조 제2항).

2) 무효등확인심판의 경우

무효등확인심판의 청구가 이유 있다고 인정할 때에는 행정심판위원회는 처분의 효력 유무 또는 존재 여부를 확인하는 재결을 한다(행정심판법 제43조 제4항).

3) 의무이행심판의 경우

행정심판법 제43조 제5항에 따르면, 위원회는 의무이행심판의 청구가 이유가 있다고 인정될 때 신청에 따른 처분을 하거나(처분재결) 처분을 할 것을 피청구인에게 명한다(처분명령재결). 이 중 처분재결은 행정청의 이행을 요구하지 않으므로 형성재결의 성격을 갖고 있으며, 처분명령재결은 행정청의 이행을 요구하므로 이행재결의 성격을 갖고 있다.

■ 의무이행심판의 경우 인용재결의 내용

1. 처분재결과 처분명령재결의 선택

(1) 문제점

의무이행심판청구가 이유 있다고 인정되는 경우 지체없이 신청에 따른 처분을 하거나 이를 할 것을 명한다. 행정심판위원회가 의무이행재결을 함에 있어 처분재결과 처분명령재결을 선택할 재량이 인정되는지 문제된다.

(2) 처분재결과 처분명령재결의 선택에 대한 학설

① 재량설 : 행정심판법 제43조 제5항의 문언 그대로 위원회가 처분재결과 처분명령 재결의 선택에 있어 전적으로 재량권을 갖는다는 견해이다.

② 처분명령재결 우선설 : 처분명령재결을 원칙으로 처분재결을 예외로 보는 견해이다. 2008년 개정 이후 재결청 제도가 폐지되어 행정심판위원회가 재결청의 기능을 같이 수행하고 있으나 행정심판위원회는 처분청의 상급행정기관이 아니라는 점에서 처분청의 역할을 대신하여 처분을 하기에 곤란한 경우가 대부분이다. 따라서 행정심판위원회는 원칙적으로 처분명령재결을 우선적으로 선택하여야 하며 처분 재결은 극히 예외적 상황에서만 선택하여야 할 것이다.

(3) 소결

행정심판법 제43조 제5항은 처분을 하거나 처분을 할 것을 피청구인에게 명한다고 규정하고 있어 재량설이 타당하다고 판단된다.

2. 처분명령재결의 내용

청구대상의 행위가 기속행위인 경우에는 원칙적으로 청구인의 청구 내용대로 처분을 할 것을 명하는 재결(특정처분명령재결)을 하여야 한다. 다만 피청구인이 관계 법령에서 정하고 있는 일정한 절차를 거치지 않은 경우에는 적법한 절차를 거쳐서 처분을 할 것을 명하는 재결(일정처분명령재결)도 가능하다. 한편, 청구대상의 행위가 재량행위인 경우에는 재결시를 기준으로 특정처분을 해야 할 것이 명백한 경우에는 신청에 따른 처분을 하도록 하고, 특정처분을 해야 할 것이 명백하지 않다면 처분청의 재량권을 존중하여 하자 없는 재량행사를 명하는 재결을 하여야 할 것이다.

---

3. 사정재결

행정심판위원회는 심판청구의 심리결과 그 청구가 이유 있다고 인정되는 경우에도 이를 인용하는 것이 공공복리에 크게 위배된다고 인정하면 그 심판청구를 기각하는 재결을 할 수 있는 바(행정심판법 제44조 제1항), 이를 사정재결이라 한다. 이러한 사정재결은 취소심판 및 의무이행심판에서만 인정되고, 무효등확인심판에서는 인정되지 않는다(동조 제44조 제3항).

Ⅲ 재결의 효력

1. 개설

행정심판위원회의 재결은 행정행위의 성질을 갖는다. 따라서 재결서의 정본이 당사자에게 송달되어 그 효력을 발생하게 되면 공정력, 구속력, 불가쟁력, 불가변력, 집행력 등 행정행위의 효력을 갖게 된다. 아울러 재결은 쟁송판단행위로서 형성력과 기속력을 갖는다. 다만 판결과는 달리 기판력은 인정되지 않는다.

2. 불가쟁력과 불가변력

(1) 불가쟁력

재결에 대하여는 다시 심판청구를 제기하지 못한다(행정심판법 제51조). 다만 재결 자체에 고유한 위법이 있는 경우에 한하여 행정소송을 제기할 수 있지만(행정소송법 제19조 단서), 이 경우에도 제소기간이 경과하면 더 이상 효력을 다툴 수 없게 된다. 이를 재결의 불가쟁력이라고 한다.

(2) 불가변력

재결은 국가기관이 분쟁을 해결하기 위하여 당사자 기타 이해관계인을 절차에 참여시켜 신중한 절차를 거쳐 행하는 분쟁의 심판행위이므로 그 재결은 일단 분쟁을 종결시키는 효과를 가져야 한다. 따라서 일단 재결이 행하여지면 설령 그것이 위법 부당하다고 생각되어도 행정심판위원회 스스로 이를 취소 또는 변경하는 것이 허용되지 않는다. 이를 재결의 불가변력이라고 한다.

3. 형성력

재결의 형성력이란 재결의 내용에 따라 기존의 법률관계에 변동을 가져오는 효력을 말한다. 형성력은 인용재결 중 형성적 성질을 갖는 재결(취소재결, 변경재결, 처분재결)에서만 발생한다.

4. 기속력

(1) 의의

심판청구가 인용되더라도 피청구인인 행정청이나 관계행정기관이 재결의 취지에 반하는 입장을 취한다면 청구인의 권리구제를 달성할 수 없다. 따라서 행정심판법은 "심판청구를 인용하는 재결은 피청구인과 그 밖의 관계 행정청을 기속한다(법 제49조 제1항)"라고 하여 재결의 기속력을 규정하고 있다. 재결의 기속력은 인용재결의 경우에만 인정되고 각하·기각재결에는 인정되지 않는다. 따라서 처분청은 각하·기각재결이 있은 뒤에도 정당한 사유가 있으면 직권으로 원처분을 취소·변경 또는 철회할 수 있다.

(2) 기속력의 내용

1) 반복금지의무

처분청은 재결의 취지에 반하는 처분을 다시 해서는 안 된다. 즉 처분청은 동일한 사정 아래서 같은 사유로 동일인에 대하여 같은 내용의 처분을 반복하여서는 안 된다. 이런 반 복금지의무는 행정심판법에서 명문으로 규정하고 있지 않지만, 인용재결은 처분청을 기속 한다는 행정심판법 제49조 제1항에 따라 당연히 인정된다.

2) 원상회복의무(결과제거의무)

행정심판에서 취소 또는 무효확인 등의 재결이 행하여지면, 해당 처분과 관련하여 행하여 진 후속처분이나 사실상의 조치 등에 의한 법률관계 또는 사실관계는 위법한 것이 되므로, 처분청은 이를 원상으로 회복시킬 의무를 진다. 이러한 결과제거의무는 행정심판법에서 명문으로 규정하고 있지는 않지만, 행정심판법 제49조 제1항에 근거하여 인정된다.

3) 재처분의무

① 처분변경명령재결에 따른 변경의무(행정심판법 제49조 제1항)

취소심판에 있어서 처분의 변경을 명하는 재결이 있는 때에는 처분청은 해당 처분을 변경하여야 한다. 이에 대해서는 행정심판법에 명문의 규정이 없으나 인용재결은 피청 구인을 기속한다는 행정심판법 제49조 제1항에 따라 당연히 인정된다. 다만, 행정심판 법은 다른 처분의무와 달리 변경명령재결에 따른 피청구인의 변경의무 불이행에 대해 서는 별도의 실효성 확보수단을 두고 있지 않다.

② 거부처분취소재결에 따른 재처분의무(동조 제2항)

재결에 의하여 취소되거나 무효 또는 부존재로 확인되는 처분이 당사자의 신청을 거부 하는 것을 내용으로 하는 경우에는 그 처분을 한 행정청은 재결의 취지에 따라 다시 이전의 신청에 대한 처분을 하여야 한다.

③ 처분명령재결에 따른 처분의무(동조 제3항)

당사자의 신청을 거부하거나 부작위로 방치한 처분의 이행을 명하는 재결이 있는 경우에 는 처분청은 지체없이 그 재결의 취지에 따라 이전의 신청에 대한 처분을 하여야 한다.

④ 제3자효 행정행위가 절차하자로 취소된 경우 처분의무(동조 제4항)

신청에 따른 처분이 절차의 위법 또는 부당을 이유로 재결로써 취소가 된 경우에는 행 정청은 재결에 취지에 따른 적법한 절차에 의하여 신청에 대한 처분을 하여야 한다.

(3) 기속력의 범위

① 주관적 범위 : 피청구인인 행정청뿐만 아니라 그 밖의 관계행정청(법 제49조 제1항)이다.

② 객관적 범위 : 재결의 주문 및 그 전제가 되는 요건사실에 한정되며, 재결의 결론과 직접 관계없는 방론이든가 간접사실에 대한 판단에는 미치지 않는다.

③ 시간적 범위 : 처분 당시를 기준으로 그 당시까지 존재하였던 처분사유에만 미치고 그 이후에 생긴 사유에는 미치지 않음. 따라서 처분시 이후에 생긴 새로운 사실관계나 개정

된 법령을 들어 동일한 내용의 처분을 하는 것은 기속력에 반하지 않음. 다만 의무이행재
결의 경우에는 재결시가 기준이 된다.

Ⅳ 재결에 대한 불복

1. 재심판청구의 금지

심판청구에 대한 재결이 있는 경우에는 해당 재결 및 동일한 처분 또는 부작위에 대하여 다시
심판청구를 제기할 수 없다(행정심판법 제51조). 다만, 행정심판법 제49조 제2항이나 제3항에
따른 처분의무를 피청구인이 이행하지 않고 있을 때에는 이러한 부작위를 대상으로 의무이행
심판이나 부작위위법확인소송을 제기할 수는 있다.

2. 행정심판의 재결에 대한 행정소송(행정소송법은 원처분주의)

행정소송법 제19조(취소소송의 대상) 취소소송은 처분등을 대상으로 한다. 다만, 재결취소소
송의 경우에는 재결 자체에 고유한 위법이 있음을 이유로 하는 경우에 한한다.

> 공익사업을 위한 토지 등의 취득 및 보상에 관한 법률 제85조 제1항 전문의 문언 내용과 같은 법 제83
> 조, 제85조가 중앙토지수용위원회에 대한 이의신청을 임의적 절차로 규정하고 있는 점, 행정소송법
> 제19조 단서가 행정심판에 대한 재결은 재결 자체에 고유한 위법이 있음을 이유로 하는 경우에 한하여
> 취소소송의 대상으로 삼을 수 있도록 규정하고 있는 점 등을 종합하여 보면, 수용재결에 불복하여 취소
> 소송을 제기하는 때에는 이의신청을 거친 경우에도 수용재결을 한 중앙토지수용위원회 또는 지방토지
> 수용위원회를 피고로 하여 수용재결의 취소를 구하여야 하고, 다만 이의신청에 대한 재결 자체에 고유
> 한 위법이 있음을 이유로 하는 경우에는 그 이의재결을 한 중앙토지수용위원회를 피고로 하여 이의재
> 결의 취소를 구할 수 있다고 보아야 한다(대판 2010.1.28, 2008두1504).

3. 피청구인인 처분청의 불복

판례는 처분청은 인용재결에 기속되어 이에 불복하여 항고소송을 제기할 수 없다고 하더라도
헌법상 지방자치의 제도적 보장을 침해하는 것으로 볼 수 없어 불복할 수 없다는 입장이다.
다만 지방자치사무에 속하는 처분의 경우 행정심판위원회와 처분청은 동일한 법주체에 속하지
않는바, 지방자치단체장이 지방자치단체를 대표하여 취소소송을 제기할 수 있다는 견해가 있
는데 이 견해가 타당하다고 보여진다.

쟁점 67 **행정심판위원회의 직접 처분과 간접강제** C급

I 제도의 취지

행정심판법은 처분명령 재결과 거부처분취소재결 또는 거부처분무효확인 재결에 따른 피청구인의 처분의무 불이행에 대비하여 행정심판위원회의 직접 처분과 간접강제 제도를 두고 있다. 구체적으로 처분명령재결의 경우에는 직접 처분과 간접강제 모두 가능하며 거부처분취소 재결(또는 거부처분무효확인 재결)의 경우에는 간접강제만이 가능하다.

II 행정심판위원회의 직접 처분

1. 직접처분의 의의

행정심판위원회의 처분명령재결에도 불구하고 피청구인이 처분을 하지 아니하는 때에는 청구인은 위원회에 직접처분을 신청할 수 있다. 청구인의 신청을 받은 위원회는 피청구인에게 일정한 기간을 정하여 서면으로 시정명령을 내리고 피청구인이 그 기간 내에 이행하지 않는 경우 직접 해당 처분을 할 수 있다(행정심판법 제50조).

2. 직접처분의 요건

(1) 적극적 요건

① 위원회의 처분명령재결에도 불구하고 처분청이 처분을 하지 아니하여야 한다.
② 청구인의 신청에 따라 위원회가 기간을 정하여 시정을 명하여야 한다.
③ 피청구인이 그 기간 내에 시정명령을 이행하지 아니하여야 한다.

(2) 소극적 요건(한계)

처분의 성질이나 그 밖의 불가피한 사유로 위원회가 직접 처분을 할 수 없는 경우에 해당하지 않아야 한다(행정심판법 제50조 제1항 단서). 이러한 경우로는 재량행위나 자치사무 및 정보비공개결정 또는 의무이행재결 이후의 사정변경 등을 들 수 있다.

3. 직접처분에 따른 행정청의 후속 조치

행정심판위원회는 직접처분을 하였을 때에는 그 사실을 해당 행정청에 통보하여야 하며, 통보를 받은 행정청은 위원회가 한 처분을 자기가 한 처분으로 보아 관리·감독 등 필요한 조치를 하여야 한다(행정심판법 제50조 제2항).

4. 직접처분에 대한 불복

(1) 자치사무의 경우

① **긍정설** : 지방자치단체의 자치권을 지방자치단체의 법률상 이익으로 볼 수 있으므로 지방자치단체의 원고적격을 긍정하는 견해이다.

② **부정설** : 직접처분은 행정심판작용이므로 지방자치단체의 불복을 부정하는 견해이다. 생각건대, 인용재결에 대하여 피청구인의 불복을 허용하지 않는 행정심판법 제49조 제1항의 취지를 고려할 때, 직접처분에 대하여도 피청구인인 지방자치단체장의 불복을 허용할 수 없다고 본다.

(2) 제3자의 불복

직접처분은 행정심판작용의 일종이므로 행정심판법 제51조의 취지상 행정심판의 대상은 되지 않는다고 할 것이다. 다만, 직접처분으로 법률상 이익의 침해를 받은 제3자는 행정심판위원회를 피고로 하여 직접처분의 취소를 구하는 행정소송을 제기할 수 있다.

III 행정심판위원회의 간접강제

1. 간접강제의 의의

행정심판위원회의 거부처분취소재결(또는 거부처분무효확인재결)이나 처분명령재결에도 불구하고 피청구인이 처분을 하지 아니하는 때에는 청구인은 위원회에 간접강제를 신청할 수 있다. 청구인의 신청을 받은 위원회는 결정으로 상당한 기간을 정하고 피청구인이 그 기간 내에 이행하지 아니하는 경우에는 그 지연기간에 따라 일정한 배상을 하도록 명하거나 즉시 배상을 할 것을 명할 수 있다(행정심판법 제50조의2).

2. 간접강제의 요건

① 위원회의 거부처분취소재결(또는 거부처분무효확인재결)이나 처분명령재결에도 불구하고 처분청이 처분을 하지 아니하여야 한다.

② 청구인의 신청에 따라 위원회가 결정으로 상당한 기간을 정하고 피청구인이 그 기간 내에 이행하지 아니하여야 한다.

3. 간접강제 결정의 불복

청구인은 위원회의 간접강제 결정에 불복하는 경우 그 결정에 대하여 행정소송을 제기할 수 있다(행정심판법 제50조의2 제4항).

4. 간접강제 결정의 효력

간접강제 결정의 효력은 피청구인인 행정청이 소속된 국가·지방자치단체 또는 공공단체에 미치며, 결정서 정본은 민사집행법에 따른 강제집행에 관하여는 집행권원과 같은 효력을 가진다(행정심판법 제50조의2 제5항).

쟁점 68 ｜ 행정심판의 고지제도 ｜ C급

Ⅰ 행정심판의 고지제도의 의의

행정심판의 고지제도란 행정청이 처분을 할 때에 상대방 등에게 그 처분에 대하여 행정심판을 제기할 수 있는지 여부, 심판청구절차 및 심판청구기간 등을 미리 알려주도록 의무지우는 제도를 말한다(행정심판법 제58조).

Ⅱ 고지의 종류

1. 고지의 종류

행정청이 처분을 할 때에는 처분의 상대방에게 고지하여야 하며(직권고지, 행정심판법 제58조 제1항), 행정청은 처분의 이해관계인으로부터 고지를 요청받은 때에는 지체없이 고지를 하여야 한다(청구에 의한 고지, 행정심판법 제58조 제2항).

2. 직권고지의 대상

(1) 거부처분과 부관부 처분의 경우

상대방의 신청에 대한 인용처분의 경우와 행정청이 일방적으로 행하였으나 상대방에게 어떠한 부담적 효과를 발생하지 않는 처분에 대하여는 고지가 필요하지 않다.

이에 반하여 신청을 거부하는 처분이나 부관이 부가되어 불이익적 요소가 있는 처분 그 밖에 불이익한 처분에 대하여는 고지를 하여야 한다.

(2) 일반처분의 경우

일반처분은 처분의 상대방을 특정할 수 없는 처분이므로 처분의 상대방에게 이루어지는 직권고지의 대상이 될 수 없다.

다만 일반처분에 의해 법률상 이익의 침해를 받을 것이 예상되는 이해관계인이 요구하는 경우에는 고지하여야 할 것이다(행정심판법 제58조 제2항).

Ⅲ 불고지 또는 잘못된 고지의 효과

1. 고지의 하자와 처분의 위법 여부

행정청이 고지의무를 이행하지 않거나(불고지) 잘못된 고지(오고지)를 하였다 하더라도 해당 처분의 주체ㆍ절차ㆍ형식상에 어떤 흠결을 가져오는 것은 아니다. 판례 역시 같은 입장이다.

2. 불고지의 효과

(1) 심판청구서 제출기관을 알리지 않은 경우

행정청이 제58조에 따른 고지를 하지 아니하여 청구인이 심판청구서를 다른 행정기관에 제출한 경우에는 그 행정기관은 그 심판청구서를 지체 없이 정당한 권한이 있는 피청구인에게 보내야 한다(행정심판법 제23조 제2항). 이 경우 심판청구기간을 계산함에 있어서는 심판권한 없는 행정기관에 심판청구서가 제출되었을 때에 행정심판이 청구된 것으로 본다(동조 제4항).

(2) 청구기간을 알리지 않은 경우

원래 행정심판은 청구인이 처분이 있음을 알게 된 날부터 90일 이내에 청구하여야 한다(행정심판법 제27조 제1항). 그러나 행정청이 심판청구기간을 알리지 아니한 경우에는 청구인이 처분이 있음을 알고 있는지 여부와 관계없이 '처분이 있었던 날부터 180일 이내'에 심판청구를 할 수 있다(동조 제6항).

이와 관련하여 판례는 개별법률에서 정한 심판청구 기간이 행정심판법이 정한 심판 청구 기간보다 짧은 경우에도 행정청이 그 개별법률상 심판청구 기간을 알려주지 아니하였다면 행정심판법이 정한 심판청구 기간 내에 심판청구가 가능하다는 입장이다.

3. 잘못된 고지의 효과

(1) 심판청구서 제출기관을 잘못 알린 경우

행정청이 제58조에 따른 고지를 잘못 고지하여 청구인이 심판청구서를 다른 행정기관에 제출한 경우에는 그 행정기관은 그 심판청구서를 지체 없이 정당한 권한이 있는 피청구인에게 보내야 한다(행정심판법 제23조 제2항). 이 경우 심판청구기간을 계산함에 있어서는, 심판권한 없는 행정기관에 심판청구서가 제출되었을 때에 행정심판이 청구된 것으로 본다(동조 제4항).

(2) 청구기간을 잘못 알린 경우

행정청이 고지한 심판청구기간이 착오로 법에서 정한 심판청구기간보다 길게 된 때에는 그 고지된 청구기간 내에 심판청구가 있으면, 법정의 청구기간이 경과된 때에도 적법한 기간 내에 심판청구가 있은 것으로 본다(행정심판법 제27조 제5항). 한편 판례는 행정심판법 제27조 제5항의 규정은 행정소송 제기에는 적용되지 않는다고 한다.

쟁점 **69** 행정소송의 종류 A급

I 행정소송의 의의

행정소송이란 행정청의 공권력 행사에 대한 불복 및 기타 공법상의 법률관계에 관한 분쟁에 대하여 법원이 정식의 소송절차를 거쳐 행하는 행정쟁송절차를 말하며, 행정소송은 법원이 정식의 소송절차를 거쳐 행하는 행정쟁송절차이다. 이 점에서 행정소송은 행정심판과 구별된다.

II 행정소송의 종류

1. 개설

행정소송법은 내용에 따라 행정소송을 항고소송, 당사자소송, 민중소송, 기관소송으로 분류하고, 항고소송을 다시 취소소송, 무효등확인소송, 부작위위법확인소송으로 세분하고 있다(동법 제3조·제4조).

2. 항고소송

(1) 의의

항고소송이란 행정청의 우월한 일방적인 행정권 행사 또는 불행사에 불복하여 권익구제를 구하는 소송을 말한다. 항고소송은 행정청의 권력적인 행정작용으로 인하여 조성된 위법상태를 배제함으로써 국민의 권익을 구제하는 것을 목적으로 한다.

(2) 취소소송

취소소송이란 '행정청의 위법한 처분 등을 취소 또는 변경하는 소송'을 말한다(제4조 제1호). 취소소송의 성질의 경우 견해가 대립하나 형성소송설이 통설·판례이다. 행정소송법 제4조 제1호가 규정하는 취소소송의 개념상 형성소송설이 타당하다.

(3) 무효등확인소송

1) 의의 및 성질

무효등확인소송이란 '행정청의 처분이나 재결의 효력 유무 또는 존재 여부의 확인을 구하는 소송'을 말한다. 현행법은 무효등확인소송을 항고소송으로 규정하고 있다. 그런데, 실질에 있어서는 무효등확인소송은 항고소송의 성질과 확인소송의 성질을 아울러 갖는 것으로 보아야 한다.

2) 무효확인청구와 취소청구

무효확인청구를 주위적 청구, 취소청구를 예비적 청구로 할 수 있다. 그러나, 행정처분의 위법이 인정되지 않아 취소청구가 배척되면 논리상 무효확인은 인정될 수 없기 때문에 취소청구를 주위적 청구, 무효확인청구를 예비적 청구로 할 수는 없다. 다만, 취소청구가 출소기간의 경과 등 기타의 이유로 각하되는 경우에 대비하여 취소청구에 대해 본안판결이 행해지는 것을 해제조건으로 무효확인 청구를 예비적으로 제기할 수는 있다.

3) 판결

무효확인소송의 대상이 된 행위의 위법이 심리의 결과 무효라고 판정되는 경우에는 인용판결(무효확인판결)을 내린다. 당해 위법이 취소원인에 불과한 경우에 법원은 어떠한 판결을 내려야 하는가 견해가 대립하나, 판례는 무효확인청구는 취소청구를 포함한다고 보고, 법원은 취소소송요건을 충족한 경우 취소판결을 하여야 한다는 입장이다.

(4) 부작위위법확인소송

부작위위법확인소송이란 '행정청의 부작위가 위법하다는 것을 확인하는 소송'을 말한다. 부작위위법확인소송의 대상은 부작위이다. 부작위라 함은 '행정청이 당사자의 신청에 대하여 상당한 기간 내에 일정한 처분을 하여야 할 법률상 의무가 있음에도 불구하고 이를 하지 아니하는 것'을 말한다(행정소송법 제2조 제2호).

3. 당사자소송

(1) 의의

당사자소송이란 공법상 법률관계의 주체가 당사자가 되어 다투는 공법상 법률관계에 관한 소송을 말한다.

(2) 종류

공법상 당사자소송을 실질적 당사자소송과 형식적 당사자소송으로 구별하는 것이 일반적 견해이다. ① 형식적 당사자소송은 실질적으로는 행정청의 처분을 다투는 소송이지만, 형식적으로는 당사자소송인 소송을 말한다(예 토지보상법 제85조 제2항 보상금증감청구소송). ② 실질적 당사자소송이란 형식적으로나 실질적으로나 공법상 법률관계에 관한 다툼만이 대상인 당사자소송을 말한다.

4. 민중소송

민중소송이란 '국가 또는 공공단체의 기관이 법률에 위반되는 행위를 한 때에 직접 자기의 법률상 이익과 관계없이 그 시정을 구하기 위하여 제기하는 소송'을 말한다(행정소송법 제3조 제3호).

5. 기관소송

기관소송이란 "국가 또는 공공단체의 기관 상호간에 있어서의 권한의 존부 또는 그 행사에 관한 다툼이 있을 때에 이에 대하여 제기하는 소송"을 말한다(행정소송법 제3조 제4호). 다만, 헌법재판소법 제2조의 규정에 의하여 헌법재판소의 관장사항으로 되어 있는 소송(권한쟁의심판)은 행정소송법상 기관소송에서 제외하고 있다(행정소송법 제3조 제4호 단서).

쟁점 70 ● 의무이행소송과 예방적 금지소송(무명항고소송) C급

I. 의무이행소송

1. 의무이행소송의 의의

의무이행소송은 행정청에 대하여 일정한 행정처분을 신청하였는데 거부된 경우나 아무런 응답이 없는 경우에 그 이행을 청구하는 것을 내용으로 하는 행정소송이다.

2. 의무이행소송의 인정 여부

(1) 문제점

현행법상 의무이행소송을 인정할 수 있는지 여부는 권력분립원칙과 행정소송법 제4조를 어떻게 해석할 것인지와 관련이 깊다.

(2) 학설

① 긍정설 : 거부처분이나 부작위를 행정청의 1차적 판단권의 행사로 볼 수 있으므로 의무이행소송은 권력분립의 원칙에 반하지 않으며, 행정소송법 제4조를 예시적 규정으로 볼 수 있으므로 국민의 재판청구권 보장을 위해 의무이행소송을 인정할 수 있다는 견해이다.

② 부정설 : 의무이행판결을 통해 법원이 행정청에 대하여 처분의 발급을 명령하는 것은 행정청의 1차적 판단권을 침해하는 것으로서 권력분립의 원칙에 반하며, 행정소송법 제4조의 항고소송의 유형은 제한적 열거로 보아야 하므로 현행법상 의무이행소송은 인정할 수 없다는 견해이다.

③ 절충설 : 행정청이 1차적 판단권을 행사할 수 없을 정도로 처분요건이 일의적으로 정해져 있고, 현행 법정항고소송에 의해서는 실효적인 권리구제가 이루어질 가능성이 없는 경우에 한하여 의무이행소송을 인정할 수 있다는 견해이다.

(3) 대법원 판례

판례는 "행정청에 대하여 행정상 처분의 이행을 구하는 청구는 특별한 규정이 없는 한 행정소송의 대상이 될 수 없다"고 판시하여 의무이행소송의 인정을 부정하고 있다.

(4) 소결

의무이행소송은 권력분립의 원칙에 반하지 않으며, 행정소송법 제4조를 예시적 규정으로 보아 국민의 재판청구권 보장을 위해 의무이행소송을 인정하는 것이 타당하다고 보여진다.

3. 가구제

의무이행소송의 가구제로는 민사집행법 제300조 제2항의 규율명령적 가처분이 필요한데, 이는 임시적인 법적지위를 부여받기 위한 가처분이다. 다만 현행 행정소송법제도에서는 가처분은 인정되고 있지 않다.

▌Ⅱ▐ 예방적 금지소송(예방적 부작위청구소송)

1. 예방적 금지소송의 의의

예방적 금지소송은 행정청의 공권력 행사에 의해 국민의 권익이 침해될 것이 예상되는 경우에 미리 그 예상되는 침익적 처분의 발급을 저지하는 것을 목적으로 제기하는 소송을 말하며, 예방적 부작위청구소송이라고도 한다.

2. 인정 여부

(1) 문제점

예방적 금지소송이 현행 행정소송법에 명시되어 있지 않았음에도 불구하고 예방적 금지소송을 인정할 수 있는지 여부와 만약에 인정할 수 있다면 이를 항고소송의 일종으로 볼 것인지 아니면 당사자소송의 일종으로 볼 것인지가 문제된다.

(2) 학설

① 무명항고소송설

현행 행정소송법 제4조의 항고소송의 종류에 관한 규정은 예시적 규정으로 볼 수 있다. 특정의 권익침해가 예상되고 또한 임박한 경우에는, 행정청의 제1차적 판단권이 행사된 것에 준하는 것으로 볼 수 있고 이미 분쟁이 현실화 되어 사건의 성숙성도 이루어져 있다고 볼 수 있다.

② 부정설

현행 행정소송법은 행정소송의 유형을 제한적으로 열거하고 있으므로 예방적 금지소송과 같은 무명항고소송은 인정되지 않는다. 예방적 금지소송은 침익적인 공권력의 행사가 행하여지기 전에 공권력 행사를 막는 소송으로서 행정청의 1차적 판단권을 침해하며, 권력분립원칙 및 사법권의 본질에 반하게 된다.

③ 당사자소송설

현행 행정소송법은 행정소송의 유형을 제한적으로 열거하고 있으므로 예방적 금지 소송과 같은 무명항고소송은 인정되지 않는다. 당사자소송은 이행소송을 포함하고 있는바, 예방적 금지소송을 당사자소송의 한 형태로 인정하면 된다.

(3) 대법원 판례

판례는 "건축물의 준공처분을 하여서는 아니된다는 내용의 부작위를 구하는 청구는 행정소송에서 허용되지 않는다"라고 하여 예방적 금지소송을 부정하고 있다.

(4) 소결

특정의 권익침해가 예상되고 또한 임박한 경우에는, 행정청의 제1차적 판단권이 행사된 것에 준하는 것으로 볼 수 있고 이미 분쟁이 현실화 되어 사건의 성숙성도 이루어져 있다면 예방적 금지소송을 인정하는 것이 국민의 권익구제면에서 타당하다고 보여진다.

3. 가구제

예방적 금지소송의 가구제로는 민사집행법 제300조 제1항의 보전명령적 가처분이 필요한데, 이는 어떠한 행정결정이 나오고 있지 않은 현상태를 유지하는 취지의 가처분이다. 다만 현행 행정소송법제도에서는 가처분은 인정되고 있지 않다.

쟁점 71 취소소송의 개관   A급

I 취소소송의 의의, 성질 및 소송물

1. 의의

취소소송이란 행정청의 위법한 처분이나 재결의 취소 또는 변경을 구하는 소송을 말한다(행정소송법 제4조 제1호). 다만, 재결의 취소·변경은 재결 자체에 고유한 위법이 있음을 이유로 하는 경우에만 인정된다(동법 제19조).

2. 성질

취소소송은 개인의 권익구제를 직접 목적으로 하는 주관소송이며, 형성소송이다. 취소소송을 형성소송으로 볼 때 위법한 행정행위의 효력을 소급적으로 제거할 수 있다. 행정소송법 제29조 제1항은 취소소송이 형성소송임을 말해 주는 실정법상 근거로 볼 수 있다.

3. 취소소송의 소송물

(1) 소송물의 의의

소송물이란 소송법상 심판대상 또는 심판대상이 되는 단위를 말한다. 소송물은 소의 병합, 변경, 기판력의 범위와 관련하여 중요한 의미를 가진다.

(2) 소송물의 개념

① 학설

다툼이 있는 행정행위 그 자체를 소송물로 보는 견해, 처분으로 인해 자신의 권리가 침해되었다는 원고의 법적주장을 소송물로 보는 견해, 처분의 위법성 일반(모든 법의 위반)을 소송물로 보는 견해, 처분 등이 위법하고 처분 등이 자기의 권리를 침해한다는 원고의 법적 주장이라 보는 견해 대립이 있다.

② 판례

> [1] 취소판결의 기판력은 소송물로 된 행정처분의 위법성 존부에 관한 판단 그 자체에만 미치는 것이므로 전소와 후소가 그 소송물을 달리하는 경우에는 전소 확정판결의 기판력이 후소에 미치지 아니한다(대판 1996.4.26, 95누5820).
>
> [2] 과세처분이란 법률에 규정된 과세요건이 충족됨으로써 객관적, 추상적으로 성립한 조세채권의 내용을 구체적으로 확인하여 확정하는 절차로서,과세처분 취소소송의 소송물은 그 취소원인이 되는 위법성일반이고 그 심판의 대상은 과세처분에 의하여 확인된 조세채무인 과세표준 및 세액의 객관적 존부이다(대판 1990.3.23, 89누5386[법인세등부과처분취소]).

③ 검토

취소소송의 원고는 특정한 처분의 위법성을 주장하는 것이며, 그 처분의 위법성이 심리대상이 되어 원고의 주장의 당부가 법원의 판결에 의하여 확정된다. 따라서 취소소송의 소송물은 대상처분의 위법성일반이 하나의 소송물이라고 하겠다.

Ⅱ 취소소송과 무효등확인소송의 관계

1. 병렬관계

취소판결과 무효등확인소송은 보충관계에 있는 것이 아니라 서로 병렬관계에 있다. 따라서 양 소송은 주위적·예비적 청구로서 병합은 가능하나, 선택적 청구로서 병합이나 단순병합은 허용되지 아니한다.

2. 포섭관계

(1) 무효인 처분에 대하여 취소판결을 구하였을 경우

무효인 처분을 취소소송으로 다투면, 원고가 취소만을 다투는 것이 명백한 것이 아니라면 무효확인을 구하는 취지까지 포함되어 있는 것으로 본다(무효를 구하는 의미의 취소소송).

(2) 취소할 수 있는 처분에 대하여 무효등확인판결을 구하였을 경우

일반적으로 행정처분의 무효확인을 구하는 소에는 원고가 그 처분의 취소를 구하지 아니한다고 밝히지 아니한 이상 처분이 만약 당연무효가 아니라면 그 취소를 구하는 취지도 포함되어 있는 것으로 보아야 한다.[3] 다만 법원의 취소판결은 법원이 석명권을 행사하여 무효등확인소송을 취소소송으로 변경한 후에 이루어질 것이다. 물론 이러한 경우에는 취소소송의 요건을 구비하여야 한다.[4]

참고	취소소송과 무효등확인소송의 관계	B급

Ⅰ. 취소사유에 대해 무효확인소송을 제기한 경우

  1. 문제점

  무효확인소송을 제기하였는데 본안에서 단순위법으로 판단된 경우, 해당 무효확인소송이 취소소송의 제기요건을 갖추지 못했다면 법원은 기각판결을 하여야 한다. 다만 무효확인소송이 취소소송의 제기요건을 갖춘 경우에 법원이 어떠한 판결을 내려야 할 것인가에 관하여 견해의 대립이 있다.

  2. 학설

  ① 소변경필요설 : 법원은 석명권을 행사하여 무효확인소송을 취소소송으로 변경하도록 한 후, 취소판결을 하여야 한다는 견해이다.

  ② 취소판결설 : 무효확인청구는 취소청구를 포함한다고 보고, 법원은 바로 취소판결을 하여야 한다는 견해이다.

---

3) 대판 1994.12.23, 94누477
4) 대판 1986.9.23, 85누838

③ 청구기각판결설: 무효확인청구에 취소청구가 당연히 포함되어 있다고 볼 수 없다는 점을 근거로 원고의 청구를 기각하여야 한다는 견해이다.

3. 대법원 판례

판례는 "행정처분의 무효확인을 구하는 소에는 원고가 그 처분의 취소를 구하지 아니한다고 밝히지 아니한 이상 그 처분이 만약 당연무효가 아니라면 그 취소를 구하는 취지도 포함되어 있는 것으로 보아야 한다"고 판시하여 바로 취소판결이 가능하다는 입장을 취하고 있다.

4. 검토

최근 제정된 행정소송규칙은 무효확인소송이 취소소송의 제소기간 내에 제기된 경우, 재판장이 원고에게 처분등의 취소를 구하지 아니하는 취지인지를 명확히 하도록 촉구할 수 있도록 하고 있다(행정소송규칙 제16조).

Ⅱ. 무효사유에 대해 취소소송을 제기한 경우

위법한 처분에 대하여 취소소송이 제기된 경우에, 법원은 해당 위법이 무효사유인 위법인지 취소사유인 위법인지 구분할 필요 없이 취소판결을 내리면 된다.

다만 당사자가 무효선언을 구하는 취소소송을 제기한 경우에 본안심리결과 당연무효로 밝혀졌다면 법원은 무효를 선언하는 의미의 취소판결을 할 수 있다. 물론 이 경우에도 제소기간의 준수 등 취소소송의 제기요건을 충족하여야 한다.

Ⅲ. 취소소송과 무효확인소송의 병합

1. 주위적 청구가 기각될 것을 대비하여 예비적 청구를 병합하는 경우

무효확인청구가 기각될 것을 대비하여 취소청구를 예비적으로 병합할 수는 있다. 그러나 취소청구가 기각될 것을 대비하여 무효확인청구를 예비적으로 병합할 수는 없다.

2. 주위적 청구가 각하될 것을 대비하여 예비적 청구를 병합하는 경우

취소청구가 제소기간의 경과 등의 이유로 각하될 것을 대비하여 무효확인청구를 예비적으로 병합할 수는 있다. 그러나 무효확인청구가 각하될 것을 대비하여 취소청구를 예비적으로 병합할 수는 없다.

Ⅲ 취소소송의 소송요건

1. 소송요건

(1) 소송요건의 의의

소송요건이라 함은 소가 적법하기 위한 요건을 말한다. 즉 소송을 제기하여 그 청구의 당부에 관한 법원의 본안판결을 구하기 위한 요건을 말한다.

(2) 소송요건의 구분

취소소송의 소송요건은 크게 형식적 요건과 실체적 요건으로 나누어진다. 형식적 요건으로서 중요한 것은 ① 소장, ② 관할법원, ③ 피고적격, ④ 전심절차, ⑤ 제소기간 등이다. 취소소송의 실체적 요건은 일반의 소송법이론에 따라 '소의 이익' 또는 '권리보호요건'이라고 부르기도 한다.

쟁점 72 　대상적격으로 거부의 처분성과 처분성이 문제되는 특수한 쟁점　A급

▌ I 　대상적격 – 거부가 처분이 되기 위한 요건

1. 개설

행정소송법 제19조는 "취소소송의 대상을 취소소송은 처분 등을 대상으로 한다"고 규정하고 동법 제2조 제1항 제1호는 취소소송의 대상인 처분 등에 대하여 "행정청이 행하는 구체적 사실에 관한 법집행으로서의 공권력의 행사 또는 그 거부와 그 밖에 이에 준하는 행정작용 및 행정심판에 대한 재결을 말한다"라고 규정하고 있다. 따라서 취소소송의 대상은 ① 적극적 공권력의 행사, ② 공권력 행사의 거부처분, ③ 이에 준하는 행정작용 그리고 ④ 행정심판의 재결이 된다.

2. 거부처분의 의의

거부처분이란 국민의 공권력 행사의 신청에 대하여 처분의 발령을 거부하는 행정청의 의사작용을 말하며, 행정소송법상 처분개념으로서 거부란 신청된 행정작용이 처분에 해당되는 경우의 거부만을 의미한다.

3. 거부처분의 성립 요건

(1) 문제점

거부행위가 항고소송의 대상이 되기 위해 행정소송법 제2조 제1항 제1호의 개념요건만 충족하면 되는 것인지 아니면 추가로 신청권이라는 권리적 요소가 구비되어야 하는지 여부가 문제된다.

(2) 학설

① 대상적격설 : 신청권은 해당 처분의 근거법규 혹은 조리에 의하여 일반적·추상적으로 결정되는 것이므로 대상적격의 문제로 보는 것이 타당하다는 견해이다.

② 원고적격설 : 신청권은 권리적 요소이므로 원고적격의 문제로 보아야 하며, 대상적격은 거부된 행정작용이 행정소송법상의 처분개념에 해당되기만 하면 구비한 것으로 보는 견해이다.

③ 본안문제설 : 신청권의 존재는 본안의 문제로서 거부처분의 성립에 신청권을 요구하는 판례의 태도는 처분의 개념을 부당하게 제한하는 것이라는 견해이다.

(3) 대법원 판례의 태도

> ① 그 신청한 행위가 공권력의 행사 또는 이에 준하는 행정작용이어야 하고, 즉 공권력 행사로서의 거부이여야 하며,

② 그 거부행위가 신청인의 법률관계에 어떤 변동을 일으키는 것이어야 하고, 즉 국민의 권리의무에 직접적인 영향을 미쳐야 하며,

③ 그 국민에게 그 행위발동을 요구할 법규상 또는 조리상의 신청권이 있어야 한다.

그 국민에게 그 행위발동을 요구할 법규상 또는 조리상의 신청권이 있어야 한다. 이때 그 거부행위의 처분성을 인정하기 위한 전제요건이 되는 신청권의 존부는 구체적 사건에서 신청인이 누구인가를 고려하지 않고 관계 법규의 해석에 의하여 국민에게 그러한 신청권을 인정하고 있는가를 살펴 추상적으로 결정되는 것이므로, 국민이 어떤 신청을 한 경우에 그 신청의 근거가 된 조항의 해석상 행정발동에 대한 개인의 신청권을 인정하고 있다고 보이면 그 거부행위는 항고소송의 대상이 되는 처분으로 보아야 한다(대판 2011.10.13, 2008두17905[상가용지공급대상자적격처분취소등]).

(4) 검토

판례가 요구하는 신청권은 당해 처분의 근거 법규에 의해 일반국민에게 추상적으로 인정되는 객관적인 신청권이므로 〈대상적격〉의 문제로 봄이 타당하다.

Ⅱ 처분성이 문제되는 특수한 쟁점

1. 법령·고시·조례

일반적으로 법령이나 고시 또는 조례는 일반적·추상적 규율로서 구체적인 집행행위를 요구하므로 처분성이 부정되나, 그것이 구체적 집행행위의 개입 없이 그 자체로서 직접 국민에 대하여 구체적 효과를 발생하여 특정한 권리의무를 형성하게 하는 경우(이른바 처분적 명령, 처분적 조례)에는 행정소송법상 처분에 해당한다.

조례가 집행행위의 개입 없이도 그 자체로서 직접 국민의 구체적인 권리의무나 법적 이익에 영향을 미치는 등의 법률상 효과를 발생하는 경우 그 조례는 항고소송의 대상이 되는 행정처분에 해당하고, 이러한 조례에 대한 무효확인소송을 제기함에 있어서 행정소송법 제38조 제1항, 제13조에 의하여 피고적격이 있는 처분 등을 행한 행정청은, 행정주체인 지방자치단체 또는 지방자치단체의 내부적 의결기관으로서 지방자치단체의 의사를 외부에 표시한 권한이 없는 지방의회가 아니라, 구 지방자치법 (1994.3.16. 법률 제4741호로 개정되기 전의 것) 제19조 제2항, 제92조에 의하여 지방자치단체의 집행기관으로서 조례로서의 효력을 발생시키는 공포권이 있는 지방자치단체의 장이다(대판 1996.9.20, 95누8003[조례무효확인]).

2. 통지

통지란 특정인 또는 불특정다수인에 대하여 특정한 사실을 알리는 행위로서, 국가공무원법상 당연퇴직의 통보처럼 이미 발생한 법률관계를 단순히 알리는 행위는 상대방의 법적 지위에 변동을 일으키는 것이 아니므로 항고소송의 대상이 되는 처분이 될 수 없다. 다만 재임용을 거부하는 취지로 한 임용기간만료의 통지처럼 통지 그 자체로 일정한 법률효과를 발생시키는 경우에는 처분성이 인정된다.

3. 반복된 행위

철거명령이 포함된 1차 계고처분을 한 후 상대방이 이에 응하지 않자 다시 2차, 3차 계고서를 발송한 경우, 건물철거의무는 제1차 철거명령 및 계고처분으로서 발생하고 제2차, 제3차 계고 처분은 대집행기한의 연기통지에 불과하므로 행정처분에 해당하지 않는다.

4. 변경처분

(1) 감액처분의 경우

행정청이 금전부과처분을 한 후 감액처분을 한 경우에는 감액처분은 일부취소처분의 성질을 가지므로 감액처분이 항고소송의 대상이 되는 것이 아니며 처음의 부과처분 증감액처분에 의하여 취소되지 않고 남은 부분이 항고소송의 대상이 된다.

> 감액처분으로도 아직 취소되지 않고 남아 있는 부분이 위법하다 하여 다투고자 하는 경우, 감액처분을 항고소송의 대상으로 할 수는 없고, 당초 징수결정 중 감액처분에 의하여 취소되지 않고 남은 부분을 항고소송의 대상으로 할 수 있을 뿐이며, 그 결과 제소기간의 준수 여부도 감액처분이 아닌 당초처분을 기준으로 판단해야 한다(대판 2012.9.27, 2011두27247[부당이득금부과처분취소]).

(2) 증액처분의 경우

증액처분의 경우에 당초의 처분은 증액처분에 흡수되어 소멸되므로 증액처분이 항고소송의 대상이 된다.

> 증액경정처분이 있는 경우 당초처분은 증액경정처분에 흡수되어 소멸하고, 소멸한 당초처분의 절차적 하자는 존속하는 증액경정처분에 승계되지 아니한다(대판 2010.6.24, 2007두16493[상속세부과처분취소]).

(3) 적극적 변경처분의 경우

처분청이 직권으로 제재처분을 적극적으로 감경·변경한 경우에는 당초 처분을 전부 변경하는 경우와 당초 처분을 일부만 변경하는 경우가 있다. 당초처분을 전부 변경하는 적극적 변경처분의 경우 당초 처분은 효력을 상실하므로 변경처분을 대상으로 항고소송을 제기하여야 한다.

5. 부관

행정행위의 부관은 부담의 경우를 제외하고는 독립하여 행정소송의 대상이 될 수 없다는 것이 판례의 입장이다.

> 행정행위의 부관은 부담의 경우를 제외하고는 독립하여 행정소송의 대상이 될 수 없는 것인바, 지방국토관리청장이 일부 공유수면매립지에 대하여 한 국가 또는 직할시 귀속처분은 매립준공인가를 함에 있어서 매립의 면허를 받은 자의 매립지에 대한 소유권취득을 규정한 공유수면매립법 제14조의 효과 일부를 배제하는 부관을 붙인 것이고, 이러한 행정행위의 부관은 위 법리와 같이 독립하여 행정소송 대상이 될 수 없다(대판 1993.10.8, 93누2032[공유수면매립공사준공인가처분취소]).

| 쟁점 73 | 원처분주의와 재결주의 | A급 |

Ⅰ 원처분주의와 재결주의 개념

1. 행정심판법에서 재결의 의의

행정심판법에서 재결이란 "행정심판의 청구에 대하여 제6조에 따른 행정심판위원회가 행하는 판단"을 말한다.

2. 원처분주의와 재결주의

(1) 원처분주의와 재결주의의 의의

① 원처분주의란 원처분과 재결 모두에 대해 소를 제기할 수 있으나, 원처분의 취소소송에서는 원처분의 위법을 다투고, 재결의 고유한 위법에 대해서는 재결취소소송으로 다투도록 하는 것이다.

② 재결주의란 원처분에 대해서는 소송을 제기할 수 없고, 재결에 대해서만 소송을 제기하도록 하는 제도이다.

Ⅱ 행정소송법의 태도(원처분주의)

1. 행정소송법 제19조는 원처분주의

행정소송법 제19조는 취소소송의 대상을 원칙적으로 원처분으로 하고, 재결에 대하여는 그 재결 자체에 고유한 위법이 있음을 이유로 하는 경우에 한하여 제소를 허용 하는 원처분주의를 취하고 있다.

2. 재결 자체의 고유한 위법이 인정되는 경우

(1) 고유한 위법의 의미

원처분주의에서 재결이 취소소송의 대상이 되는 경우는 재결 자체에 주체·절차 형식 그리고 내용상 위법이 있는 경우를 말한다.

> 행정소송법 제19조에서 말하는 '재결 자체에 고유한 위법'이란 원처분에는 없고 재결에만 있는 재결청의 권한 또는 구성의 위법, 재결의 절차나 형식의 위법, 내용의 위법 등을 뜻하고, 그 중 내용의 위법에는 위법·부당하게 인용재결을 한 경우가 해당한다(대판 1997.9.12, 96누14661[공장설립변경신고수리처분취소]).

(2) 각하재결

각하재결의 경우, 원처분의 위법이 그대로 유지되고 있으므로 원칙적으로 원처분이 소의 대상이 되어야 할 것이다. 다만, 행정심판청구가 부적법하지 않음에도 불구하고 실체심리를 하지 않고 부적법 각하한 경우에는 원처분에는 없는 재결 자체의 고유한 하자가 있는 경우에 해당하므로 이때는 재결도 취소소송의 대상이 된다고 보는 것이 판례의 입장이다.

(3) 기각재결

원처분을 정당하다고 유지하고 심판청구를 기각한 재결에 대하여는 원칙적으로 내용상의 위법을 주장하여 제소할 수 없다. 그러나 불고불리의 원칙(행정심판법 제47조 제1항)에 반하여 심판청구의 대상이 되지 아니한 사항에 대하여 재결을 한 경우나, 불이익변경금지의 원칙(행정심판법 제47조 제2항)에 반하여 원처분보다 청구인에게 불리한 재결을 한 경우에는 재결 자체의 고유한 위법이 있으므로 그 취소를 구할 수 있다.

(4) 부적법한 인용재결 및 제3자효 있는 행정행위의 인용재결

행정심판의 제기요건을 결여하였음에도 불구하고 각하하지 아니하고 인용재결을 한 경우는 재결 자체에 고유한 위법이 있는 경우에 해당한다.

처분의 상대방에게 수익적인 처분이 제3자에 의해 제기된 행정심판의 재결에서 취소 또는 불리하게 변경된 경우에 처분의 상대방은 당해 행정심판의 재결의 취소소송을 제기할 수 있다. 또한, 제3자효행정행위의 거부(예 건축허가거부)에 대한 행정심판(의무이행심판 또는 취소심판)의 재결에서 처분재결 또는 취소재결이 내려진 경우 제3자는 당해 처분재결 또는 취소재결의 취소소송을 제기할 수 있다.

> 이른바 복효적 행정행위, 특히 제3자효를 수반하는 행정행위에 대한 행정심판청구에 있어서 그 청구를 인용하는 내용의 재결로 인하여 비로소 권리이익을 침해받게 되는 자는 그 인용재결에 대하여 다툴 필요가 있고, 그 인용재결은 원처분과 내용을 달리하는 것이므로 그 인용재결의 취소를 구하는 것은 원처분에는 없는 재결에 고유한 하자를 주장하는 셈이어서 당연히 항고소송의 대상이 된다(대판 1997.12.23, 96누10911[체육시설사업계획승인취소처분취소]).

3. 재결 자체의 고유한 위법이 없을 시 판결의 종류

이 경우에 행정소송법 제19조 단서가 소극적 소송요건(소송의 대상)을 정한 것으로 보아 각하하여야 한다는 견해와 위법사유의 주장제한을 정한 것으로 보아 기각하여야 한다는 견해가 대립하나, 판례는 재결취소소송에서 재결에 고유한 하자가 없는 경우 기각판결을 하여야 한다는 입장이다.

4. 원처분주의에 대한 예외

(1) 개설

재결주의란 원처분이 아닌 재결만을 취소소송의 대상으로 하는 제도로서, 우리 행정소송법은 원처분주의의 태도를 취하고 있으나(행정소송법 제19조), 개별법에서 예외적으로 재결주의를 채택하고 있는 경우가 있다. 이런 재결주의에서는 원처분의 취소를 구하면 부적법 각하가 되며, 원처분의 하자를 주장하는 경우에도 재결의 하자를 주장하는 경우와 마찬가지로 재결에 대한 취소소송을 제기하여야 한다. 한편 재결주의의 경우 행정심판의 전치(傳置)는 필수적이다.

(2) 재결주의가 채택되어 있는 예

1) 감사원의 재심판정

감사원법은 회계관계직원에 대한 감사원의 변상판정에 대하여 감사원에 재심의를 청구를 할 수 있도록 하고(감사원법 제36조), 그 재심판정에 대하여 감사원을 당사자로 하여 행정소송을 제기하도록 함으로써(동법 제40조 제2항), 원처분인 변상판정이 아닌 재심판정을 소송의 대상으로 하도록 하고 있다. 대법원은 이를 재결주의를 취하고 있는 것으로 보고 있다.

2) 중앙노동위원회의 재심판정

노동위원회법 제26조 제1항은 "중앙노동위원회는 지방노동위원회 또는 특별노동위원회의 처분을 재심하여 이를 승인·취소 또는 변경할 수 있다"고 규정하고 있고, 동법 제27조 제1항은 "중앙노동위원회의 처분에 대한 소는 중앙노동위원회위원장을 피고로 하여 판정서 정본의 송달을 받은 날로부터 15일 이내에 이를 제기하여야 한다"고 규정하고 있다. 대법원은 이를 재결주의를 취하고 있는 것으로 보고 있다.

쟁점 **74** 원처분주의에서 쟁점이 되는 변경처분과 행정심판의 재결   B급

Ⅰ 변경처분이 있는 경우

1. 문제점

처분청이 처분 발령 후 직권으로 경정처분(예 감정평가법 과징금 감액)한 경우 어느 것이 항고소송의 대상이 되는지 문제된다. 논의의 실익은 불복 제기기간에 있다. 이 논의는 변경명령재결이 난 경우 처분청이 재결의 기속력에 따라 변경처분(일부취소처분)한 경우의 논의에도 동일하게 적용된다.

2. 학설

① **병존설** : 변경된 원처분과 변경처분은 독립된 처분으로 모두 소의 대상이 된다는 견해이다.

② **흡수설** : 원처분은 변경처분에 흡수되어 전부취소되었기 때문에 새로운 처분만이 소송의 대상이 된다는 견해이다.

③ **역흡수설** : 변경처분은 원처분에 흡수되어 원처분만이 소의 대상이라는 견해이다.

3. 대법원 판례의 태도

> 행정청이 산업재해보상보험법에 의한 보험급여 수급자에 대하여 부당이득 징수결정을 한 후 징수결정의 하자를 이유로 징수금 액수를 감액하는 경우에 감액처분은 감액된 징수금 부분에 관해서만 법적 효과가 미치는 것으로서 당초 징수결정과 별개 독립의 징수금 결정처분이 아니라 그 실질은 처음 징수결정의 변경이고, 그에 의하여 징수금의 일부취소라는 징수의무자에게 유리한 결과를 가져오는 처분이므로 징수의무자에게는 그 취소를 구할 소의 이익이 없다. 이에 따라 감액처분으로도 아직 취소되지 않고 남아 있는 부분이 위법하다 하여 다투고자 하는 경우, 감액처분을 항고소송의 대상으로 할 수는 없고, 당초 징수결정 중 감액처분에 의하여 취소되지 않고 남은 부분을 항고소송의 대상으로 할 수 있을 뿐이며, 그 결과 제소기간의 준수 여부도 감액처분이 아닌 당초 처분을 기준으로 판단해야 한다 (대판 2012.9.27, 2011두27247[부당이득금부과처분취소]).

4. 검토

원처분의 연속성이라는 관점에서 소송의 대상은 변경되어 남은 원처분으로 봄이 타당하고 따라서 제소기간 역시 이를 기준으로 봄이 타당하다. 다만, 일부취소처분은 원처분을 변경하는 것으로 독립된 처분으로 볼 수 없어 〈역흡수설〉로 보는 것이 타당하며, 증액 처분의 경우 새로운 효과를 발생시키는바 〈흡수설〉이 타당하다고 판단된다.

II. 거부처분에 대한 취소재결의 경우

거부처분이 재결로 취소된 경우에는 그 재결의 취소를 구하는 것은 소의 이익이 없다는 것이 판례의 입장이다. 왜냐하면 거부처분이 재결에 의하여 취소되는 경우 처분청에게는 재처분의무가 인정되는데(행정심판법 제49조 제2항), 이 재처분이 거부처분이라면 제3자는 취소소송을 제기할 필요가 없고, 이 재처분이 인용처분이라면 제3자는 인용처분에 대한 취소소송을 제기하면 되는 것이므로 굳이 거부처분취소재결에 대한 취소를 구할 필요가 없기 때문이다.

III. 일부취소재결 및 변경재결의 경우

1. 문제점

불이익처분에 대하여 취소를 구하는 심판을 제기하여 불이익처분의 일부를 취소하는 재결이나 보다 가벼운 처분으로 변경하는 재결이 나온 경우, 재결 자체의 고유한 위법의 인정 여부에 따라 취소소송의 대상이 달라질 것이다.

2. 학설

① **변경재결설** : 행정심판기관에 의한 변경재결은 당초처분을 대체하는 새로운 처분이므로 행정심판기관의 변경재결이 취소소송의 대상이 된다는 견해이다.

② **변경된 원처분설** : 일부취소재결이나 변경재결은 원처분의 강도를 감경한 것에 불과한 것으로서 재결 자체에 고유한 위법이 없으므로 원처분을 취소소송의 대상으로 하여야 한다는 견해이다.

3. 대법원 판례의 태도

판례는 감봉처분을 소청심사위원회가 견책처분으로 변경한 결정에 대해 원고가 재량권의 일탈 또는 남용을 주장하는 것은 원처분의 위법을 주장하는 것이므로 소청결정 자체의 취소사유가 될 수 없다고 판시하였는바, 변경된 원처분설의 입장이다.

4. 검토

일부취소재결이나 변경재결은 원처분의 강도를 감경하는 것에 불과하므로 대법원 판례의 태도에 따라 변경된 원처분으로 하는 것이 타당하다고 판단된다.

IV. 변경명령재결의 경우

1. 문제점

행정심판위원회의 변경명령재결에 따라 피청구인이 변경처분을 한 경우 변경명령재결과 변경처분 그리고 변경된 원처분 중 어떤 것이 취소소송의 대상이 될 것인지 문제된다.

2. 학설

① **변경된 원처분설** : 변경명령재결은 원처분의 강도를 변경하는 것에 불과하다는 입장에서 변경된 원처분이 취소소송의 대상이 된다는 견해이다.

② **변경명령재결설** : 변경명령재결에 따른 행정청의 변경처분은 재결의 기속력에 의한 부차적인 행위로서 변경처분을 하게 된 것이 위원회의 의사이지 행정청의 의사가 아니므로 변경명령재결이 취소소송의 대상이 된다는 견해이다.

③ **변경처분설** : 변경명령재결에 의해 원처분은 소멸되었고 국민에 대한 구체적인 침해는 변경처분이 있어야 현실화된다는 점을 강조하여 변경처분이 취소소송의 대상이 된다는 견해이다.

3. 대법원 판례의 태도

판례는 재결 고유의 위법을 부정하는 전제에서, 행정청이 영업자에게 행정제재 처분을 한 후 일부인용의 (처분)변경명령재결에 따라 당초 처분을 영업자에게 유리하게 변경하는 처분을 한 경우 그 취소소송의 대상은 변경된 내용의 당초 처분이지 변경처분은 아니라고 판시한 바 있다.

4. 검토

판례의 태도와 같이 행정청이 영업자에게 행정제재 처분을 한 후 일부인용의 (처분)변경명령재결에 따라 당초 처분을 영업자에게 유리하게 변경하는 처분을 한 경우 그 취소소송의 대상은 변경된 내용의 당초 처분(변경된 원처분)으로 보는 것이 타당하다고 판단된다.

Ⅴ 의무이행심판에 대한 인용재결이 나온 경우 취소소송의 대상

1. 형성재결의 경우 소의 대상

처분재결과 같은 형성재결이 나온 경우에는 재결의 형성력에 의하여 곧바로 법률관계가 변동되므로 재결 고유의 하자가 인정된다. 따라서 형성재결을 대상으로 취소소송을 제기하여야 한다.

2. 이행재결인 경우 소의 대상

(1) 문제점

처분명령재결과 같은 이행재결의 경우에는 재결 이외에 그에 따른 행정청의 처분이 있게 되므로 이행재결과 처분 중 어느 것이 취소소송의 대상이 되는지 문제된다.

(2) 학설

① **이행재결설(또는 처분명령재결설)** : 재결에 따른 행정청의 처분은 재결의 기속력에 의한 부차적인 처분에 지나지 않고 그와 같은 처분을 하게 된 것이 행정심판위원회의 의사이지 행정청의 의사가 아니므로 이행재결을 소송의 대상으로 삼아야 한다는 견해이다.

② **이행처분설** : 국민에 대한 구체적인 권익의 침해는 처분이 있어야 현실화된다는 점을 강조하여 이행재결에 따른 처분이 소의 대상이 된다는 견해이다.

③ **선택가능설** : 양자 모두가 소의 대상이 된다는 견해이다.

(3) 대법원 판례의 태도

행정심판법 제49조 제1항(구법 제37조 제1항)의 규정에 의하면 재결은 피청구인인 행정청을 기속하는 효력을 가지므로 재결청이 취소심판의 청구가 이유 있다고 인정하여 처분청에게 처분을 취소할 것을 명하면 처분청으로서는 그 재결의 취지에 따라 처분을 취소하여야 하는 것이지만, 그렇다고 하여 그 재결의 취지에 따른 취소처분이 위법할 경우 그 취소처분의 상대방이 이를 항고소송으로 다툴 수 없는 것은 아니다. 취소처분의 상대방이 재결 자체의 효력을 다투는 별소를 제기하였고 그 소송에서 판결이 확정되지 아니하였다 하여 재결의 취지에 따른 취소처분의 취소를 구하는 항고소송사건을 심리하는 법원으로서는 그 청구의 당부를 판단할 수 없는 것이라고 할 수도 없다(대판 1993.9.28, 92누15093).

(4) 검토

대법원은 재결과 그에 따른 처분이 각각 소송의 대상이 된다고 보는 입장에 있으므로 대법원의 입장이 일면 타당하지만, 당사자의 권익구제차원에서는 국민에 대한 구체적인 권익의 침해는 처분이 있어야 현실화된다는 점을 고려할 때 이행처분이 소송의 대상이 되는 것이 타당하다고 판단된다.

쟁점 **75** 원고적격   A급

I 원고적격의 의의 및 취지

원고적격이란 행정소송에서 원고가 될 수 있는 자격을 말하며 남소방지에 취지가 있다.

> **행정소송법 제12조(원고적격)**
> 취소소송은 처분등의 취소를 구할 법률상 이익이 있는 자가 제기할 수 있다. 처분등의 효과가 기간의 경과, 처분등의 집행 그 밖의 사유로 인하여 소멸된 뒤에도 그 처분등의 취소로 인하여 회복되는 법률상 이익이 있는 자의 경우에는 또한 같다.

II 법률상 이익의 의미

1. 문제점

행정소송법 제12조 제1문은 "취소소송은 처분 등의 취소를 구할 법률상 이익이 있는 자가 제기할 수 있다"고 규정하여 원고적격으로 법률상 이익을 요구한다. 이에 따라 법률상 이익의 의미가 문제된다.

2. 학설

① **권리구제설** : 처분 등으로 인하여 권리가 침해된 자만이 항고소송을 제기할 수 있는 원고적격을 갖는다는 견해이다.

② **법률상 이익구제설** : 처분 등에 의해 '법적으로 보호된 개인적 이익'을 침해당한 자만이 항고소송의 원고적격이 있는 것으로 보는 견해이다.

③ **보호가치이익설** : 실체법을 준거로 하는 것이 아니라 소송법적 관점에서 재판에 의하여 보호할 만한 가치가 있는 이익이 침해된 자는 항고소송의 원고적격이 있다고 보는 견해이다.

④ **적법성 보장설** : 항고소송의 주된 기능을 행정통제에서 찾고, 처분의 위법성을 다툴 적합한 이익을 갖는 자에게 원고적격을 인정하는 견해이다.

3. 대법원 판례의 태도

판례는 원칙상 '법적 이익구제설'에 입각하고 있으며, 처분의 근거법규 및 관련법규에 의해 보호되는 직접적이고 구체적인 개인적 이익을 법률상 이익으로 보고 있다. 최근에는 법률상 이익의 범위를 점차 넓혀가는 경향이 있다.

이익처분의 상대방은 직접 개인적 이익의 침해를 받은 자로서 원고적격이 인정된다. 처분의 직접 상대방이 아닌 제3자라 하더라도 이른바 '경원자 관계'나 '경업자 관계'와 같이 처분의 근거 법규 또는 관련 법규에 의하여 개별적·직접적·구체적으로 보호되는 이익이 있는 경우에는 처분의 취소를 구할 원고적격이 인정되지만, 제3자가 해당 처분과 간접적·사실적·경제적인 이해관계를 가지는 데 불과한 경우에는 처분의 취소를 구할 원고적격이 인정되지 않는다(대판 2021.2.4, 2020두48772[시공업체선정처분취소]).

4. 검토

〈권리구제설〉은 원고적격의 범위가 좁다는 비판이 있고, 〈보호가치이익설〉은 법원의 법규창조력을 인정하게 된다는 점에서 비판이 있고, 〈적법성보장설〉은 현행 행정소송법이 취하는 주관적 소송체계에 반한다는 비판이 있다. 따라서 각 학설의 문제점과 항고소송의 기능에 비추어 문언의 충실한 해석과 국민의 재판청구권 보장 차원에서 〈법률상보호이익설〉이 타당하다.

Ⅲ 법률의 범위(보호규범론)

1. 문제점

법이 보호하는 이익구제설의 입장을 취할 경우, 그 법의 범위를 어디까지 넓힐 것인가에 따라 원고적격의 인정범위가 달라질 수 있다.

2. 학설

종전에는 법률의 범위를 처분의 직접적인 근거 법률에만 한정하였으나, 오늘날 공권의 확대화 경향에 의해 관계 법률까지 확대하고 있으며, 일반적 견해는 헌법상 기본권 원리까지 포함하는 것으로 그 폭을 넓히고 있다.

3. 대법원 판례의 태도

행정처분의 직접 상대방이 아닌 제3자라 하더라도 당해 행정처분으로 인하여 법률상 보호되는 이익을 침해당한 경우에는 취소소송을 제기하여 그 당부의 판단을 받을 자격이 있다 할 것이고, 여기에서 말하는 법률상 보호되는 이익이라 함은 당해 처분의 근거 법규 및 관련 법규에 의하여 보호되는 개별적·직접적·구체적 이익이 있는 경우를 말하는데, 환경·교통·재해등에관한영향평가법(이하 '환경영향평가법'이라 한다), 같은법 시행령, 구 폐기물처리시설설치촉진및주변지역지원등에관한법률(2004.2.9. 법률 제7169호로 개정되기 전의 것, 이하 '폐촉법'이라 한다), 같은법 시행령의 각 관련 규정에 의하면, 폐기물처리시설 설치기관이 1일 처리능력이 100t 이상인 폐기물처리시설을 설치하는 경우에는 폐촉법에 따른 환경상 영향조사 대상에 해당할 뿐만 아니라 환경영향평가법에 따른 환경영향평가 대상사업에도 해당하므로 폐촉법령뿐만 아니라 환경영향평가법령도 위와 같은 폐기물처리시설을 설치하기 위한 폐기물소각시설 설치계획 입지결정·고시처분의 근거 법령이 된다고 할 것이고, 따라서 위 폐기물처리시설설치계획입지가 결정·고시된 지역 인근에 거주하는 주민들에게 위 처분의 근거 법규인 환경영향평가법 또는 폐촉법에 의하여 보호되는 법률상 이익이 있으면 위 처분의 효력을 다툴 수 있는 원고적격이 있다(대판 2005.5.12, 2004두14229[폐기물처리시설입지결정및고시처분취소]).

4. 검토

법률상 이익의 존부는 오늘날 환경의 이익, 소비자의 권리 등이 중시되는바, 일반적 견해와 같이 헌법상 기본원리까지 고려하여 판단하여야 할 것이다. 이러한 법률의 목적·취지가 공익 보호뿐만 아니라 제3자의 사익도 보호하고 있는 것으로 해설될 경우에는 법률상 이익이 인정된다고 보아야 할 것이다.

Ⅳ 제3자의 원고적격성 인정 여부

1. 경업자 소송에서의 원고적격

경업자란 경쟁관계에 있는 영업자를 말하는 것으로서 보통 새로운 경쟁자에 대한 신규영업허가에 대하여 기존업자가 그 허가의 취소를 구하는 형태로 소송이 제기된다.

2. 경원자소송의 원고적격

(1) 경원자소송의 개념

경원자란 수익적 처분에 대한 신청이 경쟁하는 관계를 말하는 것으로서, 보통 수인의 신청을 받아 일부에 대하여만 인·허가 등의 수익적 행정처분을 할 수 있는 경우에 인·허가 등을 받지 못한 자가 인·허가처분에 대하여 취소를 구하는 소송을 제기하거나(이른바 소극적 경원자소송) 자신의 신청에 대한 거부처분에 대하여 취소를 구하는 소송(이른바 적극적 경원자소송)으로 제기된다.

(2) 경원자의 원고적격

판례는 경원자 관계에 있는 경우 허가 등의 처분을 받지 못한 자는 비록 경원자에 대하여 이루어진 허가 등 처분의 상대방이 아니라 하더라도 당해 처분의 취소를 구할 원고적격이 있다고 판시하였다.

> 인·허가 등의 수익적 행정처분을 신청한 수인이 서로 경쟁관계에 있어서 일방에 대한 허가 등의 처분이 타방에 대한 불허가 등으로 귀결될 수밖에 없는 때 허가 등의 처분을 받지 못한 자는 비록 경원자에 대하여 이루어진 허가 등 처분의 상대방이 아니라 하더라도 당해 처분의 취소를 구할 원고적격이 있다. 다만, 명백한 법적 장애로 인하여 원고 자신의 신청이 인용될 가능성이 처음부터 배제되어 있는 경우에는 당해 처분의 취소를 구할 정당한 이익이 없다(대판 2009.12.10, 2009두8359 [예비인가처분취소]).

3. 인인소송

(1) 인인소송의 의의 및 인정 기준

인인소송이란 어떠한 시설의 설치를 허가하는 처분에 대하여 해당 시설의 인근주민이 다투는 소송을 말한다. 대법원은 시설의 설치를 함에 있어 환경영향평가를 실시하여야 하는 경우라든가 해당 사업으로 인하여 환경상 침해를 받으리라고 예상되는 영향권의 범위가 설정되어 있는 경우에는 환경영향평가 대상지역 내에 거주하는 주민 또는 일정한 영향권 내의 주민들의 환경상 이익에 대한 침해 또는 침해 우려를 사실상 추정하여 원고적격을 인정한다.

> 주거지역안에서는 도시계획법 제19조 제1항과 개정전 건축법 제32조 제1항에 의하여 공익상 부득이하다고 인정될 경우를 제외하고는 거주의 안녕과 건전한 생활환경의 보호를 해치는 모든 건축이 금지되고 있을뿐 아니라 주거지역내에 거주하는 사람이 받는 위와 같은 보호이익은 법률에 의하여 보호되는 이익이라고 할 것이므로 주거지역내에 위 법조 소정 제한면적을 초과한 연탄공장 건축허가처분으로 불이익을 받고 있는 제3거주자는 비록 당해 행정처분의 상대자가 아니라 하더라도 그 행정처분으로 말미암아 위와 같은 법률에 의하여 보호되는 이익을 침해받고 있다면 당해행정 처분의 취소를 소구하여 그 당부의 판단을 받을 법률상의 자격이 있다(대판 1975.5.13, 73누96,97[건축허가 처분취소]).

(2) 환경영향평가 대상지역 밖의 경우

환경영향평가 대상지역 밖에 거주하는 주민 또는 일정한 영향권 밖에 거주하는 주민들은 해당 처분으로 인하여 수인한도를 넘는 환경피해를 받거나 받을 우려가 있다는 것을 입증하여야만 원고적격을 인정한다.

> 공유수면매립면허처분과 농지개량사업 시행인가처분의 근거 법규 또는 관련 법규가 되는 구 공유수면매립법(1997.4.10. 법률 제5337호로 개정되기 전의 것), 구 농촌근대화촉진법(1994.12.22. 법률 제4823호로 개정되기 전의 것), 구 환경보전법(1990.8.1. 법률 제4257호로 폐지), 구 환경보전법 시행령(1991.2.2. 대통령령 제13303호로 폐지), 구 환경정책기본법(1993.6.11. 법률 제4567호로 개정되기 전의 것), 구 환경정책기본법 시행령(1992.8.22. 대통령령 제13715호로 개정되기 전의 것)의 각 관련 규정의 취지는, 공유수면매립과 농지개량사업시행으로 인하여 직접적이고 중대한 환경피해를 입으리라고 예상되는 환경영향평가 대상지역 안의 주민들이 전과 비교하여 수인한도를 넘는 환경침해를 받지 아니하고 쾌적한 환경에서 생활할 수 있는 개별적 이익까지도 이를 보호하려는 데에 있다고 할 것이므로, 위 주민들이 공유수면매립면허처분 등과 관련하여 갖고 있는 위와 같은 환경상의 이익은 주민 개개인에 대하여 개별적으로 보호되는 직접적·구체적 이익으로서 그들에 대하여는 특단의 사정이 없는 한 환경상의 이익에 대한 침해 또는 침해우려가 있는 것으로 사실상 추정되어 공유수면매립면허처분 등의 무효확인을 구할 원고적격이 인정된다. 한편, 환경영향평가 대상지역 밖의 주민이라 할지라도 공유수면매립면허처분 등으로 인하여 그 처분 전과 비교하여 수인한도를 넘는 환경피해를 받거나 받을 우려가 있는 경우에는, 공유수면매립면허처분 등으로 인하여 환경상 이익에 대한 침해 또는 침해우려가 있다는 것을 입증함으로써 그 처분 등의 무효확인을 구할 원고적격을 인정받을 수 있다(대판 2006.3.16, 2006두330 숙승[정부조치계획취소등]).

쟁점 76   협의의 소익(권리보호의 필요)   A급

Ⅰ 협의의 소익의 의의 및 근거

협의의 소익이란 원고가 본안판결을 구할 현실적 이익 내지 필요성을 말하며, 권리보호의 필요라고 불리기도 한다. 행정소송법은 협의의 소의 이익에 대한 일반규정을 두지 않고 있다. 다만 행정소송법 제12조 2문은 처분의 효력이 소멸된 뒤에도 처분의 취소로 인하여 회복되는 이익이 법률상 이익인 경우에는 취소소송을 제기할 수 있다고 규정하고 있는바, 이는 '원고적격'이라는 조문의 제목에도 불구하고 처분의 효력이 소멸된 경우에 대한 권리보호의 필요에 대한 규정으로 보아야 할 것이다.

Ⅱ 행정소송법 제12조 제2문의 해석

1. 문제점

행정소송법 제12조 2문은 "처분 등의 효과가 소멸한 뒤에도 그 처분 등의 취소로 인하여 회복되는 법률상 이익"이라고 규정하여 1문과 동일하게 "법률상 이익"이라는 표현을 사용하고 있다. 이에 대해 동일한 문구가 입법과오인지 여부와 소송의 성질이 확인소송인지 취소소송인지 대립한다.

2. 학설

① **법률상 이익설** : 행정소송법 제12조 2문의 법률상 이익도 1문의 법률상 이익과 마찬가지로 처분의 근거법률에 의해 보호되는 개별적·직접적·구체적 이익에 한정되는 것으로서, 제12조 2문의 소송은 위법상태의 배제의 의미로서의 취소소송이므로 행정소송법 제12조 2문은 입법과오가 아니라는 견해이다.

② **정당한 이익설** : 처분의 효력이 소멸된 경우에는 취소가 불가능하므로 제12조 2문의 소송은 처분의 위법성을 확인만 하는 확인소송이며, 이러한 확인소송은 확인의 정당한 이익만 인정되면 소 제기가 가능하므로 법률상 이익이 있는 자로 한정하고 있는 제12조 2문은 입법과오에 해당한다는 견해이다.

③ **확인소송설** : 애초부터 취소소송의 본질을 확인소송으로 보는 것을 전제로 제12조 1문의 취소와 2문의 취소 모두 위법성의 확인을 의미하고 따라서 처분의 효과가 소멸된 경우에도 독일과 같이 계속 확인소송이라는 별도의 소송유형으로 변경되는 것이 아니라 여전히 취소소송의 형태로 유지된다고 보는 견해이다.

3. 검토

취소소송을 형성소송으로 이해할 때, 처분의 효력이 소멸한 경우에는 배제할 법적 효과가 없
으므로 현행 법체계상 계속적 확인소송으로서 입법적 과오이므로 이를 분리하여 별도로 규율
하면서 법률상 이익이라는 표현을 삭제함이 타당하다고 판단된다.

Ⅲ 원칙적으로 협의의 소익이 없는 경우

1. 처분의 효력이 소멸한 경우

처분의 효력기간의 경과 등으로 그 행정처분의 효력이 상실된 경우에도 당해 처분을 취소할
현실적 이익이 있는 경우에는 그 처분의 취소를 구할 소의 이익이 있다.

2. 원상회복이 불가능한 경우

위법한 처분을 취소한다 하더라도 원상회복이 불가능한 경우(대집행으로 건물을 철거한 경우)
에는 그 취소를 구할 이익이 없으나 회복되는 부수적 이익이 있는 경우에는 소의 이익이 인정
된다.

3. 처분후의 사정에 의해 권익 침해가 해소된 경우

처분 후의 사정에 의하여 권리와 이익의 침해 등이 해소된 경우에는 그 처분의 취소를 구할
소의 이익이 없으나, 처분 후에 사정변경이 있더라도 권익침해가 해소되지 않은 경우에는 소
의 이익이 있다. 감정평가사 1차 시험에 1문제차로 불합격하여 취소소송을 제기하였는데 다음
연도에 1차 시험에 합격한 경우가 이에 해당된다.

4. 보다 실효적인 권리구제 수단이 있는 경우

당해 취소소송보다 실효적인(직접적인) 권리구제절차가 있는 경우에는 원칙적으로 소의 이익
이 부정되지만, 다만 다른 권리구제절차가 있는 경우에도 취소를 구할 현실적 이익이 있는 경
우에는 소의 이익이 인정된다.

> ■ 원칙적으로 협의의 소익이 없는 경우 판례
> [1] 현역병입영대상자로 병역처분을 받은 자가 그 취소소송 중 모병에 응하여 현역병으로 자진 입대한
> 경우, 그 처분의 위법을 다툴 실제적 효용 내지 이익이 없다는 이유로 소의 이익이 없다고 본 사례
> (대판 1998.9.8, 98두9165).
> [2] 토지를 수용당한 후 20년이 넘도록 수용재결의 실효를 주장하지 아니한채 보상요구를 한 적도 있
> 다가 수용보상금 중 극히 일부가 미지급되었음을 이유로 수용재결의 실효를 주장하는 것은 신의칙
> 에 비추어 허용될 수 없다 한 사례(대판 1993.5.14, 92다51433)

ⅣⅤ 처분의 효력이 소멸된 경우 권리보호필요성

1. 개설

처분이 외형상 잔존함으로 인하여 어떠한 법률상 이익이 침해되고 있다고 볼 만한 별다른 사정이 없는 한 처분 등이 소멸하면 협의 소익은 없게 됨이 원칙이다. 다만, 위법한 처분이 반복될 위험성이 있는 경우, 가중적 제재처분이 따르는 경우, 회복되는 경제적 이익이 있는 경우에는 예외적으로 권리보호의 필요가 존재한다.

2. 학설

제재적 처분기준에 따라 처분할 것이므로 가중된 제재적 처분을 받을 불이익은 분명하여 협의의 소익을 긍정하는 〈법규명령설〉과, 제재적 처분기준에 따라 처분한다고 볼 수는 없기 때문에 권리보호필요성을 부정하는 〈행정규칙설〉, 법규명령인지 행정규칙인지 구별하지 않고 현실적 불이익을 받을 가능성이 있다면 협의의 소익을 긍정하는 견해가 대립한다.

3. 관련 판례

(1) 변경 전 판례

종래 제재적 처분기준의 대외적구속력 여부를 기준으로 법규명령의 효력을 가지는 경우 소의 이익을 긍정하고 행정규칙의 효력을 가지는 경우 소의 이익을 부정하였다.

(2) 변경된 판례(2003두1684)

① 〈다수의견〉은 법규명령인지 여부와 상관없이 현실적 권리보호의 필요성을 기준으로 소의 이익을 긍정하여야 한다고 판시하였다.

② 〈별개의견〉은 부령인 제재적처분기준의 법규성을 인정하는 이론적 기초 위에서 소익을 긍정함이 법리적으로 더욱 합당하다고 하였다.

[다수의견] 제재적 행정처분이 그 처분에서 정한 제재기간의 경과로 인하여 그 효과가 소멸되었으나, 부령인 시행규칙 또는 지방자치단체의 규칙(이하 이들을 '규칙'이라고 한다)의 형식으로 정한 처분기준에서 제재적 행정처분(이하 '선행처분'이라고 한다)을 받은 것을 가중사유나 전제요건으로 삼아 장래의 제재적 행정처분(이하 '후행처분'이라고 한다)을 하도록 정하고 있는 경우, 제재적 행정처분의 가중사유나 전제요건에 관한 규정이 법령이 아니라 규칙의 형식으로 되어 있다고 하더라도, 그러한 규칙이 법령에 근거를 두고 있는 이상 그 법적 성질이 대외적·일반적 구속력을 갖는 법규명령인지 여부와는 상관없이, 관할 행정청이나 담당공무원은 이를 준수할 의무가 있으므로 이들이 그 규칙에 정해진 바에 따라 행정작용을 할 것이 당연히 예견되고, 그 결과 행정작용의 상대방인 국민으로서는 그 규칙의 영향을 받을 수밖에 없다. 따라서 그러한 규칙이 정한 바에 따라 선행처분을 받은 상대방이 그 처분의 존재로 인하여 장래에 받을 불이익, 즉 후행처분의 위험은 구체적이고 현실적인 것이므로, 상대방에게는 선행처분의 취소소송을 통하여 그 불이익을 제거할 필요가 있다. 또한, 나중에 후행처분에 대한 취소소송에서 선행처분의 사실관계나 위법 등을 다툴 수 있는 여지가 남아 있다고 하더라도, 이러한 사정은 후행처분이 이루어지기 전에 이를 방지하기 위하여 직접 선행처분의 위법을 다투는 취소소송을 제기할 필요성을 부정할 이유가 되지 못한다. 그러한 쟁송방법을 막는 것은 여러 가지 불합리한

결과를 초래하여 권리구제의 실효성을 저해할 수 있기 때문이다. 오히려 앞서 본 바와 같이 행정청으로서는 선행처분이 적법함을 전제로 후행처분을 할 것이 당연히 예견되므로, 이러한 선행처분으로 인한 불이익을 선행처분 자체에 대한 소송에서 사전에 제거할 수 있도록 해 주는 것이 상대방의 법률상 지위에 대한 불안을 해소하는 데 가장 유효적절한 수단이 된다고 할 것이고, 또한 그 소송을 통하여 선행처분의 사실관계 및 위법 여부가 조속히 확정됨으로써 이와 관련된 장래의 행정작용의 적법성을 보장함과 동시에 국민생활의 안정을 도모할 수 있다. 이상의 여러 사정과 아울러, 국민의 재판청구권을 보장한 헌법 제27조 제1항의 취지와 행정처분으로 인한 권익침해를 효과적으로 구제하려는 행정소송법의 목적 등에 비추어 행정처분의 존재로 인하여 국민의 권익이 실제로 침해되고 있는 경우는 물론이고 권익침해의 구체적·현실적 위험이 있는 경우에도 이를 구제하는 소송이 허용되어야 한다는 요청을 고려하면, 규칙이 정한 바에 따라 선행처분을 가중사유 또는 전제요건으로 하는 후행처분을 받을 우려가 현실적으로 존재하는 경우에는, 선행처분을 받은 상대방은 비록 그 처분에서 정한 제재기간이 경과하였다 하더라도 그 처분의 취소소송을 통하여 그러한 불이익을 제거할 권리보호의 필요성이 충분히 인정된다고 할 것이므로, 선행처분의 취소를 구할 법률상 이익이 있다고 보아야 한다.

[대법관 이강국의 별개의견] 다수의견은, 제재적 행정처분의 기준을 정한 부령인 시행규칙의 법적 성질에 대하여는 구체적인 논급을 하지 않은 채, 시행규칙에서 선행처분을 받은 것을 가중사유나 전제요건으로 하여 장래 후행처분을 하도록 규정하고 있는 경우, 선행처분의 상대방이 그 처분의 존재로 인하여 장래에 받을 불이익은 구체적이고 현실적이라는 이유로, 선행처분에서 정한 제재기간이 경과한 후에도 그 처분의 취소를 구할 법률상 이익이 있다고 보고 있는바, 다수의견이 위와 같은 경우 선행처분의 취소를 구할 법률상 이익을 긍정하는 결론에는 찬성하지만, 그 이유에 있어서는 부령인 제재적 처분기준의 법규성을 인정하는 이론적 기초 위에서 그 법률상 이익을 긍정하는 것이 법리적으로는 더욱 합당하다고 생각한다. 상위법령의 위임에 따라 제재적 처분기준을 정한 부령인 시행규칙은 헌법 제95조에서 규정하고 있는 위임명령에 해당하고, 그 내용도 실질적으로 국민의 권리의무에 직접 영향을 미치는 사항에 관한 것이므로, 단순히 행정기관 내부의 사무처리준칙에 지나지 않는 것이 아니라 대외적으로 국민이나 법원을 구속하는 법규명령에 해당한다고 보아야 한다(대판 2006.6.22, 2003두1684 全合[영업정지처분취소]).

4. 검토

법규성을 부정하더라도 원고가 가중된 제재처분을 받을 불이익의 가능성은 여전히 존재하므로 법적 성질에 대한 논의와 무관하게 현실적으로 불이익을 받을 가능성이 있는지를 기준으로 권리보호필요성을 판단하는 견해가 타당하다고 판단된다.

쟁점 77   피고적격   B급

Ⅰ 피고적격의 의의

피고적격이란 구체적인 소송에서 피고로서 소송을 수행하여 본안판결을 받을 수 있는 자격을 말하는 것으로서, 행정소송법은 소송수행의 편의를 위하여 당사자능력이 없는 단순한 행정기관에 불과한 행정청에게 피고적격을 인정하고 있다(제13조 제1항).

> **행정소송법 제13조(피고적격)**
> ① 취소소송은 다른 법률에 특별한 규정이 없는 한 그 처분등을 행한 행정청을 피고로 한다. 다만, 처분등이 있은 뒤에 그 처분등에 관계되는 권한이 다른 행정청에 승계된 때에는 이를 승계한 행정청을 피고로 한다.
> ② 제1항의 규정에 의한 행정청이 없게 된 때에는 그 처분등에 관한 사무가 귀속되는 국가 또는 공공단체를 피고로 한다.

Ⅱ 행정청의 의미

취소소송은 다른 법률에 특별한 규정이 없는 한 그 처분 등을 행한 행정청, 즉 처분청을 피고로 하여 제기한다. 행정청이란 국가 또는 공공단체의 기관으로 국가나 공공단체의 의사를 결정하여 외부에 표시할 수 있는 권한, 즉 처분권한을 가진 기관을 말한다.

Ⅲ 피고적격의 예외

① 〈대통령이 처분청인 경우〉 각각의 소속장관이 피고가 된다.
② 〈권한의 위임·위탁인 경우〉 권한을 받아 처분을 행한 수임·수탁청이 피고가 된다.
③ 〈권한의 대리나 내부위임인 경우〉 대리관계를 밝히고 처분을 한 경우 피대리관청이 처분청으로 피고가 되나, 대리관계를 밝히지 않은 경우 해당 행정청이 피고가 된다.
④ 〈권한이 다른 행정청에 승계된 때〉 승계한 행정청이 피고가 된다.
⑤ 〈처분청이나 재결청이 없게 된 때〉 처분 등에 관한 사무가 귀속되는 국가 또는 공공단체가 피고가 된다.

Ⅳ 피고의 경정

1. 의의 및 취지

피고의 경정이란 피고로 지정된 자를 소송 중에 다른 자로 변경하거나 추가하는 것을 말하며, 행정효율성 도모에 그 취지가 있다(행정소송법 제14조).

2. 행정소송법 제14조와 효과

행정소송법 제14조 제1항은 "원고가 피고를 잘못 지정한 때에는 법원은 원고의 신청에 의하여 결정으로써 피고의 경정을 허가할 수 있다."고 규정하고 있다. 허가가 있으면 신소제기 시 구소가 취하된 것으로 보며, 피고경정은 사실심 종결시까지만 가능하고, 신청 각하시에는 즉시 항고할 수 있다.

3. 피고경정이 허용되는 경우

원고가 피고를 잘못 지정한 경우(행정소송법 제14조 제1항), 행정청의 권한이 다른 행정청에 승계되거나 행정청이 없게 된 경우(동조 제6항), 소의 종류의 변경이 있는 경우(행정소송법 제21조·제42조)에 피고경정이 허용된다.

Ⅴ 당사자소송의 피고적격

항고소송에서는 행정청이 소송의 편의를 위해 피고가 되지만 당사자소송에서는 권리주체인 국가, 공공단체 그밖의 권리주체가 피고가 된다.

쟁점 78 제소기간   A급

Ⅰ 제소기간의 의의

제소기간이란 처분의 상대방 등이 소송을 제기할 수 있는 시간적 간격을 말한다. 제소기간이 경과하면 해당 처분에 불가쟁력이 발생하며, 어떠한 소송이 제소기간을 준수하였는지 여부는 소송요건으로서 법원의 직권조사사항에 속한다.

> **행정소송법 제20조(제소기간)**
> ① 취소소송은 처분등이 있음을 안 날부터 90일 이내에 제기하여야 한다. 다만, 제18조 제1항 단서에 규정한 경우와 그 밖에 행정심판청구를 할 수 있는 경우 또는 행정청이 행정심판청구를 할 수 있다고 잘못 알린 경우에 행정심판청구가 있은 때의 기간은 재결서의 정본을 송달받은 날부터 기산한다.
> ② 취소소송은 처분등이 있은 날부터 1년(제1항 단서의 경우는 재결이 있은 날부터 1년)을 경과하면 이를 제기하지 못한다. 다만, 정당한 사유가 있는 때에는 그러하지 아니하다.
> ③ 제1항의 규정에 의한 기간은 불변기간으로 한다.

Ⅱ 제소기간의 판단

1. 안 날부터 90일(행정소송법 제20조 제1항)

처분 등이 있음을 안 날로부터 90일 이내에 제기해야 한다. 다만, 행정심판을 거친 경우에는 행정심판 재결서 정본을 송달받은 날로부터 90일을 기산한다. 상기의 90일은 불변기간으로 하며(제20조 제3항), 법원은 이 기간을 늘리거나 줄일 수 없다.

> [1] 통상 고시 또는 공고에 의하여 행정처분을 하는 경우에는 그 처분의 상대방이 불특정 다수인이고 그 처분의 효력이 불특정 다수인에게 일률적으로 적용되는 것이므로, 행정처분에 이해관계를 갖는 자가 고시 또는 공고가 있었다는 사실을 현실적으로 알았는지 여부에 관계없이 고시가 효력을 발생하는 날에 행정처분이 있음을 알았다고 보아야 한다[대판 2001.7.27, 99두9490].
> [2] 통상 고시 또는 공고에 의하여 행정처분을 하는 경우에는 그 처분의 상대방이 불특정 다수인이고 그 처분의 효력이 불특정 다수인에게 일률적으로 적용되는 것이므로, 그 행정처분에 이해관계를 갖는 자가 고시 또는 공고가 있었다는 사실을 현실적으로 알았는지 여부에 관계없이 고시가 효력을 발생하는 날 행정처분이 있음을 알았다고 보아야 한다[대판 2007.6.14, 2004두619(청소년유해매체물결정 및 고시처분무효확인)].

2. 있은 날부터 1년(행정소송법 제20조 제2항)

취소소송은 처분 등이 있은 날로부터 1년을 경과하면 이를 제기하지 못한다. "처분 등이 있은 날"이란 처분이 외부에 표시되어 효력이 발생한 날을 의미한다. 행정심판을 거친 경우에는 재결이 있은 날로부터 1년 내에 소송을 제기하여야 하며, "재결이 있은 날"이란 재결의 효력이 발생한 날로서 재결서 정본을 송달받은 날이 된다. 또한 정당한 사유가 있으면 1년이 경과한 후에도 제소할 수 있다.

> 헌법재판소법 제40조 제1항에 의하여 준용되는 행정소송법 제20조 제2항에 의하여 '정당한 사유'가 있는 경우에는 청구기간의 경과에도 불구하고 헌법소원 심판청구는 적법하다(헌재 1993.7.29, 89헌마31 참조). 여기에서 정당한 사유라 함은 청구기간 도과의 원인 등 여러 가지 사정을 종합하여 지연된 심판청구를 허용하는 것이 사회통념상으로 보아 상당한 경우를 뜻하는 것으로 민사소송법 제173조 제1항 소정의 '당사자가 그 책임을 질 수 없는 사유'나 행정심판법 제27조 제2항 소정의 '천재지변, 전쟁, 사변 그 밖의 불가항력적인 사유'보다는 넓은 개념이라고 할 것이므로, 일반적으로 천재지변 기타 피할 수 없는 사정과 같은 객관적 불능의 사유와 이에 준할 수 있는 사유뿐만 아니라 일반적 주의를 다하여도 그 기간을 준수할 수 없는 사유를 포함한다고 할 것이다(헌재결 2020.7.7, 2020헌마828).

3. 행정소송법 제20조 제1항과 제2항과의 관계

처분이 있음을 안 날과 처분이 있은 날 중 어느 하나의 기간만이라도 경과하면 소를 제기할 수 없다.

4. 이의신청을 거쳐 취소소송을 제기하는 경우

이의신청을 거쳐 취소소송을 제기하는 경우에는 행정기본법 제36조 제4항에 따라 이의신청에 대한 결과를 통지받은 날부터 90일 이내에 취소소송을 제기할 수 있다.

참고	개별공시지가 결정의 효력발생일과 제소기간	A급

① 개별공시지가의 효력발생일 : 개별공시지가결정은 행정편의상 일단의 각 개별토지에 대한 가격결정을 일괄하여 행정기관 게시판에 결정·공시하여 고지하는 것일 뿐 그 처분의 효력은 각각의 토지소유자에 대하여 각별로 발생하는 것이므로 개별공시지가결정의 결정·공시는 결정·공시일로부터 그 효력을 발생하지만 처분 상대방인 토지소유자가 그 결정·공시일에 개별공시지가결정이 있음을 알았다고까지 의제할 수는 없다고 판시(대판 1993.12.24, 92누17204)한 바 있다.
② 개별공시지가의 결정공시방법 : 부동산공시법에서는 개별공시지가에 대하여 개별통지(부동산공시법 시행령 제21조 제3항)를 할 수 있는 규정을 두고 있으나 3,600만여 필지의 개별공시지가를 모두 개별 통지하기는 현실적으로 어려움이 있어 동법 시행령 제21조 제2항에서 시장·군수 또는 구청장은 개별공시지가를 공시할 때에는 해당 시·군 또는 구의 게시판 또는 인터넷 홈페이지에 게시하여야 한다고 규정하고 있다.
③ 개별공시지가결정에 대한 제소기간 : 따라서 개별공시지가의 제소기간에 대한 판단은 해당 시·군 또는 구의 게시판 또는 인터넷 홈페이지에 게시하고 매년 전국적으로 반복적인 행위를 하기 때문에 개별공시지가의 결정·공시일이 효력발생일인 만큼 대법원 2004두619 판결을 논거로 결정·공시일을 안날로 간주하여 제소기간을 기산하도록 하고, 현장실무에서는 부동산가격공시알리미 싸이트를 통해 개별공시지가의 열람과 의견청취를 할 수 있도록 제도화하였다.

참고	개별공시지가 직권정정과 이의신청 정정의 제소기간	A급

① 개별공시지가 정정 불가 결정 통지는 관념의 통지 – 항고소송의 대상이 되는 처분이 아니다.

> **대판 2002.2.5, 2000두5043[개별공시지가정정불가처분취소]**
>
> **【판시사항】**
> 개별토지가격합동조사지침 제12조의3 소정의 개별공시지가 경정결정신청에 대한 행정청의 정정 불가 결정 통지가 항고소송의 대상이 되는 처분인지 여부(소극)
>
> **【판결요지】**
> 개별토지가격합동조사지침(1991.3.29. 국무총리훈령 제248호로 개정된 것) 제12조의3은 행정청이 개별토지가격결정에 위산·오기 등 명백한 오류가 있음을 발견한 경우 직권으로 이를 경정하도록 한 규정으로서 토지소유자 등 이해관계인이 그 경정결정을 신청할 수 있는 권리를 인정하고 있지 아니하므로, 토지소유자 등의 토지에 대한 개별공시지가 조정신청을 재조사청구가 아닌 경정결정신청으로 본다고 할지라도, 이는 행정청에 대하여 직권발동을 촉구하는 의미밖에 없으므로, 행정청이 위 조정신청에 대하여 정정불가 결정 통지를 한 것은 이른바 관념의 통지에 불과할 뿐 항고소송의 대상이 되는 처분이 아니다.

② 개별공시지가 직권정정의 소급효 : 공시기준일에 소급하여 효력이 발생한다.

○ 개별공시지가의 직권정정을 통지한 경우에 제소기간의 기산일 : 새로운 개별공시지가 직권정정통지서를 받은 날 또는 개별공시지가 직권정정을 통지하지 않고 결정공시만 한 경우(이것이 최근 일반적임)에는 정정결정공시한 날 효력이 발생하고, 제소기간도 정정결정공시한 날로 보는 것이 타당하다.

국토교통부에서 2012년에 개별공시지가 결정통지문을 폐지하였고, 지방자치단체도 거의 대부분이 폐지된 시점에서 실무적으로 현재는 시군구 게시판(인터넷 홈페이지 – 부동산가격공시알리미서비스)에 30일간 결정공시를 한다. 그렇다면 이때의 개별공시지가 직권정정의 효력발생일과 제소기간은 개별공시지가의 원래 취지와 같이 정정결정공시일에 효력이 발생하고(1월 1일 공시기준일에 소급효) 제소기간은 일반처분 대법원 2004두619 판결과 같이 제소기간은 개별공시지가 직권정정결정공시일로 산정하는 것이 타당하다고 판단된다.

최초 결정공시일로 볼 경우에는 지나치게 당사자에게 권익이 침해되는 결과를 초래한다고 볼 수 있기 때문에 개별공시지가를 직권정정한 경우에 당사자에게 직권정정통지서를 발송한 경우 개별토지소유자를 이를 수령한 날을 안날로 보아 90일 이내에 행정심판 또는 행정소송으로 보는 것이 타당하다고 생각된다. 다만 2012년도 국토교통부에서 개별공시지가 결정통지문을 폐지하여 해당 시군구 게시판에 정정결정공시되었다면 개별공시지가 정정결정공시일을 새로운 효력발생일로 보고 제소기간 기산점으로 보는 것이 타당하다고 보인다. 실무적으로는 이에 대한 이론(異論)이 있지만 개별공시지가 직권정정결정공시에 대하여 경기도 행정심판위원회에서 2013년도 행정심판으로 받아준 전례(2013경행심1345 개별공시지가 정정결정처분 취소청구)가 있어 각 지방자치단체도 이와 동일하게 행정쟁송을 제기할 수 있도록 하는 것이 국민의 권익구제에 도움이 될 것으로 판단된다.

대판 1994.10.7, 93누15588[토지초과이득세부과처분취소]

【판시사항】

가. 과세처분 등 행정처분의 취소를 구하는 행정소송에서 선행처분인 개별공시지가결정의 위법을 독립된 위법사유로 주장할 수 있는지 여부

나. 토지특성조사의 착오가 명백하여야만 개별토지가격경정결정을 할 수 있는지 여부

다. 개별토지가격이 경정되면 당초 공시기준일에 소급하여 효력이 발생하는지 여부

【판결요지】

가. 개별토지가격의 결정에 위법이 있는 경우에는 그 자체를 행정소송의 대상이 되는 행정처분으로 보아 그 위법 여부를 다툴 수 있음은 물론 이를 기초로 한 과세처분 등 행정처분의 취소를 구하는 행정소송에서도 선행처분인 개별토지가격결정의 위법을 독립된 위법사유로 주장할 수 있다.

나. 개별토지가격합동조사지침 제12조의3에 의하면 토지특성조사의 착오 기타 위산·오기 등 지가산정에 명백한 잘못이 있을 경우에는 시장·군수 또는 구청장이 지방토지평가위원회의 심의를 거쳐 경정결정할 수 있고, 다만, 경미한 사항일 경우에는 지방토지평가위원회의 심의를 거치지 아니할 수 있다고 규정되어 있는바, 여기서 토지특성조사의 착오 또는 위산·오기는 지가산정에 명백한 잘못이 있는 경우의 예시로서 이러한 사유가 있으면 경정결정할 수 있는 것으로 보아야 하고 그 착오가 명백하여야 비로소 경정결정할 수 있다고 해석할 것은 아니다.

다. 개별토지가격이 지가산정에 명백한 잘못이 있어 경정결정 공고되었다면 당초에 결정 공고된 개별토지가격은 그 효력을 상실하고 경정결정된 새로운 개별토지가격이 공시기준일에 소급하여 그 효력을 발생한다.

③ 개별공시지가 (이의신청과 행정심판) 행정소송에 대한 제소기간 논거는 대법원 2008두19987 판결을 쓰면 된다.

대판 2010.1.28, 2008두19987[개별공시지가결정처분취소]

【판시사항】

개별공시지가에 대하여 이의가 있는 자가 행정심판을 거쳐 행정소송을 제기하는 경우 제소기간의 기산점

【판결요지】

부동산 가격공시 및 감정평가에 관한 법률 제12조, 행정소송법 제20조 제1항, 행정심판법 제3조 제1항의 규정 내용 및 취지와 아울러 부동산 가격공시 및 감정평가에 관한 법률에 행정심판의 제기를 배제하는 명시적인 규정이 없고 부동산 가격공시 및 감정평가에 관한 법률에 따른 이의신청과 행정심판은 그 절차 및 담당 기관에 차이가 있는 점을 종합하면, 부동산 가격공시 및 감정평가에 관한 법률이 이의신청에 관하여 규정하고 있다고 하여 이를 행정심판법 제3조 제1항에서 행정심판의 제기를 배제하는 '다른 법률에 특별한 규정이 있는 경우'에 해당한다고 볼 수 없으므로, 개별공시지가에 대하여 이의가 있는 자는 곧바로 행정소송을 제기하거나 부동산 가격공시 및 감정평가에 관한 법률에 따른 이의신청과 행정심판법에 따른 행정심판청구 중 어느 하나만을 거쳐 행정소송을 제기할 수 있을 뿐 아니라, 이의신청을 하여 그 결과 통지를 받은 후 다시 행정심판을 거쳐 행정소송을 제기할 수도 있다고 보아야 하고, 이 경우 행정소송의 제소기간은 그 행정심판 재결서 정본을 송달받은 날부터 기산한다.

④ 개별공시지가의 이의신청에 따른 제소기간 : 행정기본법 제36조 제4항 이의신청 결과통지서를 받은 날로부터 90일 제소기간

행정기본법 제36조(처분에 대한 이의신청)

① 행정청의 처분(「행정심판법」 제3조에 따라 같은 법에 따른 행정심판의 대상이 되는 처분을 말한다. 이하 이 조에서 같다)에 이의가 있는 당사자는 처분을 받은 날부터 30일 이내에 해당 행정청에 이의신청을 할 수 있다.

② 행정청은 제1항에 따른 이의신청을 받으면 그 신청을 받은 날부터 14일 이내에 그 이의신청에 대한 결과를 신청인에게 통지하여야 한다. 다만, 부득이한 사유로 14일 이내에 통지할 수 없는 경우에는 그 기간을 만료일 다음 날부터 기산하여 10일의 범위에서 한 차례 연장할 수 있으며, 연장 사유를 신청인에게 통지하여야 한다.

③ 제1항에 따라 이의신청을 한 경우에도 그 이의신청과 관계없이 「행정심판법」에 따른 행정심판 또는 「행정소송법」에 따른 행정소송을 제기할 수 있다.

④ 이의신청에 대한 결과를 통지받은 후 행정심판 또는 행정소송을 제기하려는 자는 그 결과를 통지받은 날(제2항에 따른 통지기간 내에 결과를 통지받지 못한 경우에는 같은 항에 따른 통지기간이 만료되는 날의 다음 날을 말한다)부터 90일 이내에 행정심판 또는 행정소송을 제기할 수 있다.

쟁점 79 임의적 행정심판전치(원칙) C급

I 행정심판전치의 의의 및 근거

행정심판전치란 사인이 행정소송의 제기에 앞서 행정청에 대해 먼저 행정심판의 제기를 통해 처분의 시정을 구하고, 그 시정에 불복이 있을 때 소송을 제기하는 것을 말한다. 헌법적 근거는 헌법 제107조 제3항이고, 일반적 근거규정으로는 행정소송법 제18조가 있다.

II 임의적 행정심판전치(원칙)

헌법 제107조 제3항에 따라 행정심판은 임의적 전심절차인 것이 원칙이며, 행정소송법 제18조 제1항 1문 또한 취소소송은 처분에 대한 행정심판을 제기할 수 있는 경우에도 이를 거치지 아니하고 제기할 수 있다고 규정하고 있다.

III 임의적 행정심판전치의 예외

1. 임의적 행정심판전치의 예외 규정

행정소송법 제18조 제1항 단서는 다른 법률에 처분에 대한 행정심판의 재결을 거치지 않으면 취소소송을 제기할 수 없다는 규정이 있는 때에는 반드시 행정심판을 거쳐야 한다고 규정하고 있다.

2. 행정심판의 재결 없이 행정소송을 제기할 수 있는 경우(행정소송법 제18조 제2항)

① 행정심판의 청구가 있은 날로부터 60일이 지나도 재결이 없는 때
② 처분의 집행 또는 절차의 속행으로 생길 중대한 손해를 예방하여야 할 긴급한 필요가 있는 때
③ 법령의 규정에 의한 행정심판기관이 의결 또는 재결을 하지 못할 사유가 있는 때
④ 그 밖의 정당한 사유가 있는 때

3. 행정심판의 제기 없이 행정소송을 제기할 수 있는 경우(행정소송법 제18조 제3항)

① 동종사건에 관하여 이미 행정심판의 기각재결이 있은 때
② 서로 내용상 관련되는 처분 또는 같은 목적을 위하여 단계적으로 진행되는 처분 중 어느 하나가 이미 행정심판의 재결을 거친 때
③ 행정청이 사실심 변론 종결 후 소송의 대상인 처분을 변경하여 해당 변경된 처분에 관하여 소를 제기하는 때
④ 처분을 행한 행정청이 행정심판을 거칠 필요가 없다고 잘못 알린 때

4. 적용범위

행정심판전치주의는 취소소송과 부작위위법확인소송에서 인정되며(행정소송법 제18조 제1항, 제38조 제2항) 무효확인소송에는 적용되지 않는다(행정소송법 제38조 제1항). 무효선언을 구하는 취소소송에서 행정심판전치주의의 요건을 충족하지 않은 경우에는 무효확인소송으로 소의 변경을 하면 된다.

---

[1] 무효선언을 구하는 취소소송은 그 형식이 취소소송이므로 행정심판전치주의가 적용되어야 한다(대판 1976.2.24, 75누128 숲슴[갑종배당소득세과세처분취소].

[2] 주위적 청구가 무효확인소송이라 하더라도 병합 제기된 예비적 청구가 취소소송인 경우 예비적 청구인 취소소송에 필요적 전치주의의 적용이 있다(대판 1994.4.29, 93누12626).

쟁점 80 재판관할 C급

I 재판관할의 의의(행정소송법 제9조)

재판관할이란 법원이 가진 재판권을 행사해야 할 장소적·직무적 범위를 구체적으로 정해 놓은 것을 말한다. 즉, 소송사건이나 법원의 종류가 다양하기 때문에 어떤 특정사건을 어느 법원이 담당할 것인지를 정하기 위해 법원 상호간에 재판권의 범위를 정해야 하는데 그 범위를 정한 것이 관할이다.

II 전속관할과 임의관할

전속관할과 임의관할은 배타성 여부에 의한 구분으로서, 전속관할이란 어느 사건에 관하여 특정 법원만 배타적으로 갖는 경우의 관할이며, 임의관할이란 전속관할이 아닌 나머지의 법정관할을 말한다.

III 토지관할

1. 의의

토지관할은 있는 곳을 달리하는 같은 종류의 법원 사이에 같은 종류의 직분을 어떻게 배분할 것인지를 정하는 기준으로서, 토지관할은 임의관할에 해당한다.

> 행정소송법 제9조나 제40조에 항고소송이나 당사자소송의 토지관할에 관하여 이를 전속관할로 하는 명문의 규정이 없는 이상 이들 소송의 토지관할을 전속관할이라 할 수 없다(대판 1994.1.25, 93누 18655[토지수용재결처분취소]).

2. 보통재판(행정소송법 제9조 제1항)

보통재판이란 특정인에 대한 일체의 소송사건에 관해서 일반적으로 인정되는 토지관할이다. 행정소송법 제9조 제1항에서는 취소소송의 제1심 관할법원을 '피고의 소재지를 관할하는 행정 법원'으로 규정하고 있다.

3. 특별재판(행정소송법 제9조 제3항)

특별재판은 한정된 종류의 사건에 인정되는 토지관할을 말하며, 행정소송법 제9조 제3항에서 는 "토지의 수용 기타 부동산 또는 특정의 장소에 관계되는 처분 등에 대한 취소소송은 그 부 동산 또는 장소의 소재지 행정법원에 제기할 수 있다"고 하여 특별재판에 관한 규정을 두고 있다.

쟁점 81   소의 변경   B급

Ⅰ 소의 변경의 의의 및 종류

소의 변경이란 청구의 변경을 말한다. 청구의 변경에는 행정소송법은 소의 종류의 변경에 관한 규정(제21조)과 처분변경에 따른 소의 변경에 관한 규정(제22조)을 두고 있다.

Ⅱ 소의 종류의 변경(행정소송법 제21조)

행정소송법 제21조(소의 변경)

① 법원은 취소소송을 당해 처분등에 관계되는 사무가 귀속하는 국가 또는 공공단체에 대한 당사자소송 또는 취소소송외의 항고소송으로 변경하는 것이 상당하다고 인정할 때에는 청구의 기초에 변경이 없는 한 사실심의 변론종결시까지 원고의 신청에 의하여 결정으로써 소의 변경을 허가할 수 있다.
② 제1항의 규정에 의한 허가를 하는 경우 피고를 달리하게 될 때에는 법원은 새로이 피고로 될 자의 의견을 들어야 한다.
③ 제1항의 규정에 의한 허가결정에 대하여는 즉시항고할 수 있다.
④ 제1항의 규정에 의한 허가결정에 대하여는 제14조 제2항·제4항 및 제5항의 규정을 준용한다.

---

1. 의의 및 취지

취소소송을 당사자소송 또는 취소소송 이외의 항고소송으로 변경하는 것이 상당하다고 인정할 때에 청구의 기초에 변경이 없는 한 사실심 변론 종결시까지 원고의 신청에 의하여 결정으로써 소의 변경을 허가할 수 있다. 이는 국민의 권리구제에 그 취지가 있다.

2. 요건

① 청구의 기초에 변경이 없을 것(청구의 기초가 동일할 것), ② 소를 변경하는 것이 상당하다고 인정될 것, ③ 변경의 대상이 되는 소가 사실심에 계속되어 있고 사실심 변론종결 전일 것, ④ 새로운 소가 적법할 것, ⑤ 원고의 신청이 있을 것을 요건으로 한다.

3. 효과

소의 변경을 허가하는 결정이 확정되면 새로운 소는 제소기간과 관련하여 변경된 소를 제기한 때에 제기된 것으로 본다(행정소송법 제21조 제4항). 변경된 소는 취하된 것으로 보며(동조 제4항) 변경된 소의 소송자료는 새로운 소의 소송자료가 된다.

4. 불복방법

소의 변경을 허가하는 결정에 대하여 새로운 소의 피고와 변경된 소의 피고는 즉시항고할 수 있다(행정소송법 제21조 제3항).

Ⅲ 처분변경으로 인한 소의 변경(행정소송법 제22조)

> **행정소송법 제22조(처분변경으로 인한 소의 변경)**
> ① 법원은 행정청이 소송의 대상인 처분을 소가 제기된 후 변경한 때에는 원고의 신청에 의하여 결정으로써 청구의 취지 또는 원인의 변경을 허가할 수 있다.
> ② 제1항의 규정에 의한 신청은 처분의 변경이 있음을 안 날로부터 60일 이내에 하여야 한다.
> ③ 제1항의 규정에 의하여 변경되는 청구는 제18조 제1항 단서의 규정에 의한 요건을 갖춘 것으로 본다.

1. 의의 및 취지

처분변경으로 인한 소의 변경이란 행정청이 소송의 대상인 처분을 소가 제기된 후 변경한 때에는 원고의 신청에 의하여 법원이 허가를 받아 소를 변경하는 것을 말하며, 무용한 절차 반복 금지, 국민의 권리구제에 취지가 있다.

2. 요건

① 소 제기 후 처분의 변경이 있을 것(행정소송법 제22조 제1항), ② 처분의 변경이 있음을 안 날로부터 60일 이내일 것(동조 제2항), ③ 변경될 소는 사실심변론종결 전일 것을 요건으로 한다.

3. 절차 및 효과

① 처분변경으로 인한 소의 변경은 원고의 신청에 의해 법원의 허가결정에 의해 행해진다(제22조 제1항). ② 처분변경으로 인한 새로운 청구는 행정심판의 전치가 요구되는 경우에도 행정심판전치요건을 갖춘 것으로 본다(제22조 제3항).

Ⅳ 민사소송법에 의한 소의 변경

1. 문제점

행정소송을 민사소송으로 또는 민사소송을 행정소송으로 소변경할 수 있는지 규정이 없어 논란이 있다.

2. 학설

① **긍정설** : 실무상 양자 간 구별이 분명하지 않고, 당사자변경은 그 실질이 동일하고, 국민의 권리구제, 소송경제를 위해 변경이 가능하다고 보는 견해이다.
② **부정설** : 민사소송법상의 소의 변경은 법원과 당사자의 동일성을 유지하면서 동종의 절차에서 심리될 수 있는 청구 사이에서만 가능한 것이므로 민사소송을 행정소송으로 변경하는 것이나 행정소송을 민사소송으로 변경하는 것은 허용되지 않는다고 보는 견해이다.

3. 대법원 판례

> (구)행정소송법 제7조는 원고의 고의 또는 중대한 과실 없이 행정소송이 심급을 달리하는 법원에 잘못 제기된 경우에 민사소송법 제31조 제1항을 적용하여 이를 관할 법원에 이송하도록 규정하고 있을 뿐 아니라 관할 위반의 소를 부적법하다고 하여 각하하는 것보다 관할 법원에 이송하는 것이 당사자의 권리 구제나 소송경제의 측면에서 바람직하므로, 원고가 고의 또는 중대한 과실 없이 행정소송으로 제기하여야 할 사건을 민사소송으로 잘못 제기한 경우 수소법원으로서는 만약 그 행정소송에 대한 관할도 동시에 가지고 있는 경우라면, 행정소송으로서의 전심절차 및 제소기간을 도과하였거나 행정소송의 대상이 되는 처분 등이 존재하지도 아니한 상태에 있는 등 행정소송으로서의 소송요건을 결하고 있음이 명백하여 행정소송으로 제기되었더라도 어차피 부적법하게 되는 경우가 아닌 이상, 원고로 하여금 항고소송으로 소 변경을 하도록 하여 그 1심법원으로 심리·판단하여야 한다(대판 1999.11.26, 97다42250[진료비]).

4. 검토

양자 간 당사자가 동일하고, 관할도 동시에 가지고 있는 경우는 권리구제, 소송경제를 위하여 소 변경을 인정하자는 판례 입장이 타당하다. 행정소송법 개정안은 민사소송과 행정소송 간 소 변경을 허용하고 있다.

쟁점 82 처분사유의 추가·변경(제29회, 제27회 기출) A급

I 의의 및 취지

처분사유의 추가·변경이란 소송의 계속 중 행정청이 당해 처분의 적법성을 유지하기 위해 처분 당시 제시된 처분사유를 추가·변경하는 것이다. 소송경제 및 분쟁의 일회적 해결에 취지가 있다.

II 구별개념

1. 하자의 치유와의 구별

처분사유의 추가·변경은 처분 시에 객관적으로 이미 존재하였던 법적 근거와 사실상황을 고려하는 것이므로, 처분의 성립 당시에 법적 요건의 하자가 있었으나 그 요건을 사후에 보완함으로써 그 처분의 효력을 유지시키는 하자의 치유와 구별된다.

2. 행정처분의 전환과의 구별

처분사유의 사후변경은 행위는 그대로 두고 처분의 이유만 변경하는 것이므로, 하자 있는 행정처분을 새로운 행정처분으로 대체하는 행정처분의 전환과는 구별된다.

3. 이유제시의 흠결 시 처분이유의 사후제시와의 구별

처분이유의 사후제시가 절차적 흠결을 보완하기 위한 형식적 적법성의 문제라면, 처분사유의 사후변경은 행정행위의 실체적 적법성의 문제로서 소송 계속 중에 그 대상이 된 처분을 실체적인 적법성을 확보하기 위하여 잘못 제시된 처분의 사유를 변경하는 것을 말한다. 따라서 처분사유의 사후변경과 행정절차의 하자의 치유문제로서 이유제시의 흠결 시 처분이유의 사후제시와는 구별된다.

III 인정 여부

1. 문제점

행정소송법에 소송계속 중의 처분사유의 추가·변경에 관한 명문의 규정이 없는바 인정 여부가 문제된다.

2. 학설

① 〈긍정설〉 부정하면 새로운 사유를 들어 다시 거부할 수 있으므로 소송경제에 반한다는 견해이다.
② 〈부정설〉 원고의 공격 방어권이 침해됨을 이유로 부정하는 견해이다.
③ 〈제한적 긍정설〉 일정한 범위 내 제한적으로 인정된다는 견해이다.

3. 대법원 판례

> [1] 행정처분의 취소를 구하는 항고소송에서 처분청은 당초 처분의 근거로 삼은 사유와 기본적 사실관계가 동일성이 있다고 인정되는 한도 내에서만 다른 사유를 추가 또는 변경할 수 있고, 이러한 기본적 사실관계의 동일성 유무는 처분사유를 법률적으로 평가하기 이전의 구체적 사실에 착안하여 그 기초인 사회적 사실관계가 기본적인 점에서 동일한지에 따라 결정되므로, 추가 또는 변경된 사유가 처분 당시에 이미 존재하고 있었다거나 당사자가 그 사실을 알고 있었다고 하여 당초의 처분사유와 동일성이 있다고 할 수 없다. (대판 2011.11.24, 2009두19021[정보공개거부처분취소])
>
> [2] 행정처분의 취소를 구하는 항고소송에서는 처분청이 당초 처분의 근거로 제시한 사유와 기본적 사실관계에서 동일성이 없는 별개의 사실을 들어 처분사유로 주장할 수 없다(대판 2017.8.29, 2016두44186[산업단지개발계획변경신청거부처분취소]).

4. 검토

실질적 법치주의와 분쟁의 일회적 해결, 원고의 방어권 보장과 신뢰보호 조화 관점에서 인정되는 한도 내에서만 가능하다고 보는 〈제한적 긍정설〉이 타당하다고 판단된다.

Ⅳ 인정범위

1. 시간적 범위

취소소송에 있어서 처분의 위법성 판단시점을 처분시로 보는 판례의 입장에 따르면, 〈처분시에 객관적으로 존재하였던 사유만이 처분사유의 추가·변경의 대상〉이 되고 처분 후에 발생한 사실관계나 법률관계는 대상이 되지 못한다. 또, 처분사유의 추가·변경은 법률해석이나 적용의 영역이 아니라 사실관계에 관한 영역이므로 사실심 변론종결시까지만 허용된다(행정소송규칙 제9조).

> 행정청은 기본적 사실관계의 동일성이 있다고 인정되는 한도 내에서만 다른 처분사유를 추가, 변경할 수 있다고 할 것이나 이는 사실심 변론종결시까지만 허용된다(대판 1999.8.20, 98두17043[단독주택용지조성원가공급거부처분취소]).

2. 객관적 범위

(1) 객관적 인정 범위

처분사유의 추가 변경(행정소송규칙 제9조)이란 '처분의 동일성'이 유지되는 것을 전제로 처분의 '사유'만을 추가하거나 변경하는 것이므로 당초의 처분사유와 기본적 사실관계의 동일성이 유지되는 범위 내에서만 허용된다.

(2) 기본적 사실관계의 동일성 판단 기준

기본적 사실관계의 동일성은 판례의 태도에 따라 처분 사유를 법률적으로 평가하기 이전 구체적 사실에 착안하여 그 기초인 사회적 사실관계가 기본적인 점에서 동일한지 여부를 말한다. 그 판단은 시간적·장소적 근접성, 행위의 태양·결과 등의 제반사정을 종합적으로 고려하여 개별, 구체적으로 판단해야 한다.

[1] 행정처분의 취소를 구하는 항고소송에 있어 처분청은 당초 처분의 근거로 삼은 사유와 기본적 사실관계가 동일성이 있다고 인정되는 한도 내에서만 다른 사유를 추가 또는 변경할 수 있고, 이러한 기본적 사실관계의 동일성 유무는 처분사유를 법률적으로 평가하기 이전의 구체적 사실에 착안하여 그 기초인 사회적 사실관계가 기본적인 점에서 동일한지 여부에 따라 결정되므로, 추가 또는 변경된 사유가 처분 당시에 이미 존재하고 있었다거나 당사자가 그 사실을 알고 있었다고 하여 당초의 처분사유와 동일성이 있다고 할 수 없다(대판 2018.11.15, 2015두37389[업무정지등처분취소]).

[2] 기본적 사실관계가 동일하다는 것은 처분사유를 법률적으로 평가하기 이전의 구체적인 사실에 착안하여 그 기초적인 사회적 사실관계가 기본적인 점에서 동일한 것을 말하며, 처분청이 처분 당시에 적시한 구체적 사실을 변경하지 아니하는 범위 내에서 단지 그 처분의 근거 법령만을 추가·변경하거나 당초의 처분사유를 구체적으로 표시하는 것에 불과한 경우에는 새로운 처분사유를 추가하거나 변경하는 것이라고 볼 수 없다(대판 2013.8.22, 2011두28301[이주대책대상자거부처분취소]).

V 효과

처분사유의 추가·변경이 인정되면 법원은 추가·변경되는 사유를 근거로 심리할 수 있고, 인정되지 않는다면 법원은 당초의 처분사유만을 근거로 심리하여야 한다.

VI 유형별 판례의 검토

1. 기본적 사실관계의 동일성을 부정한 판례

[1] 이주대책대상자 선정신청을 한 자에 대하여 사업지구 내 가옥 소유자가 아니라는 이유로 거부처분을 한 후에 이주대책 신청기간이나 소정의 이주대책 실시기간을 모두 도과하여 실기한 이주대책신청을 하였으므로 원고에게는 이주대책을 신청할 권리가 없고, 사업시행자가 이를 받아들여 택지나 아파트공급을 해 줄 법률상 의무를 부담한다고 볼 수 없다는 피고(처분청)의 상고이유의 주장은 사업지구 내 가옥 소유자가 아니라는 이 사건 처분사유와 기본적 사실관계의 동일성도 없으므로 적법한 상고이유가 될 수 없다(대판 1999.8.20, 98두17043[단독주택용지조성원가공급거부처분취소]).

[2] 처분사유로 추가한 (구)정보공개법 제7조 제1항 제5호의 사유와 당초의 처분사유인 같은 항 제4호 및 제6호의 사유는 기본적 사실관계가 동일하지 않다(대판 2003.12.11, 2001두8827[정보공개청구거부처분취소]).

2. 기본적 사실관계의 동일성을 인정한 판례

[1] 갑이 '사실상의 도로'로서 인근 주민들의 통행로로 이용되고 있는 토지를 매수한 다음 2층 규모의 주택을 신축하겠다는 내용의 건축신고서를 제출하였으나, 구청장이 '위 토지가 건축법상 도로에 해당하여 건축을 허용할 수 없다'는 사유로 건축신고수리 거부처분을 하자 갑이 처분에 대한 취소를 구하는 소송을 제기하였는데, 1심법원이 위 토지가 건축법상 도로에 해당하지 않는다는 이유로 갑의 청구를 인용하는 판결을 선고하자 구청장이 항소하여 '위 토지가 인근 주민들의 통행에 제공된 사실상의 도로인데, 주택을 건축하여 주민들의 통행을 막는 것은 사회공동체와 인근 주민들의 이익에 반하므로 갑의 주택 건축을 허용할 수 없다'는 주장을 추가한 사안에서, 당초 처분사유와 구청장이 원심에서 추가로 주장한 처분사유는 위 토지상의 사실상 도로의 법적 성질에 관한 평가를 다소 달리하는 것일 뿐, 모두 토지의 이용현황이 '도로'이므로 거기에 주택을 신축하는 것은 허용될 수 없다는 것이므로 기본적 사실관계의 동일성이 인정되고, 위 토지에 건물이 신축됨으로써 인근 주민들의 통행을 막지 않도록 하여야 할 중대한 공익상 필요가 인정되고 이러한 공익적 요청이 갑의 재산권 행사보다 훨씬 중요하므로, 구청장이 원심에서 추가한 처분사유는 정당하여 결과적으로 위 처분이 적법한 것으로 볼 여지가 있음에도 이와 달리 본 원심판단에 법리를 오해한 잘못이 있다고 한 사례(대판 2019.10.31, 2017두74320).

[2] 행정청이 폐기물처리사업계획 부적정 통보처분을 하면서 그 처분사유로 사업예정지에 폐기물처리시설을 설치할 경우 인근 농지의 농업경영과 농어촌 생활유지에 피해를 줄 것이 예상되어 농지법에 의한 농지 전용이 불가능하다는 사유 등을 내세웠다가, 위 행정처분의 취소소송에서 사업예정지에 폐기물처리시설을 설치할 경우 인근 주민의 생활이나 주변 농업활동에 피해를 줄 것이 예상되어 폐기물처리시설 부지로 적절하지 않다는 사유를 주장한 경우에, 두 처분사유는 모두 인근 주민의 생활이나 주변 농업활동의 피해를 문제삼는 것이어서 기본적 사실관계가 동일하므로, 행정청은 위 행정처분의 취소소송에서 후자의 처분사유를 추가로 주장할 수 있다고 한 사례(대판 2006.6.30, 2005두364[폐기물처리업사업계획부적정통보처분취소]).

Ⅰ 가구제의 의의 및 구분

가구제란 본안에서 승소판결이 있다 하여도 권리보호 목적을 달성할 수 없을 수도 있으므로 판결이 있기 전에 일시적 조치를 취하여 잠정적으로 권리를 보호하는 제도를 말하며, 가구제수단으로는 〈집행정지〉와 〈가처분〉이 문제된다.

Ⅱ 집행정지

1. 집행부정지 원칙의 의의(행정소송법 제23조 제1항)

취소소송의 제기는 처분 등의 효력이나 그 집행 또는 절차의 속행에 영향을 주지 아니한다(법 제23조 제1항). 이와 같이 위법한 처분 등을 다투는 항고소송이 제기된 경우에도 처분 등의 효력을 잠정적으로나마 정지시키지 않고 처분 등의 후속적인 집행을 인정하는 것을 '집행부정지의 원칙'이라 한다.

2. 집행정지의 의의 및 취지(행정소송법 제23조 제2항)

집행정지란 취소소송이 제기된 경우 처분 등이나 그 집행 또는 절차의 속행으로 인하여 생길 회복하기 어려운 손해를 예방하기 위하여 긴급한 필요가 있다고 인정할 때 당사자의 신청 또는 직권으로 처분 등의 효력이나 그 집행 또는 절차 속행의 전부 또는 일부를 정지하는 결정을 말하며, 본안판결의 실효성을 확보하여 권리구제를 도모하기 위해 인정되는 가구제 제도이다.

3. 요건

(1) 개설

법원의 집행정지결정에는 다음과 같은 적극적 요건과 소극적 요건이 충족되어야 한다. 〈적극적 요건〉은 신청인이 주장·소명하는 요건이며, 〈소극적 요건〉은 행정청이 주장·소명한다.

(2) 적극적 요건(신청인이 주장·소명)

1) 적법한 본안소송이 계속 중일 것

적법한 본안소송이 '계속'되어 있어야 한다. 이 점에서 본안소송 제기 전에 신청이 가능한 민사소송에 있어서의 가처분과 차이가 있다. 또한 본안소송은 '적법'한 것이어야 하므로 처분성의 흠결이나 제소기간의 도과로 본안소송이 부적법한 경우에는 집행정지도 허용되지 않는다.

2) 처분의 존재

처분 등이 존재하여야 한다. 무효인 처분의 경우 행정소송법 제28조 제1항에서 집행정지에 관한 규정을 무효등확인소송에 준용시키고 있어 처분 등이 존재하는 것으로 보지만, 부작위의 경우 처분이 존재하지 않는 것으로 본다.

참고	거부처분에 대한 집행정지 가능성(처분 여부)	B급

1. 문제점

거부처분이 집행정지 요건 중 '처분 등이 존재할 것'의 요건에 해당되는지가 문제된다.

2. 학설

① 긍정설은 집행정지가 허용된다면 행정청에게 사실상 구속력이 생기는 것을 논거로 하는 견해이다.

② 부정설은 침해적 처분만이 집행정지의 대상이 되고, 수익적 행정처분의 신청에 대한 거부처분은 집행정지의 대상이 되지 않는다고 보는 견해이다.

③ 제한적 긍정설은 원칙적으로 부정설이 타당하나 기간 만료 시 갱신허가 거부 등 그 실익이 있는 경우 긍정할 필요가 있다고 보는 견해이다.

3. 대법원 판례

허가신청에 대한 거부처분은 그 효력이 정지되더라도 그 처분이 없었던 것과 같은 상태를 만드는 것에 지나지 아니하는 것이고 그 이상으로 행정청에 대하여 어떠한 처분을 명하는 등 적극적인 상태를 만들어 내는 경우를 포함하지 아니하는 것이므로, 교도소장이 접견을 불허한 처분에 대하여 효력정지를 한다 하여도 이로 인하여 위 교도소장에게 접견의 허가를 명하는 것이되는 것도 아니고 또 당연히 접견이 되는 것도 아니어서 접견허가거부처분에 의하여 생길 회복할 수 없는 손해를 피하는 데 아무런 보탬도 되지 아니하니 접견허가거부처분의 효력을 정지할 필요성이 없다(대결 1991.5.2, 91두15[접견허가거부처분효력정지]).

4. 검토

원칙적으로 부정함이 타당하나, 현행 집행정지제도의 기능적 한계를 극복하여 권리구제의 실효성을 확보하고자 하는 〈제한적 긍정설〉이 타당하다고 판단된다.

3) 회복하기 어려운 손해의 가능성

대법원은 회복하기 어려운 손해란 사회통념상 금전으로 보상할 수 없는 손해를 의미한다고 보았다. 또한, 처분의 성질과 태양 및 내용 등을 종합적으로 고려하여 구체적·개별적으로 판단하고 있어, 최근에는 과세처분이나 과징금납부명령 등 재산상 손해에 대하여도 집행정지결정이 나오고 있다.

4) 긴급한 필요의 존재

긴급한 필요란 회복하기 어려운 손해의 발생이 절박하여 손해를 회피하기 위하여 본안판결을 기다릴 여유가 없는 것을 말한다.

(3) 소극적 요건(행정청이 주장·소명)

1) 공공복리에 중대한 영향을 미칠 우려가 없을 것

집행정지는 적극적 요건이 충족된다고 하더라도 공공복리에 중대한 영향을 미칠 우려가 있는 경우에는 허용되지 않는다(법 제23조 제3항). 처분의 집행에 의해 신청인이 입을 손해와 처분의 집행정지로 인해 영향을 받을 공공복리를 비교형량하여 정해야 한다.

2) 본안청구가 이유 없음이 명백하지 않을 것

보전절차에서 본안의 이유유무를 따지는 것은 허용되지 않는다는 견해가 있으나, 본안소송에서 승소할 가망이 전혀 없는 경우까지 집행정지신청을 인용하는 것은 집행정지제도의 취지에 반한다는 것이 다수설 및 판례의 입장이다.

> 행정처분의 효력정지나 집행정지를 구하는 신청사건에 있어서는 행정처분 자체의 적법 여부는 원칙적으로는 판단할 것이 아니고 그 행정처분의 효력이나 집행을 정지할 것인가에 대한 행정소송법 제23조 제2항 소정의 요건의 존부만이 판단의 대상이 되나 본안소송에서의 처분의 취소가능성이 없음에도 불구하고 처분의 효력정지나 집행정지를 인정한다는 것은 제도의 취지에 반하므로 집행정지사건 자체에 의하여도 신청인의 본안청구가 이유 없음이 명백할 때에는 행정처분의 효력정지나 집행정지를 명할 수 없다(대결 1992.8.7, 92두30[이송처분효력정지]).

4. 집행정지 절차

집행정지의 요건이 충족된 경우에 본안이 계속되고 있는 법원은 당사자의 신청 또는 직권에 의하여 처분 등의 효력이나 그 집행 또는 절차의 속행의 전부 또는 일부의 정지를 결정할 수 있다(법 제23조 제2항). 또한 본안소송의 원고가 신청인이 되는데, 신청인은 그 신청의 이유에 대하여 소명하여야 한다(법 23조 제4항).

5. 집행정지의 대상 및 집행정지의 효과

(1) 집행정지의 대상

1) 처분의 효력정지

처분의 효력정지는 처분 등의 집행 또는 절차의 속행을 정지함으로써 목적을 달성할 수 있는 경우에는 허용되지 아니한다(법 제23조 제2항). 따라서, 효력정지는 통상 허가의 취소, 영업정지처분과 같이 별도의 집행행위 없이 처분목적이 달성되는 처분에 대하여 행해진다.

2) 처분의 집행정지

처분의 집행정지란 처분의 집행을 정지하는 것을 말한다. 예를 들면, 철거명령에 대한 집행정지신청에 대해 대집행을 정지시키는 것이 있다.

3) 절차속행의 정지

절차속행의 정지란 여러 단계의 절차를 통하여 행정 목적이 달성되는 경우에 절차의 속행을 정지하는 것을 말한다. 예를 들면, 대집행영장에 의한 통지를 다투는 사건에서 대집행의 실행을 정지시키는 것이다.

(2) 집행정지의 효과

1) 형성력

처분 등의 효력정지는 행정처분이 없었던 것과 같은 상태를 실현시키는 것이므로 그 범위 안에서 형성력을 가진다고 볼 수 있다.

2) 기속력

집행정지결정은 취소판결의 기속력에 준하여 당해 사건에 관하여 당사자인 행정청과 관계 행정청을 기속한다(법 제23조 제6항).

3) 시적효력

집행정지결정의 효력은 결정의 주문에 정하여진 시기까지 존속하는 것이나 주문에 특별한 정함이 없는 때에는 본안소송에 대한 판결이 확정될 때까지 존속한다. 한편 집행정지결정은 장래에 향하여 효력을 발생함이 원칙이겠으나 소급하는 경우도 있을 수 있다.

6. 집행정지결정의 취소 및 집행정지 등 결정에의 불복

(1) 집행정지결정의 취소

집행정지결정이 확정된 후 집행정지가 공공복리에 중대한 영향을 미치거나 그 정지사유가 없어진 때에는 해당 집행정지결정을 한 법원은 당사자의 신청 또는 직권에 의하여 결정으로써 집행정지의 결정을 취소할 수 있다(동법 제24조 제1항). 당사자가 집행정지결정의 취소를 신청하는 때에는 그 사유를 소명하여야 한다(동조 제2항).

(2) 집행정지 등 결정에의 불복

집행정지결정 또는 기각결정에 대하여는 즉시 항고를 할 수 있다. 집행정지결정에 대한 즉시 항고에는 결정의 집행을 정지하는 효력이 없다(동법 제23조 제5항). 복효적 행정행위에 있어서는 집행정지결정에 대한 즉시 항고는 집행정지결정으로 불이익을 받는 자의 대항수단이 된다.

■ 최근 집행정지에 대한 대법원 판례 쟁점(보상법규 제34회 3번 기출)

대판 2022.2.11, 2021두40720[위반차량운행정지취소등]

[1] 행정소송법 제23조에 따른 집행정지결정의 효력은 결정 주문에서 정한 종기까지 존속하고, 그 종기가 도래하면 당연히 소멸한다. 따라서 효력기간이 정해져 있는 제재적 행정처분에 대한 취소소송에서 법원이 본안소송의 판결 선고 시까지 집행정지결정을 하면, 처분에서 정해 둔 효력기간(집행정지결정 당시 이미 일부 집행되었다면 그 나머지 기간)은 판결 선고 시까지 진행하지 않다

가 판결이 선고되면 그때 집행정지결정의 효력이 소멸함과 동시에 처분의 효력이 당연히 부활하여 처분에서 정한 효력기간이 다시 진행한다. 이는 처분에서 효력기간의 시기(시기)와 종기(종기)를 정해 두었는데, 그 시기와 종기가 집행정지기간 중에 모두 경과한 경우에도 특별한 사정이 없는 한 마찬가지이다. 이러한 법리는 행정심판위원회가 행정심판법 제30조에 따라 집행정지결정을 한 경우에도 그대로 적용된다. 행정심판위원회가 행정심판 청구 사건의 재결이 있을 때까지 처분의 집행을 정지한다고 결정한 경우에는, 재결서 정본이 청구인에게 송달된 때 재결의 효력이 발생하므로(행정심판법 제48조 제2항, 제1항 참조) 그때 집행정지결정의 효력이 소멸함과 동시에 처분의 효력이 부활한다.

[2] 효력기간이 정해져 있는 제재적 행정처분의 효력이 발생한 이후에도 행정청은 특별한 사정이 없는 한 상대방에 대한 별도의 처분으로써 효력기간의 시기와 종기를 다시 정할 수 있다. 이는 당초의 제재적 행정처분이 유효함을 전제로 그 구체적인 집행시기만을 변경하는 후속 변경처분이다. 이러한 후속 변경처분도 특별한 규정이 없는 한 의사표시에 관한 일반법리에 따라 상대방에게 고지되어야 효력이 발생한다. 위와 같은 후속 변경처분서에 효력기간의 시기와 종기를 다시 특정하는 대신 당초 제재적 행정처분의 집행을 특정 소송사건의 판결 시까지 유예한다고 기재되어 있다면, 처분의 효력기간은 원칙적으로 그 사건의 판결 선고 시까지 진행이 정지되었다가 판결이 선고되면 다시 진행된다. 다만 이러한 후속 변경처분 권한은 특별한 사정이 없는 한 당초의 제재적 행정처분의 효력이 유지되는 동안에만 인정된다. 당초의 제재적 행정처분에서 정한 효력기간이 경과하면 그로써 처분의 집행은 종료되어 처분의 효력이 소멸하는 것이므로(행정소송법 제12조 후문 참조), 그 후 동일한 사유로 다시 제재적 행정처분을 하는 것은 위법한 이중처분에 해당한다.

대판 2020.9.3, 2020두34070[직접생산확인취소처분취소]

【판결요지】

[1] 집행정지결정의 효력은 결정 주문에서 정한 기간까지 존속하다가 그 기간이 만료되면 장래에 향하여 소멸한다. 집행정지결정은 처분의 집행으로 회복하기 어려운 손해를 예방하기 위하여 긴급한 필요가 있고 달리 공공복리에 중대한 영향을 미치지 않을 것을 요건으로 하여 본안판결이 있을 때까지 해당 처분의 집행을 잠정적으로 정지함으로써 위와 같은 손해를 예방하는 데 취지가 있으므로, 항고소송을 제기한 원고가 본안소송에서 패소확정판결을 받았더라도 집행정지결정의 효력이 소급하여 소멸하지 않는다.

그러나 제재처분에 대한 행정쟁송절차에서 처분에 대해 집행정지결정이 이루어졌더라도 본안에서 해당 처분이 최종적으로 적법한 것으로 확정되어 집행정지결정이 실효되고 제재처분을 다시 집행할 수 있게 되면, 처분청으로서는 당초 집행정지결정이 없었던 경우와 동등한 수준으로 해당 제재처분이 집행되도록 필요한 조치를 취하여야 한다. 집행정지는 행정쟁송절차에서 실효적 권리구제를 확보하기 위한 잠정적 조치일 뿐이므로, 본안 확정판결로 해당 제재처분이 적법하다는 점이 확인되었다면 제재처분의 상대방이 잠정적 집행정지를 통해 집행정지가 이루어지지 않은 경우와 비교하여 제재를 덜 받게 되는 결과가 초래되도록 해서는 안 된다. 반대로, 처분상대방이 집행정지결정을 받지 못했으나 본안소송에서 해당 제재처분이 위법하다는 것이 확인되어 취소하는 판결이 확정되면, 처분청은 그 제재처분으로 처분상대방에게 초래된 불이익한 결과를 제거하기 위하여 필요한 조치를 취하여야 한다.

[2] 직접생산확인을 받은 중소기업자가 공공기관의 장과 납품 계약을 체결한 후 직접 생산하지 않은 제품을 납품하였다. 관할 행정청은 중소기업제품 구매촉진 및 판로지원에 관한 법률 제11조 제3항에 따라 당시 유효기간이 남아 있는 중소기업자의 모든 제품에 대한 직접생산확인을 취소하는

1차 취소처분을 하였다. 중소기업자는 1차 취소처분에 대하여 취소소송을 제기하였고, 집행정지 결정이 이루어졌다. 그러나 결국 중소기업자의 패소판결이 확정되어 집행정지가 실효되고, 취소 처분을 집행할 수 있게 되었다. 그런데 1차 취소처분 당시 유효기간이 남아 있었던 직접생산확인 의 전부 또는 일부는 집행정지기간 중 유효기간이 모두 만료되었고, 1차 취소처분 당시 유효기간 이 남아 있었던 직접생산확인 제품 목록과 취소처분을 집행할 수 있게 된 시점에 유효기간이 남 아 있는 직접생산확인 제품 목록은 다르다.

위와 같은 경우 관할 행정청은 1차 취소처분을 집행할 수 있게 된 시점으로부터 상당한 기간 내 에 직접생산확인 취소 대상을 '1차 취소처분 당시' 유효기간이 남아 있었던 모든 제품에서 '1차 취소처분을 집행할 수 있게 된 시점 또는 그와 가까운 시점'을 기준으로 유효기간이 남아 있는 모든 제품으로 변경하는 처분을 할 수 있다. 이러한 변경처분은 중소기업자가 직접 생산하지 않 은 제품을 납품하였다는 점과 중소기업제품 구매촉진 및 판로지원에 관한 법률 제11조 제3항 중 제2항 제3호에 관한 부분을 각각 궁극적인 '처분하려는 원인이 되는 사실'과 '법적 근거'로 한다는 점에서 1차 취소처분과 동일하고, 제재의 실효성을 확보하기 위하여 직접생산확인 취소 대상만 을 변경한 것이다.

Ⅲ 가처분

1. 의의 및 취지

가처분이란 다툼이 있는 법률관계에 관하여 잠정적으로 임시의 지위를 보전하는 것을 내용으 로 하는 가구제제도이다. 행정소송법에는 명문의 규정이 없으며, 이는 원래 민사소송에서 당 사자 간의 이해관계를 조정하고 본안판결의 실효성을 확보하기 위해 인정되어 온 제도이다.

2. 항고소송에서 가처분의 인정 여부

(1) 문제점

현행 집행정지제도는 소극적 성격으로 인해 거부 또는 부작위에 대한 실효적 권리구제수단 이 되지 못한다. 따라서 실효적 권리구제 수단을 위해 가처분 인정 여부가 문제된다.

(2) 학설

① 부정설은 집행정지를 민사소송법상 가처분제도의 특칙으로 이해하여 가처분은 준용될 수 없다는 견해이다.

② 긍정설은 국민의 실효적 권리구제와 행정소송법상 가처분 배제 규정이 없다는 논거로 긍 정하는 견해이다.

③ 제한적 긍정설은 행정소송법상 집행정지제도가 미치지 않는 범위에서 가처분을 인정할 수 있다는 견해이다.

(3) 대법원 판례

민사집행법 제300조 제2항이 규정한 임시의 지위를 정하기 위한 가처분은 그 성질상 주장 자체에 의하여 다툼이 있는 권리관계에 관한 정당한 이익이 있는 자가 가처분 신청을 할 수 있고, 그 경우 주장 자체에 의하여 신청인과 저촉되는 지위에 있는 자를 피신청인으로 하여야 한다. 한편 민사집행법상의 가처분으로 행정청의 행정행위 금지를 구하는 것은 허용될 수 없다(대결 2011.4.18, 2010마1576[자동차사업면허처분금지가처분]).

(4) 검토

생각건대 현 행정소송법이 의무이행소송을 인정하지 않은 점을 고려할 때, 판례의 입장에 따라 〈부정설〉이 타당하다. 다만, 권리구제를 위해 입법적으로 해결할 필요성은 인정된다.

쟁점 84   취소소송의 심리   B급

Ⅰ   취소소송의 심리의 의의

취소소송의 심리란 소에 대한 판결을 하기 위하여 그 기초가 될 소송자료를 수집하는 절차를 말한다.

Ⅱ   심리의 내용

심리는 그 내용에 따라 요건심리와 본안심리로 나눌 수 있다. ① 요건심리란 제기된 소가 소송요건을 갖춘 것인지의 여부를 심리하는 것을 말하며, ② 본안심리란 요건심리의 결과 당해 소송이 소송요건을 갖춘 것으로 인정되는 경우 사건의 본안, 즉 청구의 이유 유무(예 취소소송에서의 처분의 위법 여부)에 대하여 실체적 심사를 행하는 것을 말한다.

Ⅲ   심리의 범위

1. 불고불리의 원칙

행정소송에도 민사소송에서와 같이 불고불리의 원칙이 적용된다(행정소송법 제8조). 불고불리의 원칙이라 함은 법원은 소송의 제기가 없으면 재판할 수 없고, 소송의 제기가 있는 경우에도 당사자가 신청한 사항에 대하여 신청의 범위 내에서 심리·판단하여야 한다는 원칙을 말한다(민사소송법 제203조).

2. 재량문제의 심리

행정청의 재량행위도 행정소송의 대상이 된다. 재량행위도 재량권의 일탈·남용이 있는 경우에는 위법하게 되고, 법원은 재량권의 일탈남용 여부에 대하여 심리·판단할 수 있다(행정소송법 제27조).

3. 법률문제·사실문제

법원은 소송의 대상이 된 처분 등의 모든 법률문제 및 사실문제에 대하여 처음부터 새롭게 다시 심사할 수 있다.

Ⅳ   심리의 원칙

1. 당사자주의와 직권주의

① 당사자주의는 소송절차에서 당사자에게 주도권을 인정하는 것을 말하고, ② 직권주의는 법원에게 주도권을 인정하는 것이다. 당사자주의는 처분권주의와 변론주의의 내용이 있다.

2. 처분권주의 · 변론주의

① 처분권주의란 소송 개시와 종료, 분쟁의 대상을 당사자가 결정한다는 것이고, ② 변론주의란 사실의 주장, 증거수집 · 제출책임을 당사자에게 맡기는 것이다.

3. 구술심리주의 · 공개심리주의

① 구술심리주의란 변론과 증거조사를 구술로 행하는 것이고, ② 공개심리주의란 재판의 심리 · 판결은 공개되어야 한다는 원칙이다(헌법 제109조 제1항).

Ⅴ 직권탐지주의(행정소송의 심리절차에 있어서 특수성)

1. 직권탐지주의의 의의

직권탐지주의란 사실의 주장, 증거수집 · 제출책임을 법원이 부담하는 것을 말하며, 변론주의에 대비되는 개념이다.

2. 직권탐지의 범위

(1) 문제점

행정소송법 제26조는 "법원은 필요하다고 인정할 때에는 직권으로 증거조사를 할 수 있고 당사자가 주장하지 아니한 사실에 대하여도 판단할 수 있다"라고 규정하고 있는바, 이는 행정소송법이 변론주의를 기본으로 하면서 아울러 부분적으로 직권탐지주의를 가미하고 있다고 볼 수 있다. 행정소송법 제26조의 해석에 관하여는 견해가 대립한다.

(2) 학설

① 〈직권탐지주의원칙설〉 직권탐지의 범위에 관하여 직권탐지주의를 원칙이라고 보고 당사자의 변론을 보충적인 것으로 보는 견해이다.

② 〈직권탐지주의보충설〉 변론주의가 원칙이며 직권탐지주의는 변론주의에 대한 예외로서 보충적으로 인정된다고 보는 견해이다.

(3) 대법원 판례

판례는 행정소송법 제26조는 행정소송의 특수성에서 연유하는 당사자주의, 변론주의에 대한 일부 예외규정일 뿐 법원이 아무런 제한 없이 당사자가 주장하지 아니한 사실을 판단할 수 있는 것은 아니고 일건 기록상 현출되어 있는 사항에 관해서만 판단할 수 있다고 판시하고 있다.

(4) 검토

변론주의를 원칙으로 하여 법원이 필요하다고 인정할 때 청구범위 내에서 직권으로 증거조사를 판단할 수 있음을 허용하는 변론주의 보충설의 입장이 타당하다고 판단된다.

쟁점 85 | 주장책임, 입증책임 및 법관의 석명의무 | C급

I 주장책임

변론주의하에서는 당사자는 주요사실에 대한 주장책임을 당사자가 부담한다. 주요사실을 주장하지 않으면 그만큼 유리한 법률효과상의 불이익을 부담하게 된다. 법원이 소송자료수집의 책임을 지는 직권탐지주의하에서는 당사자의 주장책임의 문제는 발생하지 않는다. 행정소송법은 항고소송이나 당사자소송을 불문하고 당사자가 주장하지 아니한 사실에 대해서도 자료의 판단을 인정하는 직권탐지주의를 가미하여 특례를 인정하고 있으므로 주장책임에 대한 예외를 인정한 것으로 볼 수 있다(행정소송법 제26조).

II 입증책임

1. 의의

입증책임이란 소송상의 일정한 사실의 존부가 확정되지 아니한 경우에 불리한 법적 판단을 받게 되는 당사자 일방의 불이익 내지 위험을 말한다.

2. 본안에 대한 입증책임

(1) 문제점

취소소송에서 소송을 제기하는 원고인 국민과 피고인 행정청 중 누가 입증책임을 부담하는지 명문 규정이 없어 견해가 대립한다.

(2) 학설

① 원고책임설은 행정처분의 공정력을 이유로 입증책임은 그 위법을 주장하는 원고에게 있다고 보는 견해이다.

② 피고책임설은 법치행정의 원리에서 볼 때 행정청은 행정행위의 적법성을 스스로 담보하지 않으면 안 되기 때문에 그가 행한 행정행위의 적법사유에 대하여 언제나 입증책임을 진다고 하는 견해이다.

③ 입증책임분배설은 각각 자기에게 유리한 요건사실에 대하여 입증책임을 부담한다는 견해이다.

④ 특수성 인정설은 행정소송에서의 입증책임분배는 행정소송과 민사소송의 목적과 성질의 차이, 행위규범과 재판규범과의 차이 등을 이유로 독자적으로 정하여야 한다고 보는 견해이다.

(3) 대법원 판례

판례는 입증책임은 원칙적으로 민사소송의 일반원칙에 따라 당사자 간에 분배된다고 하여
입증책임분배설의 입장이다.

> 민사소송법의 규정이 준용되는 행정소송에 있어서 입증책임은 원칙적으로 민사소송의 일반원칙에
> 따라 당사자간에 분배되고 항고소송의 경우에는 그 특성에 따라 당해 처분의 적법을 주장하는 피고
> 에게 그 적법사유에 대한 입증책임이 있다 할 것인바 피고가 주장하는 당해 처분의 적법성이 합리적
> 으로 수긍할 수 있는 일응의 입증이 있는 경우에는 그 처분은 정당하다 할 것이며 이와 상반되는
> 주장과 입증은 그 상대방인 원고에게 그 책임이 돌아간다(서울행정법원 2016.2.5, 2014구단10915
> 판결[양도소득세부과처분취소]).

(4) 검토

공정력이란 처분내용의 적법성이 아니라 정책적 견지에서 인정되는 사실상의 통용력에 불과
하므로 공정력을 입증책임의 근거로 삼는 원고책임설은 타당하지 않다. 피고책임설은 입증
이 곤란한 경우에 패소가능성을 피고에게만 전담시키는 결과가 되므로 공평의 원리에 반한
다. 특수성 인정설은 입증책임분배설과 근본적으로 다를 바가 없다. 따라서 입증책임분배설
을 원칙으로 하되, 행정소송의 특성을 고려하는 방식이 타당하다고 본다.

Ⅲ 법관의 석명의무

석명이란 당사자의 진술에 불명·모순·결함이 있거나 또는 입증을 다하지 못한 경우에 법관이
질문하거나 시사하는 형식으로 보충함으로써 변론을 보다 완전하게 하는 법원의 기능을 말한다
(민사소송법 제136조 참조). 민사소송법은 석명이 법관의 재량(결정재량)인 양 규정하고 있다.
그러나 석명은 법원의 재량사항이 아니라 의무의 성질을 가진다는 것이 통설이다.

> 원심은 석명권을 행사하여 피고를 처분청인 충남도지사로 결정하게 하여 소송을 진행케 했어야 한다. 원
> 심이 그와 같은 조치를 취하지 아니한 채 소를 각하한 것은 석명권 불행사의 비난을 받아 마땅하다(대판
> 1990.1.12, 89누1032).

쟁점 86 처분의 위법성 판단 시점 A급

I 문제점

취소소송의 대상이 되는 처분의 위법성 판단 기준시점이 어디인지 견해 대립이 있다. 이는 취소소송의 목적이나 기능에 대한 견해 차이에서 생기는 것이다.

II 학설

① 처분시설은 취소소송의 본질은 처분에 대한 사후심사라는 것을 논거로 처분의 위법성은 처분 시 법령 및 사실 관계를 기준으로 판단하여야 한다는 견해이다.

② 판결시설은 취소소송의 본질은 처분의 효력을 현재 유지할 것인가 여부를 결정하는 것이므로 판결시를 기준으로 한다는 견해이다.

III 대법원 판례

행정소송에서 행정처분의 위법 여부는 행정처분이 있을 때의 법령과 사실상태를 기준으로 판단해야 한다고 하여 처분시설의 입장이다. 거부처분의 경우에도 거부처분시를 기준으로 판단해야 한다고 한다.

> 항고소송에서 행정처분의 적법 여부는 특별한 사정이 없는 한 행정처분 당시를 기준으로 판단하여야 한다. 여기서 행정처분의 위법 여부를 판단하는 기준 시점에 관하여 판결 시가 아니라 처분 시라고 하는 의미는 행정처분이 있을 때의 법령과 사실상태를 기준으로 하여 위법 여부를 판단하며 처분 후 법령의 개폐나 사실상태의 변동에 영향을 받지 않는다는 뜻이지 처분 당시 존재하였던 자료나 행정청에 제출되었던 자료만으로 위법 여부를 판단한다는 의미는 아니다. 그러므로 처분 당시의 사실상태 등에 관한 증명은 사실심 변론종결 당시까지 할 수 있고, 법원은 행정처분 당시 행정청이 알고 있었던 자료뿐만 아니라 사실심 변론종결 당시까지 제출된 모든 자료를 종합하여 처분 당시 존재하였던 객관적 사실을 확정하고 그 사실에 기초하여 처분의 위법 여부를 판단할 수 있다(대판 2017.4.7, 2014두37122[건축허가복합민원신청불허재처분취소]).

IV 검토

항고소송의 본질은 개인의 권익구제에 있으므로 처분 이후의 사정은 고려할 필요가 없으므로 처분시설이 타당하다. 법령에 특별히 정하는 바가 있으면 그에 따라야 한다. 다만, 부작위위법확인소송 및 사정판결과 당사자소송의 경우에는 판결시가 기준이 된다.

쟁점 **87**	취소소송 판결의 종류		A급

본안판결	취소판결	(전부)취소판결
		일부취소판결
	기각판결	기각판결
		사정판결

위 표 상단에는 "각하판결"이 전체를 아우르는 제목으로 표기되어 있다.

Ⅰ 각하판결(소송판결)

각하판결이란 소송요건 결여를 이유로 본안 심리를 거부하는 판결이다. 소송요건의 충족 여부는 변론종결시를 기준으로 판단하며, 원고는 결여된 요건을 보완하면 다시 소를 제기할 수 있다.

Ⅱ 본안판결(인용판결/기각판결)

1. 본안판결

본안판결은 청구의 당부에 관한 판결로서 청구내용의 전부 또는 일부를 기각하거나 인용하는 것을 그 내용으로 한다.

2. 인용판결

(1) 의의 및 종류

처분의 취소·변경을 구하는 청구가 이유 있음을 인정하여 그 청구의 전부 또는 일부를 인용하는 형성판결을 말한다. 이에는 처분이나 재결에 대한 취소판결, 무효선언을 하는 취소판결이 있다. 또한, 계쟁처분에 대한 전부취소판결과 일부취소판결이 있다.

(2) 일부취소판결의 가능성(35회 3번 기출)

처분의 일부취소의 가능성은 일부취소의 대상이 되는 부분의 분리취소가능성에 따라 결정된다. 일부취소되는 부분이 분리가능하고, 당사자가 제출한 자료만으로 일부취소되는 부분을 명확히 확정할 수 있는 경우에는 일부취소가 가능하지만, 일부취소되는 부분이 분리가능하지 않거나 당사자가 제출한 자료만으로 일부취소되는 부분을 명확히 확정할 수 없는 경우에는 일부취소를 할 수 없다.

【기출유사문제】

감정평가 및 감정평가사에 관한 법률에 따라 표준지공시지가 업무를 하고 있는 감정평가사 甲에 대하여 업무정지 처분에 갈음하여 과징금 5천만원을 부과하였다. 감정평가사 甲은 잘못한 것에 비하여 너무 과도한 과징금이라고 판단하고 관할법원에 과징금 부과처분 취소소송을 제기하였다. 행정소송법 제4조 제1호의 변경의 의미와 관할법원에서 일부취소판결을 할 수 있는지 설명하시오. 20점

1. 과징금부과처분의 의의 및 구별개념
2. 과징금부과처분의 법적 성질
3. 행정소송법 제4조 제1호의 변경의 의미
  (적극적 변경의 가능성)
  (1) 문제점
  (2) 학설의 대립
  (3) 대법원 판례의 태도
  (4) 소결
	4. 일부취소판결의 가능성
	  (1) 일부취소판결의 인정 여부
	  (2) 일부취소판결의 요건
	  (3) 일부취소와 전부취소 판결의 유형별
	    판례 검토
	    1) 가분성이 인정되는 경우에 일부취
	      소 판결을 허용하는 판결
	    2) 재량행위인 경우 처분청의 재량권
	      을 존중하여 전부취소하는 판결
	  (4) 소결(사안의 경우)

1. 과징금부과처분의 의의 및 구별개념

과징금은 행정법상 의무위반 행위로 얻은 경제적 이익을 박탈하기 위한 금전상 제재금을 말한다. 과징금은 의무이행의 확보수단으로써 가해진다는 점에서 의무위반에 대한 벌인 과태료와 구별된다.

2. 과징금부과처분의 법적 성질

감정평가 및 감정평가사에 관한 법률(이하 감정평가법)상 과징금은 계속적인 공적업무수행을 위하여 업무정지처분에 갈음하여 부과되는 것으로 변형된 과징금에 속한다. 이는 인허가 철회나 정지처분으로 인해 발생하는 국민생활 불편이나 공익을 고려함에 취지가 인정된다. 과징금 부과행위는 과징금 납부의무를 명하는 행위이므로 급부하명에 해당한다. 또한, 감정평가법 제41조에서는 "과징금을 부과할 수 있다."고 규정하고 있으므로 법문언의 규정형식상 재량행위에 해당한다.

3. 행정소송법 제4조 제1호의 변경의 의미(적극적 변경의 가능성)

> **행정소송법 제4조(항고소송)**
> 항고소송은 다음과 같이 구분한다.
> 1. 취소소송 : 행정청의 위법한 처분등을 취소 또는 변경하는 소송
> 2. 무효등 확인소송 : 행정청의 처분등의 효력 유무 또는 존재여부를 확인하는 소송
> 3. 부작위위법확인소송 : 행정청의 부작위가 위법하다는 것을 확인하는 소송

(1) 문제점

취소소송의 인용판결로 처분을 적극적으로 변경하는 것이 가능한지에 대하여 견해가 대립되고 있다. 행정소송법 제4조 제1호에서 취소소송을 행정청의 위법한 처분 등을 취소 또는 변경하는 소송으로 정의하고 있는데, 여기에서 '변경'이 소극적 변경(일부취소)을 의미하는지 아니면 적극적 변경을 의미하는지의 문제로 제기된다.

(2) 학설의 대립

① 권력분립의 원칙을 형식적으로 이해하는 관점에서 취소소송에서의 "변경"을 소극적 변경

으로서의 일부취소로 보는 것이 타당하다는 견해가 있다. 이 견해가 다수의 견해이다.
② 권력분립의 원칙을 실질적으로 이해하면 "변경"을 법원이 위법한 처분을 취소하고 새로운 처분을 내용으로 하는 판결을 하는 적극적 변경도 가능하다고 보는 견해가 있다.

(3) 대법원 판례의 태도
판례는 이 '변경'은 소극적 변경, 즉 일부취소를 의미하는 것으로 보고 있다(대판 1964.5.19, 63누177).

(4) 소결
적극적 변경판결을 하게 되면 법원이 직접처분하는 결과가 되어 권력분립원칙에 반하게 되므로 '변경'은 일부취소라고 보는 다수설과 판례가 타당하다고 판단된다.

4. 일부취소판결의 가능성

(1) 일부취소판결의 인정 여부
원고의 청구 중 일부에 대해서만 이유가 있는 경우, 즉 처분의 일부만이 위법한 경우에 법원이 그 일부에 대해서만 취소판결을 내릴 수 있는지 여부가 문제되는바, 위에서 검토한 바와 같이 판례는 행정소송법 제4조 제1호의 변경을 소극적 변경, 즉 일부취소를 의미하는 것으로 보고 일정한 요건하에 일부취소판결을 인정하고 있다.

(2) 일부취소판결의 요건
처분의 일부취소의 가능성은 일부취소의 대상이 되는 부분의 분리가능성에 따라 결정된다. 즉 외형상 하나의 처분이라 하더라도 가분성이 있거나 그 처분의 대상의 일부가 특정될 수 있다면 그 일부만의 취소가 가능하다는 것이 판례의 태도이다.

(3) 일부취소와 전부취소 판결의 유형별 판례 검토
1) 가분성이 인정되는 경우에 일부취소 판결을 허용하는 판결

[관련판례] ① 과세처분 : 일부취소
과세처분취소소송의 처분의 적법 여부는 과세액이 정당한 세액을 초과하느냐의 여부에 따라 판단되는 것으로서 당사자는 사실심 변론종결시까지 객관적인 조세채무액을 뒷받침하는 주장과 자료를 제출할 수 있고 이러한 자료에 의하여 적법하게 부과될 정당한 세액이 산출되는 때에는 그 정당한 세액을 초과하는 부분만 취소하여야 할 것이고 전부를 취소할 것이 아니다(대판 2000.6.13, 98두5811).

[관련판례] ② 정보비공개결정처분 : 일부취소
법원이 행정기관의 정보공개거부처분의 위법 여부를 심리한 결과 공개를 거부한 정보에 비공개대상정보에 해당하는 부분과 공개가 가능한 부분이 혼합되어 있고 공개청구의 취지에 어긋나지 아니하는 범위 안에서 두 부분을 분리할 수 있음을 인정할 수 있을 때에는 청구취지의 변경이 없더라도 공개가 가능한 정보에 관한 부분만의 일부취소를 명할 수 있다(대판 2003.10.10, 2003두7767).

[관련판례] ③ 국가유공자 비해당결정처분 : 일부취소
국가유공자 등 예우 및 지원에 관한 법률 제4조 제1항 제6호, 제6조의3 제1항, 제6조의4 등 관련 법령의 해석상, 여러 개의 상이에 대한 국가유공자 요건 비해당결정처분에 대한 취소소송에서 그중 일부 상이에 대해서만 국가유공자 요건이 인정될 경우에는 비해당결정처분 중 요건이 인정되는 상이에 대한 부분만을 취소하여야 하고, 비해

당결정처분 전부를 취소할 것은 아니다(대판 2016.8.30, 2014두46034).

[관련판례] ④ 과징금을 부과하면서 여러 개의 위반행위에 대하여 외형상 하나의 과징금 납부명령을 하였으나, 그중 일부의 위반행위에 대한 과징금 부과만이 위법한 경우 : 일부취소

공정거래위원회가 위반행위에 대한 과징금을 부과하면서 여러 개의 위반행위에 대하여 외형상 하나의 과징금 납부명령을 하였으나 여러 개의 위반행위 중 일부의 위반행위에 대한 과징금 부과만이 위법하고 소송상 그 일부의 위반행위를 기초로 한 과징금액을 산정할 수 있는 자료가 있는 경우에는, 하나의 과징금 납부명령일지라도 그 일부의 위반행위에 대한 과징금액에 해당하는 부분만을 취소하여야 한다(대판 2019. 1.31, 2013두14726).

2) 재량행위인 경우 처분청의 재량권을 존중하여 전부취소 하는 판결

[관련판례] ① 영업정지처분 : 전부취소

행정청이 영업정지처분을 함에 있어서 그 정지기간을 어느 정도로 할 것인지는 행정청의 재량권에 속하는 사항인 것이며, 다만 그것이 공익의 원칙이나 평등의 원칙 또는 비례의 원칙 등에 위반하여 재량권의 한계를 벗어난 재량권 남용에 해당하는 경우에만 위법한 처분으로서 사법심사의 대상이 되는 것이나, 법원으로서는 영업정지처분이 재량권 남용이라고 판단될 때에는 위법한 처분으로서 그 처분의 취소를 명할 수 있을 뿐이고, 재량권의 한계 내에서 어느 정도가 적정한 영업정지 기간인지를 가리는 일은 사법심사의 범위를 벗어난다(대판 2016.8.30, 2014두460342).

[관련판례] ② 과징금부과처분 : 전부취소

자동차운수사업면허조건 등을 위반한 사업자에 대하여 행정청이 행정제재수단으로 사업 정지를 명할 것인지, 과징금을 부과할 것인지, 과징금을 부과키로 한다면 그 금액은 얼마로 할 것인지에 관하여 재량권이 부여되었다 할 것이므로 과징금부과처분이 법이 정한 한도액을 초과하여 위법할 경우 법원으로서는 그 전부를 취소할 수밖에 없고, 그 한도액을 초과한 부분이나 법원이 적정하다고 인정되는 부분을 초과한 부분만을 취소할 수 없다(대판 1998.4.10, 98두2270).

[관련판례] ③ 과세처분이지만 전부취소를 한 사건

과세처분취소송에 있어 처분의 적법 여부는 정당한 세액을 초과하느냐의 여부에 따라 판단되는 것으로서, 당사자는 사실심 변론종결시까지 객관적인 조세채무액을 뒷받침하는 주장과 자료를 제출할 수 있고, 이러한 자료에 의하여 적법하게 부과될 정당한 세액이 산출되는 때에는 그 정당한 세액을 초과하는 부분만 취소하여야 할 것이고 전부를 취소할 것이 아님은 소론이 지적하는 바와 같으나(당원 1991.4.12. 선고 90누8060 판결 참조), 이 사건에 있어서는 앞에서 본 바와 같이 상속재산 일부에 대한 적법한 가액평가의 자료가 있다 할 수 없고, 따라서 정당한 상속세액을 산출할 수 없어 과세처분 전부를 취소할 수밖에 없다(대판 1992.7.24, 92누4840).

(4) 소결(사안의 경우)

① 일부취소를 인정한 판결(가분성이 있거나 그 처분대상의 일부를 특정할 수 있는 경우 가능)은 금전사건에서 빈번히 나타난다. 외형상 하나의 행정처분이라 하더라도 가분성이 있거나 그 처분대상의 일부가 특정될 수 있다면 그 일부만의 취소가 가능하다고 보는 것이 타당하다.

② 일부취소를 부정한 판결(재량행위의 있어서 재량권의 범위내에서는 판단 어려움)은 과징금 부과처분과 같이 재량행위인 경우에는 처분청의 재량권을 존중하여야 하고, 법원이 직접 처분을 하는 것은 인정되지 아니하므로 전부취소를 하여 처분청이 재량권을 행사하여 다시 적정한 처분을 하도록 하여야 한다. 재량행위의 일부취소(영업정지 6개월 중 영업정지 3개월을 취소하는 것)는 행정청의 재량권에 속하는 것이므로 인정될 수 없다. 영업정지 처분등이 재량권 남용에 해당한다고 판단될 때에는 위법한 처분으로서 그 처분의 취소를 할 수 있을 따름이고, 재량의 범위 내에서 어느 정도가 적정한 영업정지기간인가를 가리는 일은 사법심사의 범위를 벗어난다고 생각된다.

③ 결국 권력분립의 원칙과 행정청의 판단권을 존중하여 일부취소판결을 부정하는 것이 일면 타당하나, 가분성과 특정성 여부에 따라 일부취소판결 여부를 결정하는 것이 타당하다고 판단된다. 사안의 경우 과징금부과처분을 변경하기 위해서는 과징금부과처분은 재량행위이며, 업무정지처분에 갈음하여 부과된 변형된 과징금은 가분성과 특정성이 인정되기 어렵다고 판단된다. 따라서 과징금 처분에 대한 해당 사안은 일부취소판결은 불가하고, 전부취소를 하여야 할 것으로 판단된다.

3. 기각판결

기각판결이란 처분의 취소청구가 이유 없다고 하여 원고의 청구를 배척하는 판결을 말한다. 다만, 원고의 청구가 이유 있는 경우라도 그 처분 등을 취소·변경함이 현저하게 공공복리에 적합하지 않다고 인정되는 경우에는 기각판결을 할 수 있는데, 이 경우의 기각판결을 사정판결이라 한다.

4. 사정판결

쟁점89에서 후술함

쟁점 88   사정판결(기각판결의 일종)   A급

> **행정소송법 제28조(사정판결)**
> ① 원고의 청구가 이유 있다고 인정하는 경우에도 처분등을 취소하는 것이 현저히 공공복리에 적합하지 아니하다고 인정하는 때에는 법원은 원고의 청구를 기각할 수 있다. 이 경우 법원은 그 판결의 주문에서 그 처분등이 위법함을 명시하여야 한다.
> ② 법원이 제1항의 규정에 의한 판결을 함에 있어서는 미리 원고가 그로 인하여 입게 될 손해의 정도와 배상방법 그 밖의 사정을 조사하여야 한다.
> ③ 원고는 피고인 행정청이 속하는 국가 또는 공공단체를 상대로 손해배상, 제해시설의 설치 그 밖에 적당한 구제방법의 청구를 당해 취소소송등이 계속된 법원에 병합하여 제기할 수 있다.

I   사정판결의 의의(행정소송법 제28조)

사정판결이란 취소소송에 있어서 본안심리 결과, 원고의 청구가 이유 있다고 인정하는 경우에도 공공복리를 위하여 원고의 청구를 기각하는 판결을 말한다. 사정판결은 법률적합성의 원칙의 예외로 극히 엄격한 요건 아래 제한적으로 하여야 하고, 사정판결을 하는 경우에도 사익구제조치가 반드시 병행되어야 한다.

II   사정판결의 요건

1. 원고의 청구가 이유 있을 것

원고의 청구는 행정청의 처분이 위법하다는 것으로 행정청의 처분이 위법한 경우여야 한다. 처분의 위법 여부는 처분시를 기준으로 한다. 이 요건의 인정은 위법한 처분을 취소하여 개인의 권익을 구제할 필요와 그 취소로 인하여 발생할 수 있는 공공복리에 대한 현저한 침해를 비교형량하여 결정하여야 한다.

2. 처분 등을 취소하는 것이 현저히 공공복리에 적합하지 아니할 것

판례는 행정처분을 취소·변경해야 할 필요와 그 취소·변경으로 인하여 발생할 수 있는 공공복리에 반하는 사태 등을 비교·교량하여 그 적용 여부를 판단하여야 한다고 판시하였고, 판단기준의 시점은 변론종결시를 기준으로 한다. 즉 처분 등을 취소하는 것이 현저히 공공복리에 적합하지 아니한지 여부는 행정소송규칙 제14조에 의거하여 사실심 변론종결할 때를 기준으로 판단하여야 한다.

> **행정소송규칙 제14조(사정판결)**
> 법원이 법 제28조 제1항에 따른 판결을 할 때 그 처분등을 취소하는 것이 현저히 <u>공공복리에 적합하지 아니한지 여부는 사실심 변론을 종결할 때를 기준으로 판단한다.</u>

> [1] 사정판결의 요건인 현저히 공공복리에 적합하지 아니한지 여부는 위법한 행정처분을 취소·변경하여야 할 필요와 그 취소·변경으로 인하여 발생할 수 있는 공공복리에 반하는 사태 등을 비교·교량하여 판단하여야 한다(대판 2006.9.22, 2005두2506[보험약가인하처분취소]).
> [2] 사정판결은 극히 예외적으로 위법한 처분을 취소하지 않는 제도이므로 사정판결의 적용은 극히 엄격한 요건아래 제한적으로 하여야 한다(대판 1995.6.13, 94누4660[환지청산금부과처분취소]).

Ⅲ 사정판결의 효과

사정판결은 원고의 청구를 기각하는 판결이므로 취소소송의 대상인 처분 등은 당해 처분이 위법함에도 그 효력이 유지된다. 사정판결이 있는 경우 원고의 청구가 이유 있음에도 불구하고 원고가 패소한 것이므로 소송비용은 승소자인 피고가 부담한다.

Ⅳ 원고의 권익구제

사정판결로 해당 처분 등이 적법하게 되는 것은 아니므로 원고가 당해 처분 등으로 손해를 입은 경우 손해배상청구를 할 수 있다. 원고는 피고인 행정청이 속하는 국가 또는 공공단체를 상대로 손해배상, 제해시설의 설치 그 밖에 적당한 구제방법의 청구를 당해 취소소송 등이 계속된 법원에 병합하여 제기할 수 있다(행정소송법 제28조 제3항).

Ⅴ 적용범위

행정소송법상 사정 판결은 취소소송에서만 인정되고, 무효등확인소송과 부작위위법확인소송에는 준용되고 있지 않다(제38조). 사정판결이 무효등확인소송에도 인정될 수 있는지에 관하여 견해가 대립하고 있는데, 판례는 부정설을 취하고 있다.

> 당연무효의 행정처분을 소송목적물로 하는 행정소송에서는 존치시킬 효력이 있는 행정행위가 없기 때문에 행정소송법 제28조 소정의 사정판결을 할 수 없다(대판 1996.3.22, 95누5509[토지수용재결처분취소등]).

쟁점 89 취소소송 판결의 효력   B급

구분	기속력	기판력
각하판결	×	×
기각판결	×	○
인용판결	○	○
집행정지 결정	○	×

I 개설

취소소송의 판결이 확정되면 민사소송에서 인정되는 일반적인 효력인 자박력, 확정력 및 형성력 등의 효력을 발생하게 된다. 그 밖에 행정소송법은 행정소송 특유의 효력으로서 취소판결에 제3자에 대한 효력(제29조 제1항)과 기속력(제30조)을 정하고, 이를 다른 행정소송 유형에 준용하고 있다.

II 자박력(불가변력)

법원이 판결을 선고하면 선고법원 자신도 판결의 내용을 취소·변경할 수 없는 효력을 자박력이라 한다. 이 효력은 선고법원에 대한 효력이다.

III 형식적 확정력(쟁점91에서 불가쟁력)

형식적 확정력이라 함은 취소소송의 판결을 더 이상 정식재판절차를 통해 다툴 수 없게 되는 효력을 말한다. 판결에 대하여 불복이 있으면, 그 취소 변경을 위하여 상소하여야 한다. 따라서 상소기간이 경과하거나 당사자가 상소를 포기하는 등 기타의 사유로 상소할 수 없게 된 상태를 판결의 형식적 확정력이라 한다.

IV 기판력(실질적 확정력)(쟁점91에서 후술)

기판력이란 판결이 확정되면 후소에서 동일한 사항이 문제되는 경우 당사자와 이들 승계인은 전소의 판결에 반하는 주장을 할 수 없고, 법원도 그에 반하는 판결을 할 수 없는 구속력을 말하며, 분쟁의 반복방지와 재판의 통일성을 보장함에 취지가 있다.

V 형성력(쟁점92에서 후술)

형성력이란 취소판결이 확정되면 행정청의 의사표시 없이도 당연히 행정상 법률관계의 발생·변경·소멸 즉 형성의 효과를 가져오는 효력을 말하며, 이는 취소소송 목적 달성에 그 취지가 인정된다.

Ⅵ 기속력(쟁점93에서 후술)

기속력이란 행정청에 대하여 판결의 취지에 따라 행동하도록 당사자인 행정청과 그 밖의 관계행정청을 구속하는 효력을 말한다.

쟁점 90 기판력(실질적 확정력) A급

I 기판력의 의의 및 취지

기판력이란 판결이 확정되면 후소에서 동일한 사항이 문제되는 경우 당사자와 이들 승계인은 전소의 판결에 반하는 주장을 할 수 없고, 법원도 그에 반하는 판결을 할 수 없는 구속력을 말하며, 분쟁의 반복방지와 재판의 통일성을 보장함에 취지가 있다.

> 확정판결의 기판력이라 함은 확정판결의 주문에 포함된 법률적 판단의 내용은 이후 그 소송당사자의 관계를 규율하는 새로운 기준이 되는 것이므로 동일한 사항이 소송상 문제가 되었을 때 당사자는 이에 저촉되는 주장을 할 수 없고 법원도 이에 저촉되는 판단을 할 수 없는 기속력을 의미하는 것이고 이 경우 적극당사자(원고)가 되어 주장하는 경우는 물론이고 소극당사자(피고)로서 항변하는 경우에도 그 기판력에 저촉되는 주장은 할 수 없다(대판 1987.6.9, 86다카2756).

II 법적 근거

행정소송법은 기판력에 관한 명문의 규정을 두고 있지 않다. 행정소송에서의 판결의 기판력은 행정소송법 제8조 제2항에 따라 민사소송법상 기판력규정이 준용되어 인정되는 것이다.

III 내용

기판력이 발생하면 동일 소송물에 대하여 다시 소를 제기하지 못하게 되는 〈반복금지효〉가 발생한다. 또한 후소에서 당사자는 이미 소송물에 대해 내려진 전소확정판결에 반하는 주장을 할 수 없고, 후소법원은 전소판결을 후소판결의 기초로 삼지 않으면 안 된다. 이를 〈모순금지효〉라 한다.

IV 기판력의 범위

1. 주관적 범위

취소소송의 기판력은 당사자 및 이와 동일시할 수 있는 자(예 승계인)에게만 미치며 제3자에게는 미치지 않는다. 소송참가를 한 제3자에게도 기판력이 미치지 않는다. 그러나 국가 또는 공공단체에 대해서는 기판력이 미치는 것으로 본다.

2. 객관적 범위

일반적으로 기판력은 판결의 주문에 포함된 것에 한하여 인정된다(민사소송법 제216조 제1항). 이유부분은 민사소송에서와 같이 행정소송에서도 판결 주문을 해석하기 위한 수단으로서의 의미를 가질 뿐 기판력에 있어서는 의미를 갖지 못한다.

3. 시간적 범위

기판력은 사실심 변론의 종결시를 기준으로 하여 발생한다. 처분청은 당해 사건의 사실심 변론종결 이전에 주장할 수 있었던 사유를 내세워 확정판결과 저촉되는 처분을 할 수 없고 하여도 무효이다.

V 기판력과 국가배상소송

1. 문제점

취소소송의 판결의 기판력이 국가배상소송에 대하여 미치는 것은 취소소송의 소송물(위법성)이 후소인 국가배상소송의 선결문제로 되는 경우이다. 취소소송의 소송물이 국가배상소송에서 선결문제로 되지 않는 무과실책임의 경우에는 취소소송판결의 기판력이 국가배상소송에 미치지 않는다. 과실책임의 경우에는 위법성이 선결문제가 되므로 취소소송의 판결의 기판력이 국가배상소송에 미치는지 여부가 문제된다.

2. 학설

① 기판력긍정설은 취소소송의 위법성과 국가배상소송의 법성은 동일한 개념으로 기판력이 미친다고 보는 견해이다.
② 제한적 긍정설은 국가배상소송의 위법성을 취소소송의 위법성보다 넓은 개념으로 보아 인용판결에서는 기판력이 미치나, 기각판결에서는 기판력이 미치지 않는다고 보는 견해이다.
③ 기판력부정설은 취소소송의 위법성이 국가배상소송의 위법성은 전혀 다른 개념으로, 기판력이 미치지 않는다고 보는 견해이다.

3. 대법원 판례

> 어떠한 행정처분이 후에 항고소송에서 취소되었다고 할지라도 그 기판력에 의하여 당해 행정처분이 곧바로 공무원의 고의 또는 과실로 인한 것으로서 불법행위를 구성한다고 단정할 수는 없는 것이고, 그 행정처분의 담당공무원이 보통 일반의 공무원을 표준으로 하여 볼 때 객관적 주의의무를 결하여 그 행정처분이 객관적 정당성을 상실하였다고 인정될 정도에 이른 경우에 비로소 국가배상법 제2조 소정의 국가배상책임의 요건을 충족하였다고 봄이 상당할 것이며, 이 때에 객관적 정당성을 상실하였는지 여부는 피침해이익의 종류 및 성질, 침해행위가 되는 행정처분의 태양 및 그 원인, 행정처분의 발동에 대한 피해자측의 관여의 유무, 정도 및 손해의 정도 등 제반 사정을 종합하여 손해의 전보책임을 국가 또는 지방자치단체에게 부담시켜야 할 실질적인 이유가 있는지 여부에 의하여 판단하여야 한다(대판 2003.11.27, 2001다33789,33796,33802,33819[손해배상(기)]).

4. 검토

손해전보를 목적으로 하는 국가배상에서 반드시 항고소송의 기판력이 미친다고 할 수 없지만, 공무원은 국민에 대한 봉사자 지위를 가지는바, 손해발생방지 의무를 부담하는 것이 타당하다. 따라서, 〈제한적 긍정설〉이 타당하며 기각판결의 경우 국가배상청구소송의 위법성 판단에 대한 기판력이 미치지 않는다고 판단된다.

쟁점 91 형성력(제25회 2번 기출)   A급

> **행정소송법 제29조(취소판결등의 효력)**
> ① 처분등을 취소하는 확정판결은 제3자에 대하여도 효력이 있다.
> ② 제1항의 규정은 제23조의 규정에 의한 집행정지의 결정 또는 제24조의 규정에 의한 그 집행정지결정의
>   취소결정에 준용한다.

Ⅰ 의의 및 근거

형성력이란 취소판결이 확정되면 행정청의 의사표시 없이도 당연히 행정상 법률관계의 발생·변경·소멸 즉 형성의 효과를 가져오는 효력을 말하며, 이는 취소소송 목적 달성에 그 취지가 인정된다. 행정소송법에는 이에 관한 직접적인 규정이 없지만, 형성력은 특히 취소인용판결의 경우에 일반적으로 인정되는 효력이고 또한 취소판결의 제3자효를 규정한 제29조 제1항은 이를 전제로 한 규정이다.

Ⅱ 내용

1. 형성효

형성효란 처분에 대한 취소의 확정판결이 있으면 그 이후에는 행정처분의 취소나 통지 등의 별도의 절차를 요하지 않는 효과를 말한다.

2. 소급효

소급효란 취소판결의 취소의 효과는 처분시에 소급하는 효력을 말한다. 일반적 견해는 취소판결은 항상 소급효를 갖는다고 본다. 따라서 취소판결 후에 취소된 처분을 대상으로 하는 처분은 당연히 무효이다. 그러나 문제되는 경우, 벌칙과 관련된 부분은 원칙적으로 소급하지 아니하는 것으로 볼 것이다.

3. 제3자효(대세효)

(1) 의의 및 취지

취소판결의 취소의 효력(형성효 및 소급효)은 소송에 관여하지 않은 제3자에 대항도 미치는데 이를 취소의 대세적 효력(대세효)이라 한다. 행정소송법 제29조 제1항은 이를 명문으로 규정하고 있다. 승소한 자의 권리를 확실히 보호하는 취지가 있다.

(2) 제3자의 범위

'제3자'란 당해 판결에 의하여 권리 또는 이익에 영향을 받게 되는 범위에 있는 이해관계인에 한정된다. 즉, 당해 처분에 직접적인 이해관계 있는 제3자, 일반처분의 경우 견해의 대립이 있지만 불특정 다수인을 대상으로 봄이 타당하다.

(3) 취소판결의 제3자효의 내용

① 일반원칙

취소판결의 형성력은 제3자에 대하여도 발생하며, 제3자는 취소판결의 효력에 대항할 수 없다.

② 일반처분의 취소의 제3자효

일반처분의 취소의 소급적 효과가 소송을 제기하지 않은 자에게도 미치는가 견해대립이 있지만, 불가쟁력이 발생한 일반처분은 제3자의 법적 안정성 보장을 위하여 취소판결의 소급효가 인정되지 않는다고 보아야 하고, 불가쟁력이 발생하지 않은 경우는 제3자에 대하여도 취소의 소급효가 미친다고 봄이 타당하다.

> 행정처분을 취소하는 확정판결이 제3자에 대하여도 효력이 있다고 하더라도 일반적으로 판결의 효력은 주문에 포함한 것에 한하여 미치는 것이니 그 취소판결 자체의 효력으로써 그 행정처분을 기초로 하여 새로 형성된 제3자의 권리까지 당연히 그 행정처분 전의 상태로 환원되는 것이라고는 할 수 없고, 단지 취소판결의 존재와 취소판결에 의하여 형성되는 법률관계를 소송당사자가 아니었던 제3자라 할지라도 이를 용인하지 않으면 아니된다는 것을 의미하는 것에 불과하다 할 것이며, 따라서 취소판결의 확정으로 인하여 당해 행정처분을 기초로 새로 형성된 제3자의 권리관계에 변동을 초래하는 경우가 있다 하더라도 이는 취소판결 자체의 형성력에 기한 것이 아니라 취소판결의 위와 같은 의미에서의 제3자에 대한 효력의 반사적 효과로서 그 취소판결이 제3자의 권리관계에 대하여 그 변동을 초래할 수 있는 새로운 법률요건이 되는 까닭이라 할 것이다(대판 1986.8.19, 83다카2022[손해배상]).

4. 취소된 처분을 전제로 형성된 법률관계의 효력 상실

취소판결의 형성효, 소급효와 대세효로 인하여 취소된 처분을 전제로 형성된 법률관계는 소급하여 그 효력을 상실한다. 다만, 이러한 해결은 법적 안정성의 측면에서 문제가 있을 수 있다.

쟁점 92 기속력   A급

> **행정소송법 제30조(취소판결등의 기속력)**
> ① 처분등을 취소하는 확정판결은 그 사건에 관하여 당사자인 행정청과 그 밖의 관계행정청을 기속한다.
> ② 판결에 의하여 취소되는 처분이 당사자의 신청을 거부하는 것을 내용으로 하는 경우에는 그 처분을 행한 행정청은 판결의 취지에 따라 다시 이전의 신청에 대한 처분을 하여야 한다.
> ③ 제2항의 규정은 신청에 따른 처분이 절차의 위법을 이유로 취소되는 경우에 준용한다.

Ⅰ 기속력의 의의

기속력이란 행정청에 대하여 판결의 취지에 따라 행동하도록 당사자인 행정청과 그 밖의 관계행정청을 구속하는 효력을 말한다. 행정소송법은 "처분 등을 취소하는 확정판결은 그 사건에 관하여 당사자인 행정청과 그 밖의 관계행정청을 기속한다"(법 제30조 제1항)고 규정하고 있으며, 기속력은 인용판결이 확정된 경우에 한하여 인정되고 기각판결에는 인정되지 않는다.

Ⅱ 기속력의 법적 성질

1. 문제점

구속력의 성질을 무엇으로 볼 것인가에 관하여 기판력설과 특수효력설이 대립하고 있다.

2. 학설

① **기판력설** : 기속력은 취소판결의 기판력이 행정 측에 미치는 것에 지나지 않으며 그 본질은 기판력과 같다고 보는 견해이다.
② **특수효력설** : 기속력은 취소판결의 실효성을 확보하기 위하여 행정소송법이 특별히 부여한 효력이며 기판력과는 그 본질을 달리한다고 보는 견해이다.
③ **대법원 판례**

> 취소 확정판결의 '기속력'은 취소 청구가 인용된 판결에서 인정되는 것으로서 당사자인 행정청과 그 밖의 관계행정청에게 확정판결의 취지에 따라 행동하여야 할 의무를 지우는 작용을 한다. 이에 비하여 행정소송법 제8조 제2항에 의하여 행정소송에 준용되는 민사소송법 제216조, 제218조가 규정하고 있는 '기판력'이란 기판력 있는 전소 판결의 소송물과 동일한 후소를 허용하지 않음과 동시에, 후소의 소송물이 전소의 소송물과 동일하지는 않더라도 전소의 소송물에 관한 판단이 후소의 선결문제가 되거나 모순관계에 있을 때에는 후소에서 전소 판결의 판단과 다른 주장을 하는 것을 허용하지 않는 작용을 한다(대판 2016.3.24, 2015두48235[감차명령처분취소등]).

④ 검토

　　기속력은 인용판결의 효력이고, 기판력은 모든 판결의 효력이라는 점, 기속력과 기판력은 그 미치는 범위가 다르고, 기속력은 일종의 실체법상 효력이고 기판력은 소송법상 효력이라는 점에서 특수효력설이 타당하다고 판단된다.

Ⅲ 기속력의 내용

1. 반복금지효

　　취소판결이 확정되면 처분청 및 관계행정청은 취소된 처분에서 행한 과오와 동일한 과오를 반복해서는 안 되는 구속을 받는다. 달리 말하면 처분청 및 관계행정청은 판결의 취지에 저촉되는 처분을 하여서는 안 된다. '동일한 처분'이라 함은 동일 사실관계 아래에서 동일 당사자에 대하여 동일한 내용을 갖는 행위를 말한다.

2. 원상회복의무(결과제거의무)

　　취소판결이 확정되면 행정청은 취소된 처분에 의해 초래된 위법상태를 제거하여 원상으로 회복할 의무를 진다. 취소판결의 기속력에 원상회복의무(위법상태제거의무)가 포함되는지에 관하여 명문의 규정은 없지만, 취소소송제도의 본질 및 행정소송법 제30조에 근거하여 이를 긍정하는 것이 타당하다. 판례도 이를 긍정하고 있다.

3. 재처분의무

(1) 거부처분취소에 따른 재처분의무

　　판결에 의하여 취소 또는 변경되는 처분이 당사자의 신청을 거부하는 것을 내용으로 하는 경우에는 그 처분을 행한 행정청은 판결의 취지에 따라 다시 이전의 신청에 대한 가부간의 처분을 하여야 한다(법 제30조 제2항). 당사자가 처분을 받기 위해 신청을 다시 할 필요는 없다.

(2) 절차상의 위법을 이유로 신청에 따른 인용처분이 취소된 경우의 재처분의무

　　행정소송법 제30조 제3항은 신청에 따른 처분이 절차의 위법을 이유로 취소된 경우에는 거부처분취소판결에 있어서의 재처분의무에 관한 제30조 제2항의 규정을 준용하는 것으로 규정하고 있다. 여기에서 '신청에 따른 처분'이라 함은 '신청에 대한 인용처분'을 말하며, '절차의 위법'은 실체법상(내용상)의 위법에 대응하는 넓은 의미의 형식상의 위법을 말하며 협의의 절차의 위법뿐만 아니라 권한·형식의 위법을 포함하는 것으로 해석하여야 한다.

Ⅳ 기속력의 범위

1. 주관적 범위

기속력은 당사자인 행정청과 그 밖의 관계행정청을 기속한다(법 제30조 제1항). 여기에서 '관계행정청'이라 함은 당해 판결에 의하여 취소된 처분 등에 관계되는 무엇인지의 처분권한을 가지는 행정청, 즉 취소된 처분 등을 기초로 하여 그와 관련되는 처분이나 부수되는 행위를 할 수 있는 행정청을 총칭하는 것이라고 할 것이다.

2. 객관적 범위

(1) 객관적 범위

판결의 기속력은 판결주문 및 이유에서 판단된 처분 등의 개개 구체적 위법사유에만 미친다. 또한 기속력은 사건의 동일성이 있는 경우에만 미치며, 사건의 동일성 여부는 기본적 사실관계의 동일성 여부로 판단한다.

(2) 기본적 사실관계의 동일성 인정 기준

기본적 사실관계의 동일성이란 처분사유를 법률적으로 평가하기 이전의 구체적 사실에 착안하여 그 기초인 사회적 사실관계가 기본적인 점에서 동일한지 여부에 따라 판단하고, 구체적 판단은 시간적·장소적 근접성, 행위의 태양·결과 등의 제반사정을 종합적으로 고려해야 한다. 처분사유의 내용이 공통되거나 취지가 유사한 경우에는 기본적 사실관계의 동일성을 인정해야 할 것이다.

3. 시간적 범위

처분의 위법 여부의 판단시점은 처분시이기 때문에 기속력은 처분 당시까지 존재하던 사유에 대하여만 미치고 그 이후에 생긴 사유에는 미치지 아니한다. 따라서, 취소된 처분 후 새로운 처분 사유가 생긴 경우(법 또는 사실상태가 변경된 경우)에는 기본적 사실관계에 동일성이 없는 한 행정청은 동일한 내용의 처분을 다시 할 수 있다.

Ⅴ 위반의 효과

취소판결의 기속력에 반하는 행정청의 처분은 위법한 행위로서 하자가 중대하고 명백하다고 볼 수 있어 무효로 판단된다. 판례 역시 기속력에 위반하여 한 행정청의 행위는 당연무효가 된다고 판시하였다.

> 확정판결의 당사자인 처분행정청이 그 행정소송의 사실심 변론종결 이전의 사유를 내세워 다시 확정판결과 저촉되는 행정처분을 하는 것은 허용되지 않는 것으로서 이러한 행정처분은 그 하자가 중대하고도 명백한 것이어서 당연무효라 할 것이다(대판 1990.12.11, 90누3560[토지형질변경허가신청불허가처분취소]).

쟁점 93 간접강제 B급

I 의의

거부처분에 따른 취소판결이나 부작위위법확인판결이 확정되었음에도 행정청이 행정소송법 제30조 제2항의 판결의 취지에 따른 처분을 하지 않는 경우 법원이 행정청에게 일정한 배상을 명령하는 제도이다(행정소송법 제34조).

II 요건

판례는 거부처분취소 판결이 확정된 경우 행정청이 판결의 취지에 따라 다시 이전의 신청에 대한 처분을 하지 아니하거나 재처분을 하였더라도 그것이 종전의 거부처분에 대한 취소의 확정판결의 기속력에 반하는 등 당연무효인 경우에 간접강제를 신청할 수 있다고 한다.

> 거부처분에 대한 취소의 확정판결이 있음에도 행정청이 아무런 재처분을 하지 아니하거나, 재처분을 하였다 하더라도 그것이 종전 거부처분에 대한 취소의 확정판결의 기속력에 반하는 등으로 당연무효라면 이는 아무런 재처분을 하지 아니한 때와 마찬가지라 할 것이므로 이러한 경우에는 행정소송법 제30조 제2항, 제34조 제1항 등에 의한 간접강제신청에 필요한 요건을 갖춘 것으로 보아야 한다(대결 2002.12.11, 2002무22[간접강제]).

III 절차

행정청이 거부처분취소판결의 취지에 따른 처분을 하지 않은 경우에 당사자는 '제1심 수소법원'에 간접강제를 신청할 수 있다. 법원의 심리 결과 당사자의 신청이 이유 있다고 인정되면 법원은 인용결정을 하는데, 이때 법원은 재처분을 하여야 할 상당한 기간을 정하게 되고 만약 행정청이 그 기간 내에 재처분을 하지 않을 때에는 그 지연기간에 따라 일정한 배상을 할 것을 명하거나 즉시 손해배상을 할 것을 명하게 된다(법 제34조 제1항).

IV 배상금의 성질

간접강제는 재처분의 지연에 대한 제재나 손해배상이 아니고 재처분의 이행에 관한 심리적 강제수단에 불과하다. 재처분의 이행이 있으면 더 이상 배상금을 추심하는 것이 허용되지 않는다.

> 행정소송법 제34조 소정의 간접강제결정에 기한 배상금은 거부처분취소판결이 확정된 경우 그 처분을 행한 행정청으로 하여금 확정판결의 취지에 따른 재처분의무의 이행을 확실히 담보하기 위한 것으로서, 확정판결의 취지에 따른 재처분의무내용의 불확정성과 그에 따른 재처분에의 해당 여부에 관한 쟁송으로 인하

여 간접강제결정에서 정한 재처분의무의 기한 경과에 따른 배상금이 증가될 가능성이 자칫 행정청으로 하여금 인용처분을 강제하여 행정청의 재량권을 박탈하는 결과를 초래할 위험성이 있는 점 등을 감안하면, 이는 확정판결의 취지에 따른 재처분의 지연에 대한 제재나 손해배상이 아니고 재처분의 이행에 관한 심리적 강제수단에 불과한 것으로 보아야 하므로, 특별한 사정이 없는 한 간접강제결정에서 정한 의무이행기한이 경과한 후에라도 확정판결의 취지에 따른 재처분의 이행이 있으면 배상금을 추심함으로써 심리적 강제를 꾀할 목적이 상실되어 처분상대방이 더 이상 배상금을 추심하는 것은 허용되지 않는다(대판 2004.1.15, 2002두2444[청구이의]).

V 입법론(의무이행소송 도입)

간접강제제도는 우회적인 제도이므로, 궁극적으로는 의무이행소송을 도입하여 국민의 권리보호에 만전을 기하여야 할 것이다.

쟁점 **94**　제3자의 소송참가와 제3자의 재심청구　　　　B급

Ⅰ　제3자의 소송참가(확정판결 전)

1. 의의, 취지(행정소송법 제16조)

제3자의 소송참가란 법원이 소송 결과에 따라 권리 또는 이익의 침해를 받을 제3자가 있는 경우 당사자 또는 제3자의 신청 또는 직권에 의해 결정으로써 그 제3자를 소송에 참가시킬 수 있는 제도이며, 행정소송의 공정한 해결, 모든 이해관계자의 이익보호에 취지가 있다.

2. 요건

① 타인 간에 소송이 계속 중일 것, ② 소송의 결과에 따라 권리 또는 이익의 침해를 받을 제3자일 것을 요건으로 한다. 이때 제3자란 소송당사자 이외의 자를 말하며, 권리 또는 이익이란 법률상 이익을 의미한다. 또한 소송 결과에 따라 침해를 받는다는 것은 취소판결의 효력 즉 형성력 및 기속력에 따라 직접 권리 또는 이익을 침해받는 경우를 말한다.

Ⅱ　제3자의 재심청구(확정판결 후)

1. 의의 및 취지(행정소송법 제31조)

제3자의 재심이란 처분등을 취소하는 판결에 의해 권리 또는 이익을 침해받은 제3자가 자기에게 책임 없는 사유로 소송에 참가하지 못함으로써 판결의 결과에 영향을 미칠 공격 또는 방어방법을 제출하지 못하고 판결이 확정된 경우 이 확정판결에 대한 취소와 동시에 판결 전 상태로 복구시켜 줄 것을 구하는 불복방법이다.

2. 요건

① 재심은 처분 등을 취소하는 종국판결의 확정을 전제로 한다. ② 재심청구의 원고는 판결에 의해 권리 또는 이익의 침해를 받은 소송당사자 이외의 제3자로서, 권리 또는 이익이란 법률상 이익을 의미하고, 침해를 받는다는 것은 취소판결의 주문에 의해 침해를 받음을 의미한다.

| 쟁점 95 | 무효등확인소송(제17회 기출) | C급 |

I 의의 및 종류, 대상

무효등확인소송이란 '행정청의 처분이나 재결의 효력 유무 또는 존재 여부의 확인을 구하는 소송'을 말한다. 무효등확인소송에는 처분이나 재결의 존재확인소송, 부존재확인소송, 유효확인소송, 무효확인소송, 실효확인소송이 있으며, 취소소송과 같이 '처분 등'을 대상으로 한다.

II 법적 성질

무효등확인소송은 주관적 소송으로서 형성소송이 아니고 확인소송에 속한다. 현행법은 이를 항고소송의 하나로 규정하고 있으며, 취소소송에 대한 대부분의 규정을 광범위하게 준용한다.

III 소송요건(준용규정 제38조)

1. 소송요건

처분을 대상으로 원고적격과 피고적격, 협의의 소익 요건도 갖추고 있어야 한다. 그러나 무효확인소송의 경우 제소기간의 제한이 없고, 행정심판전치주의가 적용되지 않는다는 점이 취소소송과 차이점이 있다.

2. 대상적격

무효등확인소송도 취소소송과 같이 처분 등을 대상으로 하며, 재결무효등확인소송은 재결 자체에 고유한 위법이 있음을 이유로 하는 경우에 한한다(행정소송법 제38조 제1항, 제19조).

3. 원고적격

무효등확인소송은 처분 등의 효력 유무 또는 존재 여부의 확인을 구할 법률상 이익이 있는 자가 제기할 수 있다(행정소송법 제35조). 이때의 법률상 이익은 취소소송과 마찬가지로 해당 처분의 근거법률 또는 관련법률에 의하여 보호되는 직접적이고 구체적인 이익으로 보는 것이 판례의 입장이다.

> 행정소송은 행정청의 위법한 처분 등을 취소·변경하거나 그 효력 유무 또는 존재 여부를 확인함으로써 국민의 권리 또는 이익의 침해를 구제하고 공법상의 권리관계 또는 법 적용에 관한 다툼을 적정하게 해결함을 목적으로 하므로, 대등한 주체 사이의 사법상 생활관계에 관한 분쟁을 심판대상으로 하는 민사소송과는 목적, 취지 및 기능 등을 달리한다. 또한 행정소송법 제4조에서는 무효확인소송을 항고소송의 일종으로 규정하고 있고, 행정소송법 제38조 제1항에서는 처분 등을 취소하는 확정판결의 기속력 및 행정청의 재처분 의무에 관한 행정소송법 제30조를 무효확인소송에도 준용하고 있으므로 무효확인판결 자체만으로도 실효성을 확보할 수 있다. 그리고 무효확인소송의 보충성을 규정하고 있는 외국의

일부 입법례와는 달리 우리나라 행정소송법에는 명문의 규정이 없어 이로 인한 명시적 제한이 존재하지 않는다. 이와 같은 사정을 비롯하여 행정에 대한 사법통제, 권익구제의 확대와 같은 행정소송의 기능 등을 종합하여 보면, 행정처분의 근거 법률에 의하여 보호되는 직접적이고 구체적인 이익이 있는 경우에는 행정소송법 제35조에 규정된 '무효확인을 구할 법률상 이익'이 있다고 보아야 하고, 이와 별도로 무효확인소송의 보충성이 요구되는 것은 아니므로 행정처분의 무효를 전제로 한 이행소송 등과 같은 직접적인 구제수단이 있는지 여부를 따질 필요가 없다고 해석함이 상당하다(대판 2008.3.20, 2007두6342 全合[하수도원인자부담금부과처분취소]).

4. 협의의 소익

(1) 문제점

행정소송법 제35조에서 법률상 이익을 요구하는데, 민사소송에서와 같이 '확인의 이익'이 필요한지 문제가 된다.

(2) 학설

① **긍정설** : 민사소송의 확인소송과 같다고 보아 확인의 이익이 필요하다고 본다. 따라서 무효등확인소송에서도 "즉시 확정의 이익"이 필요하며, 다른 소송으로 구제되지 않을 때에만 보충적으로 인정된다.

② **부정설** : 행정소송은 민사소송과 목적·취지를 달리하여 확인의 이익이 필요없다고 본다. 또, 무효등확인소송에서 취소판결의 기속력을 준용하므로 판결 자체로 실효성 확보가 가능하다고 한다.

(3) 대법원 판례

① 종전 판례는 긍정설 입장이었지만, ② 최근 대법원은 행정소송법 제30조 기속력을 무효확인소송에도 준용하고 있으므로 무효확인판결 자체만으로 실효성 확보가 가능하고, 민사소송과 목적 취지가 다르며, 명문 규정이 없다는 점을 이유로 〈부정설〉로 판례를 변경하였다.

[1] 원고가 무효임을 주장하는 과세처분에 따라 그 부과세액을 납부하여 이미 그 처분이 집행될 것과 같이 되어 버렸다면 그 과세처분이 존재하고 있는 것과 같은 외관이 남아 있음으로써 장차 원고에게 다가올 법률상의 불안이나 위험은 전혀 없다 할 것이고, 다만 남아 있는 것은 이미 이루어져 있는 위법상태의 제거, 즉 납부효과가 발생한 세금의 반환을 구하는 문제뿐이라고 할 것인바, 이와 같은 위법상태의 제거방법으로써 그 위법상태를 이룬 원인에 관한 처분의 무효확인을 구하는 방법은 관세관청이 그 무효확인판결의 구속력을 존중하여 납부한 세금의 환급을 하여 줄 것을 기대하는 간접적인 방법이라고 할 것이므로 민사소송에 의한 부당이득반환청구의 소로써 직접 그 위법상태를 구할 길이 열려 있는 이상 위와 같은 과세처분의 무효확인의 소는 분쟁해결에 직접적이고도 유효적절한 해결방법이라 할 수 없어 확인을 구할 법률상 이익이 없다고 할 것이다(대판 1992.9.19, 91누3840).
[2] 행정소송은 행정청의 위법한 처분 등을 취소·변경하거나 그 효력 유무 또는 존재 여부를 확인함으로써 국민의 권리 또는 이익의 침해를 구제하고 공법상의 권리관계 또는 법 적용에 관한

다툼을 적정하게 해결함을 목적으로 하므로, 대등한 주체 사이의 사법상 생활관계에 관한 분쟁을 심판대상으로 하는 민사소송과는 목적, 취지 및 기능 등을 달리한다. 또한 행정소송법 제4조에서는 무효확인소송을 항고소송의 일종으로 규정하고 있고, 행정소송법 제38조 제1항에서는 처분 등을 취소하는 확정판결의 기속력 및 행정청의 재처분 의무에 관한 행정소송법 제30조를 무효확인소송에도 준용하고 있으므로.무효확인판결 자체만으로도 실효성을 확보할 수 있다. 그리고 무효확인소송의 보충성을 규정하고 있는 외국의 일부 입법례와는 달리 우리나라 행정소송법에는 명문의 규정이 없어 이로 인한 명시적 제한이 존재하지 않는다. 이와 같은 사정을 비롯하여 행정에 대한 사법통제, 권익구제의 확대와 같은 행정소송의 기능 등을 종합하여 보면, 행정처분의 근거 법률에 의하여 보호되는 직접적이고 구체적인 이익이 있는 경우에는 행정소송법 제35조에 규정된 '무효확인을 구할 법률상 이익'이 있다고 보아야 하고, 이와 별도로 무효확인소송의 보충성이 요구되는 것은 아니므로 행정처분의 무효를 전제로 한 이행소송 등과 같은 직접적인 구제수단이 있는지 여부를 따질 필요가 없다고 해석함이 상당하다(대판 2008.3.20, 2007두6342 全合).

(4) 검토

무효등확인소송도 항고소송의 일종이고, 무효등확인판결 자체만으로도 실효성을 확보할 수 있는바 별도로 무효확인소송의 보충성이 요구되지 않는다고 봄이 타당하다고 판단된다.

5. 피고적격

취소소송의 피고적격을 규정한 행정소송법 제13조는 무효등확인소송에도 준용되어, 여기서도 처분 등을 행한 행정청이 피고가 된다(행정소송법 제13조, 제38조 제1항).

Ⅳ 집행정지 결정

무효인 행정처분도 처분으로서의 외관이 존재하기 때문에 행정청에 의하여 집행될 우려가 있다. 이에 따라 행정소송법은 취소소송에 있어 집행정지결정에 관한 규정의 준용을 인정하고 있다(제23조, 제38조 제1항).

Ⅴ 판결의 효력 및 사정판결 가능성

1. 판결의 효력

무효등확인판결의 효력에 대하여는 취소판결의 효력에 관한 규정이 준용된다(행정소송법 제29조·제30조·제38조 제1항). 이에 따라 무효등확인판결은 제3자에 대하여 효력이 있고, 기속력에 근거하여 당사자인 행정청과 그 밖의 관계행정청을 기속하므로 이들 행정청으로서는 동일처분의 반복이 금지된다. 다만 거부 처분취소판결의 간접강제에 관한 규정은 무효등확인소송의 경우에는 준용되고 있지 않다(동법 제34조, 제38조 제1항).

2. 사정판결 가능성

판례는 무효등확인소송에는 사정판결이 인정되지 않는다고 하여 부정설을 취하고 있다.

> [1] 당연무효의 행정처분을 소송목적물로 하는 행정소송에서는 행정소송법(구법) 제12조 소정의 사정판결을 할 수 없다(대판 1985.5.26, 84누380).
> [2] 당연무효의 행정처분을 소송목적물로 하는 행정소송에서는 존치시킬 효력이 있는 행정행위가 없기 때문에 행정소송법 제28조 소정의 사정판결을 할 수 없다고 할 것이다(대판 1996.3.22, 95누5509).

쟁점 96　부작위위법확인소송(제16회 기출)　　　　　　　　　　C급

I　의의 및 취지(행정소송법 제4조)

부작위위법확인소송이란 행정청이 당사자의 신청에 대해 상당한 기간 내에 일정한 처분을 해야 할 법률상 의무가 있음에도 불구하고 이를 행하지 않는 경우 그 부작위가 위법하다는 확인을 구하는 소송을 말하며, 소극적 위법상태를 제거하여 국민의 권리를 보호하는데에 그 취지가 인정된다.

II　법적 성질

부작위확인소송은 항고소송 중 하나로 규정하지만, 실질은 확인소송의 성질을 가진다. 현행법은 취소소송에 대한 대부분의 규정을 광범위하게 준용한다.

III　소송요건

1. 소송요건

부작위위법확인소송은 소송요건으로 대상적격, 원고적격, 제소기간, 협의의 소익, 피고적격을 갖추고 있어야 하며, 무효등확인소송과 차이점은 제소기간의 적용가능성, 행정심판전치의 적용 가능성이 있다.

2. 대상적격

(1) 부작위의 의의

부작위란 행정청이 당사자의 신청에 대하여 상당한 기간 내에 일정한 처분을 하여야 할 법률상 의무가 있음에도 불구하고 이를 하지 아니하는 것을 말한다(행정소송법 제2조 제1항 제2호).

(2) 부작위 성립 요건

① 당사자의 신청

신청의 대상은 행정소송의 대상으로서 처분이어야 한다. 그리고 이때의 신청은 법규상 또는 조리상 신청권이 인정되는 자의 신청이어야 한다.

② 상당한 기간의 경과

법령에서 신청에 대한 처리기간을 정하고 있는 경우에는 그 처리기간이 경과하면 특별한 사정이 없는 한 상당한 기간이 경과하였다고 보아야 할 것이다.

③ 처분의무의 존재

기속행위의 경우에는 특정처분을 할 의무가 될 것이며 재량행위의 경우에는 재량의 하자 없는 처분을 할 의무가 될 것이다.

④ 처분의 부작위

행정청이 인용처분을 하거나 거부처분을 하였다면 부작위의 문제는 생기지 않는다. 법령이 일정기간 동안 아무런 처분이 없는 경우 거부처분을 한 것으로 간주하는 간주거부는 거부처분취소소송을 제기하여야 한다. 또한 판례는 묵시적 거부는 거부처분취소소송 제기도 가능하고 부작위위법확인소송 제기도 가능하다고 보고 있다.

3. 원고적격

부작위위법확인소송은 처분의 신청을 한 자로서 부작위의 위법의 확인을 구할 법률상 이익이 있는 자만이 제기할 수 있다(행정소송법 제36조). 통설 및 판례는 법규상·조리상 신청권을 가진 자일 것을 요구하며, 부작위의 직접 상대방이 아닌 제3자라도 당해 처분의 부작위 위법확인을 구할 법률상 이익이 있는 경우에는 원고적격이 인정된다.

4. 협의의 소익

부작위위법확인소송은 부작위상태가 계속되고 있고 부작위의 위법확인을 구할 실익이 있어야 한다. 따라서 행정청이 부작위위법확인소송의 제기 이후 판결 시까지 신청에 대하여 인·허가 등의 적극적 처분이나 각하·기각의 소극적 처분을 하면 행정청의 부작위상태는 해소되어 소의 이익은 상실되게 된다.

5. 제소기간

(1) 문제점

행정심판을 거쳐 부작위위법확인소송을 제기하는 경우 행정소송법 제20조 제1항 단서 등이 적용되어 문제가 없지만, 행정심판을 거치지 않고 부작위위법확인소송을 제기하는 경우 행정소송법 제20조가 적용될 수 있는지가 문제된다.

(2) 학설

① 상당기간이 경과하면 그 때 처분이 있는 것으로 보고 행정소송법 제20조 제2항에 따라 그로부터 1년 내에 제소해야 한다는 견해와 ② 행정소송법상 명문의 규정이 없기 때문에 제소기간에 제한이 없다는 견해(다수설)가 대립한다.

(3) 대법원 판례

판례는 부작위상태가 계속되는 한 부작위위법의 확인을 구할 이익이 있다고 보아야 하므로 제소기간의 제한을 받지 않는다고 한다.

> 부작위위법확인의 소는 부작위상태가 계속되는 한 그 위법의 확인을 구할 이익이 있다고 보아야 하므로 원칙적으로 제소기간의 제한을 받지 않는다. 그러나 행정소송법 제38조 제2항이 제소기간을 규정한 같은 법 제20조를 부작위위법확인소송에 준용하고 있는 점에 비추어 보면, 행정심판 등 전심절차를 거친 경우에는 행정소송법 제20조가 정한 제소기간 내에 부작위위법확인의 소를 제기하여야 한다(대판 2009.7.23, 2008두10560).

(4) 검토

부작위상태가 계속되는 한 위법임을 확인할 부작위의 종료시점을 정하기 어렵고, 행정심판법상 부작위에 대한 의무이행심판의 경우 심판청구기간에 제한이 없다는 점(행정심판법 제27조 제7항) 등을 고려 〈제소기간 제한이 없다는 견해〉가 타당하다고 판단된다.

6. 피고적격

부작위위법확인소송에 있어서의 피고는 당사자의 신청에 대하여 상당한 기간 내에 일정한 처분을 하여야 할 법률상 의무가 있음에도 불구하고 이를 하지 아니하는 행정청을 말한다. 위법한 부작위의 성립 이후에 그 부작위에 관계되는 권한이 다른 행정청에 승계된 때에는 이를 승계한 행정청을 피고로 하여야 할 것이며(행정소송법 제13조 제1항, 제38조 제2항), 또한 부작위청이 없게 된 때에는 그 부작위에 관계되는 사무가 귀속되는 국가 또는 공공단체를 피고로 한다(동법 제38조 제2항, 제13조 제2항). 원고가 피고를 잘못 지정한 때에는 취소소송의 경우와 같이 피고를 경정할 수 있다(동법 제14조, 제38조 제2항).

Ⅳ 소의 변경

부작위위법확인소송의 계속 중에 행정청이 처분을 하고 원고가 이에 불복하는 경우에는 취소소송으로의 변경이 가능하다. 또한 부작위위법확인소송을 당사자소송으로 변경할 수도 있으며, 이러한 소의 변경에는 법원의 허가가 필요하다(행정소송법 제21조, 제37조).

Ⅴ 소송의 심리

1. 심리 범위

(1) 문제점

법원이 어느 정도로 부작위위법확인소송을 심리할 수 있느냐에 관하여 학설이 대립되고 있다. 이는 행정소송법이 부작위를 "행정청이 일정한 처분을 하여야 할 의무가 있음에도 불구하고 이를 하지 아니하는 것"으로서 정의함에 따라 '일정한 처분'의 관념을 어떻게 해석할 것인가에 관한 문제라고 할 것이다.

(2) 학설

① **절차심리설** : 의무이행소송을 도입하지 않은 입법취지를 근거로 소송물은 단순한 응답의무 즉, 부작위의 위법만을 심리하는 견해이다.

② **실체심리설** : 무용한 소송의 반복방지, 당사자 권리구제의 실효성을 근거로 신청에 따른 처분의무가 있는지까지 심리한다는 견해이다.

(3) 대법원 판례

판례는 부작위위법확인소송을 행정청의 부작위 내지 무응답이라고 하는 소극적 위법상태를 제거하는 것을 목적으로 하는 소송으로 보고 있어 〈절차적 심리설〉의 입장이다.

> 부작위위법확인의 소는 … 국민의 신청에 대하여 상당한 기간 내에 일정한 처분, 즉 그 신청을 인용하는 적극적 처분 또는 각하하거나 기각하는 등의 소극적 처분을 하여야 할 법률상의 응답의무가 있음에도 불구하고 이를 하지 아니하는 경우, 판결시를 기준으로 하여 그 부작위의 위법성을 확인함으로써 행정청의 응답을 신속하게 하여 부작위 내지 무응답이라고 하는 소극적 위법상태를 제거하는 것을 목적으로 하는 것이고, 나아가 당해 판결의 구속력에 의하여 행정청에 처분 등을 하게 하고, 다시 당해 처분 등에 대하여 불복이 있는 때에는 그 처분을 다투게 함으로써 최종적으로는 국민의 권리이익을 보호하려는 제도이므로… (대판 1990.9.25, 89누4758).

(4) 검토

행정소송법상 부작위의 정의 규정, 부작위위법확인소송의 소송물을 부작위의 위법성이라 볼 때 〈절차심리설〉이 타당하다고 판단된다.

2. 위법성 판단기준시

취소소송이나 무효등확인소송과 달리 부작위위법확인소송의 경우 처분이 존재하지 않기 때문에 위법성판단의 기준시점은 〈판결 시〉가 된다고 봄이 타당하다.

VI 부작위위법확인 소송의 판결

1. 판결의 종류

판결의 종류는 취소소송과 같다. ① 부작위가 아닌 것을 대상으로 부작위위법확인소송을 제기한 경우에 법원은 대상적격 흠결로 각하판결을 할 것이다. ② 부작위위법확인소송을 적법하게 제기하였으나 소송계속 중 행정청이 거부처분을 포함한 어떠한 응답을 하였다면 법원은 소의 이익 흠결로 각하판결을 할 것이다. ③ 부작위위법확인소송이 적법하게 제기되고 판결시까지 어떠한 형태의 응답이 없는 경우 법원은 인용판결을 할 것이다.

2. 판결의 효력

판결의 효력으로서 형성력은 생기지 않는다. 제3자효, 기속력, 간접강제 등이 준용된다(행정소송법 제38조 제2항). 다만, 소극적인 부작위상태의 위법확인을 목적으로 하는 부작위위법확인소송의 경우에는 사정판결이 있을 수 없는바 사정판결은 준용되지 않는다.

쟁점 **97**   공법상 당사자소송   A급

▌I 의의

공법상 당사자소송이란 행정청의 처분 등을 원인으로 하는 법률관계에 관한 소송 그 밖에 공법상
의 법률관계에 관한 소송으로서 그 법률관계의 한쪽 당사자를 피고로 하는 소송을 말한다. 행정
소송법은 공법상 당사자소송을 "행정청의 처분 등을 원인으로 하는 법률관계에 관한 소송, 그 밖
에 공법상의 법률관계에 관한 소송으로서 그 법률관계의 한쪽 당사자를 피고로 하는 소송"이라고
정의하고 있다(제3조 제2호).

▌II 공법상 당사자소송의 종류

1. 실질적 당사자소송

(1) 의의

실질적 당사자소송이란 공법상 법률관계에 관한 소송으로서 그 법률관계의 한쪽 당사자를
피고로 하는 소송을 말한다. 여기서 공법상 법률관계에 관한 소송이란 소송상 청구의 대상이
되는 권리 내지 법관계가 공법에 속하는 소송, 즉 공권의 주장을 소송물로 하는 소송 내지는
공법법규의 적용을 통해서 해결될 수 있는 법률관계에 관한 소송을 의미한다고 볼 수 있다.

(2) 실질적 당사자소송의 예

실질적 당사자소송에 해당하는 것으로는 ① 재산권의 수용·사용·제한에 따른 손실보상청
구권(형식적 당사자소송에 의하는 경우는 제외), ② 공법상 채권관계(공법상 임치·부당이득
·사무관리 등)에 관한 소송, ③ 기타 봉급 등 공법상 금전급부청구소송, ④ 공법상 지위나
신분(공무원, 학생 등)의 확인을 구하는 소송, ⑤ 공법상 결과제거청구소송, ⑥ 공법상 계약
에 관한 소송, ⑦ 국가배상청구소송 등을 열거할 수 있다.

2. 형식적 당사자소송

(1) 의의

형식적 당사자소송이란 행정청의 처분 등이 원인이 되어 형성된 법률관계에 다툼이 있는 경
우 그 원인이 되는 처분, 재결 등의 효력을 직접 다투는 것이 아니라 그 법률관계의 한쪽
당사자를 피고로 하는 소송을 말한다.

(2) 허용가능성

1) 문제점

형식적 당사자소송이 현행법상 별도의 개별법상의 근거가 없는 때에도 행정소송법 제3조
제2호의 규정에 근거하여 일반적으로 허용될 수 있는지에 대하여 학설의 대립이 있다.

2) 학설

① **긍정설** : 행정소송법 제3조 제2호의 '행정청의 처분 등을 원인으로 하는 법률관계에 관한 소송으로서 그 법률관계의 한쪽 당사자를 피고로 하는 소송'에는 형식적 당사자소송이 포함된다고 보는 견해이다.

② **부정설** : 명문 규정 없이는 행정소송법 규정만으로는 일반적으로 인정될 수 없고, 처분 등의 공정력·구성요건적 효력은 그대로 두고 그 결과로서 발생한 법률관계만을 형식적 당사자소송의 판결로서 변경시키는 것은 곤란하다는 점을 들어 부정하는 견해이다.

③ **검토**

형식적 당사자소송은 처분·재결 자체의 공정력을 부인하지 않은 채 그에 의하여 형성된 법률관계를 다투는 소송이라는 점에서 행정소송법의 규정만으로 일반적으로 허용될 수 없고 행정행위의 공정력에 의한 취소소송의 배타적 관할을 배제하는 개별법의 명시적 규정이 있는 경우에 허용될 수 있다고 볼 것이다. 따라서 부정설이 타당하다고 본다.

(3) 형식적 당사자소송에 대한 입법례

토지보상법 제85조는 토지수용위원회의 재결에 대하여 불복하고자 할 때에는 행정소송을 제기할 수 있음을 규정하고(동조 제1항), 특히 그 소송이 보상금의 증감에 관한 소송일 때에는 "해당 소송을 제기하는 자가 토지소유자 또는 관계인인 때에는 사업시행자를, 사업시행자인 때에는 토지소유자 또는 관계인을 각각 피고로 한다(동조 제2항)."라고 규정하고 있다.

■ **대판 2010.8.19, 2008두822[토지수용이의재결처분취소등]**

구 '공익사업을 위한 토지 등의 취득 및 보상에 관한 법률'(2007.10.17. 법률 제8665호로 개정되기 전의 것) 제74조 제1항에 규정되어 있는 잔여지 수용청구권은 손실보상의 일환으로 토지소유자에게 부여되는 권리로서 그 요건을 구비한 때에는 잔여지를 수용하는 토지수용위원회의 재결이 없더라도 그 청구에 의하여 수용의 효과가 발생하는 형성권적 성질을 가지므로, 잔여지 수용청구를 받아들이지 않은 토지수용위원회의 재결에 대하여 토지소유자가 불복하여 제기하는 소송은 위 법 제85조 제2항에 규정되어 있는 '보상금의 증감에 관한 소송'에 해당하여 사업시행자를 피고로 하여야 한다.

■ **대판 2022.11.24, 2018두67 全合[손실보상금]**

【판결요지】

공익사업을 위한 토지 등의 취득 및 보상에 관한 법률(이하 '토지보상법'이라 한다) 제85조 제2항에 따른 보상금의 증액을 구하는 소(이하 '보상금 증액 청구의 소'라 한다)의 성질, 토지보상법상 손실보상금 채권의 존부 및 범위를 확정하는 절차 등을 종합하면, 토지보상법에 따른 토지소유자 또는 관계인(이하 '토지소유자 등'이라 한다)의 사업시행자에 대한 손실보상금 채권에 관하여 압류 및 추심명령이 있더라도, 추심채권자가 보상금 증액 청구의 소를 제기할 수 없고, 채무자인 토지소유자 등이 보상금 증액 청구의 소를 제기하고 그 소송을 수행할 당사자적격을 상실하지 않는다고 보아야 한다. 그 상세한 이유는 다음과 같다.

① 토지보상법 제85조 제2항은 토지소유자 등이 보상금 증액 청구의 소를 제기할 때에는 사업시행자를 피고로 한다고 규정하고 있다. 위 규정에 따른 보상금 증액 청구의 소는 토지소유자 등이 사업시행자를 상대로 제기하는 당사자소송의 형식을 취하고 있지만, 토지수용위원회의 재결 중

보상금 산정에 관한 부분에 불복하여 그 증액을 구하는 소이므로 실질적으로는 재결을 다투는 항고소송의 성질을 가진다.

행정소송법 제12조 전문은 "취소소송은 처분 등의 취소를 구할 법률상 이익이 있는 자가 제기할 수 있다."라고 규정하고 있다. 앞서 본 바와 같이 보상금 증액 청구의 소는 항고소송의 성질을 가지므로, 토지소유자 등에 대하여 금전채권을 가지고 있는 제3자는 재결에 대하여 간접적이거나 사실적·경제적 이해관계를 가질 뿐 재결을 다툴 법률상의 이익이 있다고 할 수 없어 직접 또는 토지소유자 등을 대위하여 보상금 증액 청구의 소를 제기할 수 없고, 토지소유자 등의 손실보상금 채권에 관하여 압류 및 추심명령이 있더라도 추심채권자가 재결을 다툴 지위까지 취득하였다고 볼 수는 없다.

② 토지보상법 등 관계 법령에 따라 토지수용위원회의 재결을 거쳐 이루어지는 손실보상금 채권은 관계 법령상 손실보상의 요건에 해당한다는 것만으로 바로 존부 및 범위가 확정된다고 볼 수 없다. 토지소유자 등이 사업시행자로부터 손실보상을 받기 위해서는 사업시행자와 협의가 이루어지지 않으면 토지보상법 제34조, 제50조 등에 규정된 재결절차를 거친 뒤에 그 재결에 대하여 불복이 있는 때에 비로소 토지보상법 제83조 내지 제85조에 따라 이의신청 또는 행정소송을 제기할 수 있을 뿐이고, 이러한 절차를 거치지 않은 채 곧바로 사업시행자를 상대로 손실보상을 청구하는 것은 허용되지 않는다.

이와 같이 손실보상금 채권은 토지보상법에서 정한 절차로서 관할 토지수용위원회의 재결 또는 행정소송 절차를 거쳐야 비로소 구체적인 권리의 존부 및 범위가 확정된다. 아울러 토지보상법령은 토지소유자 등으로 하여금 위와 같은 손실보상금 채권의 확정을 위한 절차를 진행하도록 정하고 있다. 따라서 사업인정고시 이후 위와 같은 절차를 거쳐 장래 확정될 손실보상금 채권에 관하여 채권자가 압류 및 추심명령을 받을 수는 있지만, 그 압류 및 추심명령이 있다고 하여 추심채권자가 위와 같은 손실보상금 채권의 확정을 위한 절차에 참여할 자격까지 취득한다고 볼 수는 없다.

③ 요컨대, 토지소유자 등이 토지보상법 제85조 제2항에 따라 보상금 증액 청구의 소를 제기한 경우, 그 손실보상금 채권에 관하여 압류 및 추심명령이 있다고 하더라도 추심채권자가 그 절차에 참여할 자격을 취득하는 것은 아니므로, 보상금 증액 청구의 소를 제기한 토지소유자 등의 지위에 영향을 미친다고 볼 수 없다. 따라서 보상금 증액 청구의 소의 청구채권에 관하여 압류 및 추심명령이 있더라도 토지소유자 등이 그 소송을 수행할 당사자적격을 상실한다고 볼 것은 아니다.

Ⅲ 공법상 당사자소송의 성질

공법상 당사자소송은 개인의 권익구제를 직접 목적으로 하는 주관적 소송으로서, 소송물의 내용에 따라 이행의 소, 확인의 소로 구분될 수 있다.

Ⅳ 재판관할

항고소송에 있어서와 마찬가지로 행정법원이 제1심 관할법원이 된다. 다만, 당사자소송은 항고소송과는 달리 국가·공공단체 그 밖의 권리주체를 피고로 하는 것이므로 국가나 공공단체가 피고인 경우에는 당해 소송과 구체적인 관계가 있는 관계행정청의 소재지를 피고의 소재지로 하여 그 행정청의 소재지를 관할하는 행정법원이 당사자소송의 관할법원이 된다(행정소송법 제40조). 여기에서의 '행정청'은 본래의 의미의 행정청 외에 관서 또는 청사의 뜻을 아울러 포함한다고 볼 것이다.

V 소송요건

1. 원고적격

당사자소송은 대등한 당사자 간의 공법상 법률관계에 관한 소송이므로 항고소송에 있어서와 같은 원고적격의 제한은 없으며, 따라서 민사소송법상 원고적격에 관한 규정이 준용된다(행정소송법 제8조 제2항).

> 한편 과거의 법률관계라 할지라도 현재의 권리 또는 법률상 지위에 영향을 미치고 있고 현재의 권리 또는 법률상 지위에 대한 위험이나 불안을 제거하기 위하여 그 법률관계에 관한 확인판결을 받는 것이 유효 적절한 수단이라고 인정될 때에는 그 법률관계의 확인소송은 즉시확정의 이익이 있다고 보아야 할 것이나, 계약직공무원에 대한 채용계약이 해지된 경우에는 공무원 등으로 임용되는 데에 있어서 법령상의 아무런 제약사유가 되지 않을 뿐만 아니라, 계약기간 만료 전에 채용계약이 해지된 전력이 있는 사람이 공무원 등으로 임용되는 데에 있어서 그러한 전력이 없는 사람보다 사실상 불이익한 장애사유로 작용한다고 하더라도 그것만으로는 법률상의 이익이 침해되었다고 볼 수는 없으므로 그 무효확인을 구할 이익이 없다(대판 2008.6.12, 2006두16328).

2. 피고적격

항고소송의 경우처럼 행정청을 피고로 하는 것이 아니고 실체법상 권리주체인 '국가·공공단체 그 밖의 권리주체'를 피고로 한다(행정소송법 제39조). 국가가 피고가 될 때에는 법무부장관이 국가를 대표하고(국가를 당사자로 하는 소송에 관한 법률 제2조), 지방자치단체가 피고가 되는 때에는 해당 지방자치단체의 장이 대표한다.

VI 소송의 제기 및 판결

1. 소송의 제기

(1) 제소기간

당사자소송에 관하여는 원칙적으로 제소기간의 제한이 없으나(행정소송법 제44조 제1항), 장기간 소를 제기하지 않은 경우에는 소송제기권의 실효가 문제될 수 있을 것이다. 이 경우는 물론 민사소송법상 일반원리에 의해 판단하여야 할 것이다. 다만, 법령에서 당사자소송에 관하여 제소기간이 정하여져 있는 때에는 이에 따라야 하며, 그 기간은 불변기간이다(동법 제41조).

(2) 관련청구소송의 이송·병합

당사자소송과 관련청구소송이 각각 다른 법원에 계속된 경우에 관련청구소송을 당사자소송이 계속된 법원이 이송할 수 있으며, 당사자소송과 관련청구소송을 병합하여 당사자소송이 제기될 행정법원에 제기할 수 있다(행정소송법 제10조, 제44조 제2항).

(3) 소의 변경

법원은 당사자소송을 항고소송으로 변경하는 것이 상당하다고 인정할 때에는 청구의 기초가 변경이 없는 한 사실심 변론종결시까지 원고의 신청에 의하여 결정으로써 소의 변경을 허용할 수 있다(행정소송법 제21조, 제42조).

(4) 가구제

당사자소송에서는 집행정지는 인정되지 않는다. 다만 당사자소송은 민사소송과 유사하므로 민사집행법상의 가처분이 허용된다.

2. 판결

판결의 종류는 취소소송과 같다. 따라서 각하판결, 기각판결, 인용판결이 있으며, 사정판결 제도는 없다. 당사자소송도 판결을 통해 확정되면 불가변력, 확정력을 갖는다. 또한 취소소송에 있어서 판결의 기속력은 당사자소송의 판결에도 준용된다(행정소송법 제30조 제1항, 제44조 제1항). 다만 취소판결의 제3자효(동법 제29조 제1항), 재처분의무(동법 제30조 제2항), 간접강제(동법 제34조) 등은 당사자소송에서는 적용되지 않는다.

박문각 감정평가사

강정훈 감평행정법
2차 | 암기장

제4판 인쇄 2025. 3. 20. | **제4판 발행** 2025. 3. 25. | **편저자** 강정훈

발행인 박 용 | **발행처** (주)박문각출판 | **등록** 2015년 4월 29일 제2019-0000137호

주소 06654 서울시 서초구 효령로 283 서경 B/D 4층 | **팩스** (02)584-2927

전화 교재 문의 (02)6466-7202

정가 18,000원
ISBN 979-11-7262-564-1

MEMO